西洋上古史

吳圳義著

三民書局 印行

國家圖書館出版品預行編目資料

西洋上古史 / 吳圳義著. －－初版四刷.－－臺北市；
三民，2003
　　面；　公分
　　含索引
　　ISBN 957–14–1943–5　（平裝）

　　1.歐洲－歷史－上古史(476年以前)

740.21　　　　　　　　　　　　　　81006552

網路書店位址　http：// www. sanmin. com. tw

© 　西洋上古史

著作人	吳圳義
發行人	劉振強
著作財產權人	三民書局股份有限公司 臺北市復興北路386號
發行所	三民書局股份有限公司 地址／臺北市復興北路386號 電話／(02)25006600 郵撥／0009998–5
印刷所	三民書局股份有限公司
門市部	復北店／臺北市復興北路386號 重南店／臺北市重慶南路一段61號

初版一刷　1993年2月
初版四刷　2003年2月
編　　號　S 740100
基本定價　陸元陸角
行政院新聞局登記證局版臺業字第○二○○號

有著作權·不准侵害

ISBN　957–14–1943–5　（平裝）

自　序

　　西洋上古史，自空間言之，涵蓋歐、亞、非三大洲，但仍以歐洲爲主。自時間言之，其上限，隨著考古學之發展，愈伸愈遠，至今所發現之最早人類遺骸，已有將近二百萬年之久；其下限，則有三九五年、四七六年等等不同說法。

　　本書分成十三章。第一章史前時代，敍述史前人類和史前文化發展情形。第二章以後，分別討論埃及、兩河流域（西亞）、希臘和羅馬之政治、經濟、社會、文化和宗教。每一地區、每一民族，各有其在人類文明發展史上之特殊地位和貢獻。此一特殊之處，即爲本書所強調。

　　人文之發展，必受自然環境之影響。本書在論及每一地區歷史之前，皆先敍述其地理條件，以爲瞭解其人文發展之基礎。

　　在每一章之後，皆附有參考書目，以供對該章主題有興趣之讀者，作爲進一步瞭解之線索。

　　本書最後附有〈基督教的創立與發展〉，敍述耶穌如何創立基督教，以及其門徒保羅和彼得如何使基督教傳播至異邦，建立基督教之神學體系和教會組織。

西洋上古史　目次

自序 ……………………………………………………………… 1

第一章　史前時代 ……………………………………………… 1

　　第一節　史前人類 ………………………………………… 1

　　　一、猿人 …………………………………………………… 2

　　　二、原人 …………………………………………………… 3

　　　三、舊人 …………………………………………………… 4

　　　四、新人 …………………………………………………… 5

　　第二節　史前文化 ………………………………………… 6

　　　一、舊石器時代早期 ……………………………………… 6

　　　二、舊石器時代中期 ……………………………………… 8

　　　三、舊石器時代晚期 ……………………………………… 10

　　　四、新石器時代 …………………………………………… 14

第二章　埃及 …………………………………………………… 17

　　第一節　政治 ……………………………………………… 19

　　　一、王朝的更替 …………………………………………… 19

二、統治者──法老 ·· 21

三、中央與地方政府 ·· 25

第二節　經濟與社會 ·· 26

一、經濟 ·· 26

二、社會 ·· 28

第三節　宗教與文化 ·· 32

一、宗教 ·· 32

二、藝術 ·· 35

三、文學與科學 ·· 37

第三章　兩河流域 ·· 43

第一節　美索不達米亞 ·· 43

一、自然環境 ·· 43

二、宗教 ·· 46

三、農業 ·· 46

四、社會 ·· 46

五、文化 ·· 48

第二節　蘇美人 ·· 49

一、宗教和社會 ·· 49

二、經濟和文化 ·· 49

第三節　腓尼基人 ···51

　　一、地理條件 ···51

　　二、航海、貿易和殖民 ·······························51

　　三、文化 ···52

第四節　希伯來人 ···53

　　一、王國的興亡 ···53

　　二、宗教 ···54

第五節　西臺人 ···55

　　一、王國的盛衰 ···55

　　二、文化 ···56

第六節　亞述人 ···58

　　一、帝國的盛衰 ···58

　　二、文化 ···59

第七節　巴比倫人 ···60

　　一、王國的盛衰 ···60

　　二、藝術和建築 ···61

第八節　波斯人 ···62

　　一、帝國的盛衰 ···62

　　二、行政組織 ···63

　　三、宗教 ···64

第四章　愛琴海與古希臘 …………………………………67

第一節　克里特 ……………………………………69

一、帝國的盛衰 ……………………………………69

二、經濟與社會 ……………………………………71

三、宗教與藝術 ……………………………………74

第二節　邁錫尼文明 ………………………………76

一、考古學家的發現 ………………………………76

二、政治與社會 ……………………………………79

三、經濟和藝術 ……………………………………80

四、宗教 ……………………………………………81

第三節　古希臘(西元前七世紀以前) ……………82

一、古希臘的文化 …………………………………82

二、古希臘的轉變 …………………………………84

第五章　斯巴達與雅典 ……………………………89

第一節　斯巴達 ……………………………………90

一、早期的斯巴達 …………………………………90

二、政府和社會 ……………………………………91

三、伯羅奔尼撒聯盟 ………………………………93

第二節　雅典 ·······94

一、早期的雅典 ·······94

二、雅典的改革 ·······95

三、雅典帝國 ·······97

第三節　波希戰爭 ·······99

一、戰爭的原因 ·······101

二、第一次波希戰爭 ·······101

三、第二次波希戰爭 ·······103

第四節　伯羅奔尼撒戰爭 ·······104

一、戰爭的原因 ·······104

二、戰爭的經過 ·······105

三、戰後的局勢 ·······106

第六章　希臘的政治、經濟與社會 ·······109

第一節　政治 ·······109

一、城邦 ·······109

二、政治的型態 ·······111

第二節　經濟 ·······114

一、農業 ·······114

二、工業 ·······116

三、商業 ·······117

第三節　社會 ……………………………………118

　一、農村社會 ……………………………………118

　二、城市社會 ……………………………………121

第七章　希臘的宗教與文化 ……………127

第一節　希臘的宗教 ……………………………127

　一、宗教信仰 ……………………………………127

　二、希臘的神 ……………………………………130

　三、祭祀 …………………………………………132

第二節　希臘的文化 ……………………………134

　一、哲學 …………………………………………135

　二、文學 …………………………………………142

　三、歷史學 ………………………………………144

　四、醫學 …………………………………………146

　五、藝術 …………………………………………147

第八章　亞歷山大帝國與希臘化世界 ………153

第一節　亞歷山大帝國 …………………………153

　一、腓力二世 ……………………………………153

　二、亞歷山大 ……………………………………155

第二節　希臘化世界 …………………………………161

一、政治 ………………………………………163

二、經濟 ………………………………………165

三、社會 ………………………………………167

四、文化和宗教 ………………………………168

第九章　共和時期的羅馬(一)
── 起源和向外擴展 …………………………173

第一節　早期的義大利 ……………………………173

一、地理條件 …………………………………173

二、早期的義大利文化 ………………………176

第二節　羅馬的征服 ………………………………179

一、王國時期 …………………………………179

二、征服義大利 ………………………………181

三、迦太基戰爭 ………………………………183

四、征服希臘化世界 …………………………188

五、羅馬征服之原因 …………………………189

六、羅馬的軍事 ………………………………190

第十章　共和時期的羅馬㈡
──政治、經濟和社會 ……………193

第一節　政治 …………………193

　　一、公民權 ………………………193

　　二、政治制度 ……………………194

　　三、平民與貴族之爭 ……………196

　　四、133 年改革的失敗 …………198

　　五、前三雄 ………………………200

第二節　經濟革命 ……………203

　　一、資本集中在義大利 …………203

　　二、經濟的影響 …………………205

　　三、社會的影響 …………………206

第三節　社會結構 ……………207

　　一、領導階級 ……………………207

　　二、下層階級 ……………………212

第十一章　共和時期的羅馬㈢
──文化與宗教 …………………219

第一節　文化 …………………219

　　一、　希臘的影響 ………………219

　　二、　文學 ………………………221

三、　科學 ···223

四、　法律 ···223

五、　藝術 ···224

第二節　宗教 ···226

一、羅馬人的神 ·······································226

二、羅馬人的祭祀 ·································228

第十二章　羅馬帝國前期 ·················235

第一節　奧古斯都 ·····························235

一、屋大維大權獨攬 ···························235

二、屋大維的治國之法 ·····················238

第二節　奧古斯都的繼承人 ·········243

一、奧古斯都之死 ·······························243

二、朱利安·克羅廸王朝 ·················244

三、佛拉維亞王朝 ·······························246

四、自納爾瓦至謝維勒 ·····················248

第三節　經濟與社會 ·······················250

一、人口 ···250

二、農業和工業 ·································251

三、財政 ···252

四、商業 ···252

五、社會階級 ·································253

六、社會道德 ……………………………………………………256

第四節　宗教與文化 …………………………………………257

一、宗教 ……………………………………………………………257

二、教育 ……………………………………………………………259

三、文學 ……………………………………………………………260

四、科學 ……………………………………………………………263

五、藝術 ……………………………………………………………265

第十三章　羅馬帝國後期 ……………………………269

第一節　第三世紀的危機 ……………………………………269

一、軍事的無政府狀態 ……………………………………………269

二、蠻族的威脅 ……………………………………………………271

三、財政和經濟危機 ………………………………………………273

四、宗教的分裂 ……………………………………………………275

五、社會革命 ………………………………………………………276

第二節　第四世紀危機和困擾的再現 …………………………277

一、無法對抗蠻族 …………………………………………………277

二、內部的困難 ……………………………………………………279

第三節　專制和官僚的君主政體 ………………………………281

一、財政 ……………………………………………………………282

二、地方和區域行政 ………………………………………………283

三、中央政府和皇帝 ………………………………………………284

第四節　經濟和社會的創新 ……………………285

一、經濟的調整 …………………………285

二、世俗社會 …………………………287

三、教士社會 …………………………289

第五節　思想與藝術 ……………………290

一、宗教思想 …………………………291

二、知識生活 …………………………292

三、藝術 …………………………293

附錄：基督教的創立與發展 ……………297

壹　耶穌的生平 …………………………297

貳　保羅的傳教 …………………………299

叁　基督教的勝利 ………………………301

索引 …………………………303

第一章

史 前 時 代

第一節　史前人類

　　人類最早在何時出現？這個問題的答案，隨着時間的不同和考古學的發展，往往差異甚大。在十七世紀，一位英國國敎大主敎厄雪（Ussher），根據《聖經》記載的日期，很仔細地推算上帝何時創造了世界。推算的結果剛好是西元前 4004 年，因此我們居住的地球，其年齡尚不足六千年❶。

　　到了二十世紀，考古學的發展日新月異。今日，人們皆知，地球的形成至少已是幾十億年前之事。可視爲人類祖先的動物遺骸，在非洲被發現，其存在距今約有三百萬年。根據演化的程度，大體上可將人科❷分爲四類：㈠爲猿人（Ape　man），即南猿；㈡爲原人（Protoanthro-

---

❶ Crane Brinton, John B. Christopher, Robert Lee Wolff, *Civilization in the West* (1971),p.11.

❷ 我國考古學家李濟將人科（Hominidae）譯爲荷謨形科。

pus man)，即直立原人(Homo erectus)；㈢爲舊人(Paleanthropic man)；㈣爲新人(Neanthropic man)。

一、猿人

猿人類中，以 1924 年在南非發現的非洲南猿化石爲最早，其年代約在三百一十萬年到三百二十萬年前。目前非洲等地仍陸續發現有類似的化石。最近古人類學家依據化石的比較認爲，人與人猿是由一千餘萬年前的共同祖先，各自獨立演化而來，並非由猿演化成人猿，再演化成猿人，然後再變成眞人。

根據化石，我們可以瞭解，人猿的下顎粗大，牙齒大且有槽平面，齒弓呈「U」字形，又無文化。猿人之齒弓則呈拋物線形狀，直立步行，脊柱呈「S」形，手短而具有文化。這就是猿人與人猿相異之處。

1959 年，**路易**和**瑪麗 · 李奇**夫婦(Louis & Mary Leakey)在坦尙尼亞的歐杜維(Olduvai)發現鮑氏南猿的化石，不久又於 1961 年在當地發現巧人的化石。這些發現證實在第四紀早更新統(Early Pleistocene Period)（一百萬～二百萬年前），東非洲至少有兩種人科存在。鮑氏南猿牙齒較大，巧人(Homo habilis)則腦部較大。他們在同一時代過着相異的生活型態。1972 年，**理查 · 李奇**(Richard Leakey)❸在肯亞的特卡納湖(Lake Turkana)❹東岸的庫比 · 佛拉(Koobi Fora)發現相當有名的「巧人 1470」化石。這是所有巧人化石中最完整的一批。

巧人可能以肉食維生，南猿則可能並非以肉食爲主，而是吃巧人所

---

❸ **理查 · 李奇**爲**路易**和**瑪麗 · 李奇**之子，從小跟在父母身側，耳濡目染，後來亦成爲一位名考古學家，擔任肯亞國立博物館館長。

❹ 特卡納湖又稱 Lake Rudolf。

不吃的植物過活，因此他們之間不會有生存競爭發生，而可以共存。

二、原人

現代的人類，學名智人（Homo sapiens）❺，是二百萬年前直立原人的後代子孫。大多數學者也確認此直立原人是巧人進化而來的。

1984 年 8 月，**理查‧李奇**在肯亞的特卡納湖（Lake Turkana）西岸，發現一具被認爲有史以來人類最早最完整的化石。根據頭顱和七十餘件骨骼化石，**李奇**推斷這個直立原人爲一個十二歲的男孩，身高約一六〇公分，體重約爲六十五公斤，其生存年代約在一百六十萬年前❻。

原人類中，以爪哇原人於 1890 年在爪哇被發現爲最早，距今約有五十餘萬年的歷史。我國於 1927 年在北平周口店發現的北京原人曾轟動一時。爪哇原人除了四肢可呈直立的姿勢外，其腦容量與牙齒大小都介於猿人與現代人之間，但其頭蓋骨低平，前額眼眶有明顯突起，頭骨原始而粗糙，顎骨強大。北京原人之上顎門齒內側還有鏟形凹陷（shovel-shape depression），爲蒙古人種和澳洲人種之最顯著特徵。

1965 年 5 月，幾位從事地質調查與研究的青年人，在我國雲南省北部的元謀縣，發現兩顆化石程度很深，外形似人牙的門齒。後經古生物學家**胡承志**初步鑑定，這兩顆牙齒化石形態與北京人同類牙齒，基本上相似，屬於直立人類，定爲直立人種元謀新亞種（Homo erectus yanmouensis），簡稱爲元謀人。元謀人的年代爲距今一百七十萬年左右，其牙齒形態正反映出元謀人是從纖細型南猿到北京人的過渡。

---

❺　**李濟**譯爲荷謨有辨或有辨的荷謨。

❻　*The China Post*, Oct. 20, 1984.

三、舊人

舊人類中是以 1856 年在德國發現的尼安德塔人（Neanderthal man）爲代表，據推測約有三至七萬年的歷史。典型的舊人特徵爲：腦容量與現代人相當，頭蓋骨低平而粗糙，額部發育不佳，眼眶上突起，且左右隆起於眉間相連，長骨粗而短，大腿骨彎曲，膝關節顯著，且直立時呈彎膝狀態，肌肉發達，身軀短小，牙齒和齒弓顯著而具完全人類之形態。

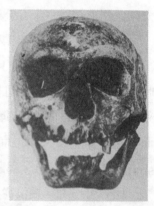

圖 1-1
尼安德塔人

尼安德塔人的骨骼碎片在德國西北部杜塞爾道夫（Düsseldorf）附近的尼安德塔山谷（Neanderthal Valley）發現。此後又有許多次發現，有時甚至發現完整的骨架，其散佈的地區非常廣潤，包括比利時、西班牙、義大利、南斯拉夫、俄羅斯和巴勒斯坦。

我國境內陸續有舊人之發現。在 1922、1957 和 1962 年，相繼在河套黃河兩岸以及薩拉烏蘇河河谷發現一件七、八歲孩童的外門齒，一件右側頂骨和一根左大腿骨的下半，以及一件面骨。這就是河套人。另外在廣東韶關馬壩鄉有馬壩人，四川盆地中部資陽城的資陽人，山西汾縣

的柳江人。資陽人和柳江人都介於尼安德塔人和克羅馬庸人(Cro-Magnon man)之間。在華南之下草灣發現舊人之大腿骨破片,在藍田附近發現舊人之舊石器文化。

四、新人

新人爲生存於二萬年前左右的人類,以克羅馬庸人爲代表。新人的額頭發育完全而呈膨凸狀,腦之發育已達現代人之階段,但咀嚼器官退化。克羅馬庸人的骨頭於 1868 年首次被發現,地點在法國的耶齊‧德‧鐵亞克(Les Eyzies-de-Tayac)附近的克羅馬庸岩石底下。那次共挖掘出五具人的骨頭,其後又在歐洲各地陸續挖出類似的人骨。由洞穴壁畫及其他遺物來推斷,他們大約生活在四萬年到一萬年前。

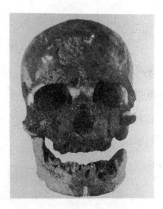

圖 1-2
克羅馬庸人

新人與現代人相同,有很大的變異幅度。在法國出土的克羅馬庸人被認爲是現代白人 —— 高加索人種(Caucasoid)之祖先;在義大利小兒洞出土的人骨帶有黑人種(Negroid)的色彩,而山頂洞人似爲蒙古人種(Mongoloid)的祖先。南北美出土的新人化石,爲現代美國印第安人之

祖先，乃二萬五千年前，冰期海面下降時，在亞洲與北美陸地相連的狀態下，由亞洲越過白令海峽（Bering Strait）遷徙過去而定居的。爪哇出土的人骨與現代澳洲土著頗類似。

第二節　史前文化

史前文化的分期，各家說法不一。現參考**盧索**（A. Roussot）的說法將之分為四期：舊石器時代早期、舊石器時代中期、舊石器時代晚期和新石器時代❼。

一、舊石器時代早期

此一時期約在二百萬年前至四十萬年前之間。長久以來，某些科學家以為「人類的搖籃」（the cradle of mankind）在中亞，其他科學家則強調在非洲❽。事實上，我們很難知道其真實所在，甚至不知是否只有一個搖籃。此時如果必須選擇一個「搖籃」，我們將必定說是非洲，但是亞、歐兩洲的南部可能也包括在內。

人類早期發展的舞臺，顯然地是在舊世界（the old world），幾乎可

---

❼　見Georges Duby, *Histoire de la France, Des Origines à 1348*（Paris：Larousse, 1970）, pp.46-47.

❽　**李濟**在其〈史前文化的鳥瞰〉一文中也提到，有一個很長的時間，不少人類學家說，舊石器時代的西歐為「手斧」──碬磚棒──的發源地，而東方的舊石器限於石片打製出來的工具。但最近的研究，已證明西歐的碬磚棒實起源於東非洲。

確定的是，人類約在冰河時期末期方抵達北美或南美。考古學家所發現最早的工具來自非洲，約有一百萬年以上。這些早期的工具有些在史德逢坦(Sterkfontein)和史瓦克藍斯(Swartkrans)等洞穴和坦尚尼亞的歐杜維，與鮑氏南猿和巧人的化石同時被發現。

南猿的智能很接近大猩猩或黑猩猩，而巧人的智能程度可能在南猿之上。至於語言是無法留在化石上的，但是由巧人的頭蓋骨內顯示，腦的表面已很發達，並擁有語言所須具備的構造，因此**理查·李奇**認為巧人已有語言能力。在工具的使用方面，由於有石器等遺留物存在，因此可斷定巧人已有實際使用石器之技術。由挖掘出來的化石所推知的生活狀況推測，有些具有收集植物或有獵取動物，共同採集食物的行為，因此可以想像出他們之間可能有組成小團體共同生活的習慣。肉食習慣是文化形成的起源，因其牽涉到食物的分配和技術的傳授，人類的社會化由此開始發展。

元謀遺址是我國目前已發現時代最早的，既有人類化石又有舊石器時期文化的遺址。民國 62 年，在元謀人化石遺址的發掘調查時，於元謀人化石層位中，除出土哺乳類動物肢骨、七件石器和具有明顯人工痕跡的骨片之外，還發現大量的炭屑和燒骨。在元謀人化石地層附近並採集到十餘件石器，這些石器也屬元謀人所有。元謀人製造的石器，其中可辨識的有刮削器三件、尖狀器一件、石核一件、石片一件。這些石器的製作都很簡單。

元謀人化石層中所發現的炭屑，一般直徑長在零點四至零點八公分之間，小的有零點一公分，最大的有一點五公分。值得注意的是，凡是有炭屑的地方總有動物化石伴隨，其中有些是顏色發黑的骨骼。有些顏色發黑的骨骼，經鑑定後，可能是燒骨。這些燒骨、炭屑、石器和哺乳動物化石，皆離元謀人牙齒化石的地點不遠，並在同一層位內，這不完

全是偶然現象造成，而應認爲是元謀人可能已會使用火❾。

　　除了雲南元謀之外，山西省芮城縣西侯度和察哈爾省南部桑定河上游與壺河交匯附近的陽原縣小長梁兩地也發現舊石器時代前期的文化。民國 51 年在西侯度發現了成批的哺乳動物化石、數十件人工打製的石器、一些燒骨，以及帶有切割痕跡的鹿角。

　　民國 67 年，在小長梁發掘到石核、石片、石器及製作石器時廢棄的石塊共計八百餘件。此外，還有一些人工打擊和刻痕的骨片。小長梁文化層的年代約在一百五十二萬年與三百萬年之間，很可能早於元謀人的文化，是我國境內最早的人類文化。此外，周口店文化儘管年代較晚，卻是出土最早，也最爲人所知❿。

二、舊石器時代中期

　　此一時期約在四十萬年至四萬年前之間。在三十萬年以前，英格蘭開始有人居住。他們製造所需之工具，住在某種營地，知道用火以及埋葬死者。

　　事實上，在歐洲已知的大多數史前的洞穴所能得到的古物很少超過十萬年以前，亦即在尼安德塔人出現之前。我們無法瞭解爲何留在洞內之古物是如此的稀少，或許在最後的冰河間期（interglacial phase），洞穴較少被利用。

　　在舊石器時代漫長的歲月，人類維持其漁獵生活的方式，但也不斷改善對外界環境的適應。起初，進展很慢，後來就有顯著的成果。火和工具爲人類征服自然的兩大要件。人類在無意中發現自然火，並加以採

---

❾　如果此說能成定論，則人類用火的歷史又向前推展了近百萬年，且比歐洲早了
　　約一百四十萬年。在歐洲，約自三十萬年前，洞穴中方有某些使用火的痕跡。
❿　參考**李濟**，〈紅色土時代的周口店文化〉一文。

集和保存。此時人類自己尙不知製造火。約在西元前三十萬年，在洞穴中才發現使用火的痕跡。自莫斯特文化（Mousterian culture）⓫開始，火已到處可見。尼安德塔人如同以後的舊石器晚期的人一樣，知道在所居住的洞穴中，設置火爐。火可以防止野獸的侵襲，且爲溫暖和照明之源，它是一種防衛和生存的工具。他們也能製造進步的石器，還有高度的社會組織。

　　從舊石器時代早期的手斧文化向晚期的石瓣（blade）文化的轉變，是更新統人類演化史上一個極大的關鍵。在這以前，是發展逐漸、緩慢，器物粗陋、形態單純的舊石器時代初級文化；從這開始，人類的老祖宗邁進了發展迅速、飛躍，器物種類複雜、製作精美的高級舊石器文化。在這一級文化成熟以前的一個轉變階段，即所謂莫斯特文化，因此有着承先啓後的重要性。在這一期文化裏，舊石器早期的手斧文化逐漸衰微，而晚期的石瓣工業開始萌芽。

圖 1-3
石器

　　反觀中國，中國紅色土期的舊石器早期文化，與歐、非、西亞比較，表現出根本不同的作風。整個手斧文化發展史，在中國找不到踪跡。中

⓫　即尼安德塔人時代。

國這一時代的石器工業，屬於廣見在亞洲東部和南部的所謂「砍器的傳統」(chopper-chopping-tool tradition)或「礫石工業」(pebble industry)。它的特徵器物，是在礫石或礫石狀的石塊沿一邊，從一面或雙面打下少數幾塊疤痕很大的石片所形成的砍器和石片器物。西方手斧文化中的手斧 ❷，在這個地區非常稀少。手斧文化裏常見的在打擊石片以前先製作打擊臺及石核面的技術，所謂「勒伐技術」(Levallois technique)也很罕見。

民國42年5月，在山西襄汾縣丁村發現兩千零五件石器和石片，其中有百分之九十四以上是用角頁岩作的，只有極少數是用燧石、石灰岩和其他的岩石製造。石器製作的技術和第二步加工製成的器形，仍舊維持舊石器早期文化一貫的傳統，以石片、石器和砍器為主要的成分。在另一方面，比起舊石器早期的周口店文化，丁村文化呈現若干非常重要的進步跡象。在有些石片的打面上，有小片疤痕所組成的預先製備的打擊臺，而且石片的背面呈現石核在打片以前先經過修製的痕跡，這兩項是西方所謂勒伐石片在形態上的特徵。另外，有少數石片，成狹長的條形，自打擊臺以下延伸兩條近似平行的長邊，長邊上多有第二步加工的痕跡，這些技術與形狀，已經與舊石器時代晚期的工業相當接近。因此，丁村文化可視為中國舊石器時代的中期文化。

三、舊石器時代晚期

約在四萬年以前，人類只是採集(gathered)食物，在廣闊的區域內徘徊，尋找食物，或者從事簡單的打獵。自此時起，人類住處較為固定，或許限制其徘徊範圍，適應自己於一特定地區，開始「蒐集」(collected)

---

❷ 沿長圓形或三角形的石核周圍整齊修製的斧形器。

其食物，人類文化進入一新紀元。

在器具的製造和使用方面，舊石器時代晚期已走向分化或專化，這是更新統末期的人類之適應各種不同的變遷環境的一種手段。在舊石器時代的初期和中期，人類雖然已經有了「文化」，但是他們所使用的器具種類還很有限。縱然人與地之間的關係，還不致於單純到「以不變應萬變」的程度，當時的人類卻只有少數的幾種器具──石片、砍器、手斧、尖器、楔子，在森林裏、湖澤邊、草原上、河谷裏、高山間、烈日下，或冰天雪地下討生活。每一種器具必須能適應各種生存環境。

舊石器時代晚期的最大一種革新，便是器具種類增多，而每一種器具的使用目的與應用範圍減少與縮小。每一種自然環境，有其一套器具去適應。這一套器具雖然在適用的範圍上縮減，但它的效用一定大增。舊石器時代晚期的持續期間雖然只有幾萬年，但是文化進步的速率，大為增加，同時人口的擴張與遷徙，造成全球性的人種分佈。

此一時期的文化比起以前來得繁雜，同時有發達的藝術品。克羅馬庸人的岩洞藝術為最典型的代表。

在歐洲中部及南部，也就是西班牙、法國、奧地利，直到南斯拉夫的廣大地帶中到處有石灰岩地形，因此這地帶便稱為阿爾卑斯石灰岩地帶，其中以位於西班牙及法國的石灰岩洞穴壁畫為最多。法國的拉斯寇（Lascaux）⓭和西班牙的阿爾塔米拉（Altamira）為最著名。

繪於拉斯寇洞穴中最多的動物是馬，此外還有牛、鹿、野牛等，但沒有猛獁（manmoth）及北極鹿。在馬的繪畫中最有名的是繪於洞穴深處的「中國馬」，這匹馬長約一‧四公尺，頭很小，軀體的輪廓是用黑色描出的，身上還中了箭，嘴巴周圍及頭上還畫了一些不知意義的記號。由於這匹馬頭畫得很小，且體態及鬃毛的形狀都和中國繪畫中的馬很相

⓭ 拉斯寇岩洞位於 Dordogn R.河岸，Montignac 小鎮附近，在 1940 年 9 月 12 日由四位少年人在遊戲時無意中發現。

似，因此有此稱呼。洞穴深處還有一幅稱爲「史前的悲劇」的繪畫，是描繪古代人類與野牛生存搏鬥的情形。

圖 1-4
野馬

　　西班牙北部的阿爾塔米拉洞穴壁畫是在 1879 年被發現。壁畫中有用紅、黑、紫等顏料所畫的生動野牛，還有馬、鹿、山羊、野猪等動物，其中有一隻鹿體長約有二‧二五公尺。此外，由洞頂垂下的突岩上還有利用其形狀所繪的動物。

　　壁畫中以克羅馬庸人喜吃的牛、馬、野牛、鹿和山羊等居多，這可能是爲祈求打獵豐收而畫的。壁畫都畫在洞穴深處，因此地被視爲適於祈禱的聖地。壁畫中的動物也常以一對出現，有些還在交配之中。雌的動物常畫得大腹便便，乳房大大的，這些都是祈求動物能興旺繁殖的象徵。壁畫用得最多的顏色是以木炭調成的黑色顏料，至於紅、黃、褐等色的顏料，則用石臼將礦石磨成粉末製成的。這些粉末必須加入水或動物油以調成糊狀，再用手指沾着塗上牆壁來作畫。刻或畫在骨頭及石塊上的動物，是學徒練習用的粗畫。在這些零散的繪畫中，有些可看出經

過老師修改而一畫再畫的痕跡。此外，洞穴中還發現用來裝動物油以作
爲油燈的石皿，大概是作畫時用來照明的工具。

　　除了洞穴壁畫外，克羅馬庸人遺留下來的藝術作品以維納斯彫像爲
代表作。由他們埋葬死人的隆重程度，及死人均着服飾埋葬來看，當時
他們已經具有高度的宗教文化。

圖 1-5
中箭的野牛

　　中國境內的河套文化與西南文化，代表這時代的高級舊石器時代文
化在中國境內作區域分化的濫觴。

　　比起丁村文化或甚至更早的中國舊石器文化，河套文化有好幾點非
常重要的進步的特徵。原始的砍器，在數量上已變得非常稀少，在整個
石器工業裏所佔的比重很輕。石片的製造，比起丁村文化有更進一步的
發展，即打擊石片以前石核的修整和打擊臺的準備，顯然已超過丁村文
化的雛型階段，而達到甚爲成熟的境界。

　　與世界其餘各地的舊石器時代晚期的文化情形相似，河套文化遺址
出土的石器，絕大部分只是石片而已，有進一步加工痕跡的眞正器物很

少。

在中國的另一角，即西南的四川和雲南，也有一個舊石器時代晚期人類文化材料集中的區域。單看文化的遺物，材料雖不如河套區域豐富，包括的範圍卻很廣，文化的性質也很複雜紛歧。此外，臺灣東部的長濱和西部平原臺南縣境內的左鎮，也發現了此一時期的器物。

四、新石器時代

約在一萬四千年前，歐洲的冰河開始融化。在五千年之前，英國和愛爾蘭顯然已變成島嶼。波羅的海有時為鹹海，有時則為一淡水湖。

從一萬年到六千年前，法國和西班牙的偉大岩洞藝術已消失，代之而起的是骨頭和角的精緻彫刻。較小、速度較快的動物正移入新森林。人類必須設法找出新的打獵技術，或獲得其他食物的新方式，新工具和武器遂應運而生。

新石器時代的農民發現他們必須在一個地方至少停留一季，甚至更久，而且在其田地附近需要一個家。他們也發現，必須保護作物，以免受動物或小偷的侵害；拔除雜草，以免阻礙作物的成長。儲存穀類的場所、照顧家畜的設備也不能缺乏。

糧食的生產，造成人口的日趨稠密。同一地區的農民，為互相保護和社會利益，聚集一處，成為村莊，日出而作，日落而息。房屋和儲倉外不久也建起圍牆。某些人還在共同的牧場上守衛牛、羊群。由於村莊上住着許多家庭，因此以家族為基礎的社會結構大為擴展。新的集團需要新規則，譬如新形式的政府。將日常事務委託給一個由各家族領袖組成的委員會，其中一人被推選為首領；一個粗具規模的會議，由所有壯丁組成。

一個改變中的世界帶來種種問題。農業的進步，使生活獲得改善，

但也在政治和社會領域裏需要更多的人手。從經驗中得知，最具生產力的土地，就是河流兩岸。近東的河流沖積平原，不須灌溉就能生長的作物，並不多見，而灌溉肥沃的沖積土壤並非易事。一人之力是不足以引河流之水來灌溉自己那爲數不多的作物，因此，水利系統不可或缺，且在嘗試與錯誤中設計成功。運河和水庫陸續建成。水利系統導致大規模的合作，村莊變爲鄉鎮，最後在銅器時代變爲城市。村莊和鄉鎮的發展，伴隨着建築技術的進步，例如在美索不達米亞（Mesopotamia），人們發明土磚，以建造較好的房屋、廟宇和城牆。

農業最早出現在近東的平原，以及西南亞。大麥、小麥和其他禾本植物爲最早的作物。當時所使用的耕作用具爲鋤頭。起初，可能利用石斧，隨之某些人忽然領悟到，改變把柄，使之變成爲鋤頭。在同一時期，磨石技術的發展，鋤頭愈來愈精良。

人們開始馴養數種不同的動物，牛羊等家畜成爲許多人衡量生活和財富的標準。人類仍然進行漁獵活動，然而對環境的依賴已逐漸變爲有能力加以支配。全家人分工合作，生產糧食和創造其他形式的財富。

此時期的牧人逐水草而居，但他們並非無根的浪人。他們在某個範圍內移動，並且築水井和貯水池。這些牧人通常居住在帳篷，以便隨時遷徙。

新石器時代除了石器的製作更爲精細之外，還出現了各種陶器，中國的彩陶和黑陶便是此一時期的產物。在西元前 3000 年前，某些最古老的民族已知道利用文字，人類文化發展的脚步也就更加快速。

第一章　參考書目：

1. Robert J. Braidwood, *Prehistoric Men* (N. J.: Scott, Foresman Z. Co., 1967).

2. 〈拉斯寇及阿爾塔米拉——畫有舊石器時代壁畫的洞穴〉,《牛頓》雜誌,十八期,民國 73 年 10 月。

3. 〈人類的起源——在非洲大陸探尋人類的祖先〉,《牛頓》雜誌,十五期,民國 73 年 7 月。

4. 孫鐵剛,〈中國最早的舊石器時代文化〉,政大《歷史學報》,二期,民國 73 年 3 月。

5. 張光直,〈中國境內黃土期以前的人類文化〉,中國上古史待定稿第一本,民國 56 年 7 月。

6. 李濟,〈史前文化的鳥瞰〉,中國上古史待定稿第一本,民國 61 年。

第 二 章

埃　　及

　　埃及東邊爲沙漠、低矮的山脈和紅海，北邊爲地中海，西邊爲一望無垠的撒哈拉(Sahara)沙漠，南邊沿著尼羅河(The Nile)，急流和峽谷，使得地勢易守難攻。因此有好幾個世紀，埃及控制自己的命運，不受外來的威脅。

　　自遠古以來，人們一致認爲，埃及是尼羅河的禮物。當地居民瞭解自己對這條河流的依賴性，因此敬之若神。尼羅河源自東非的維多利亞和亞伯特湖(Lakes Victoria & Albert)，全長約四千英里，最後注入地中海。後半段的九十天至海的旅程，尼羅河之水，流經一個幾乎完全無雨的沙漠。河水通常在 7 月開始上漲，9 月達到高峯，停滯一段期間，然後在 10 月漲得更高。此後，河水逐漸低落。

　　氾濫的河水對於乾旱的土地來說，並非是尼羅河的唯一的禮物，它每年所帶來的淤泥，也能更新土壤，增加其生產力。尼羅河供應魚類和野禽，且爲一便利的水運航線。

　　尼羅河定期的賜福，以及自然環境的保護，使埃及人感到安全、樂觀和自信，但也使之墨守成規，不求進步。

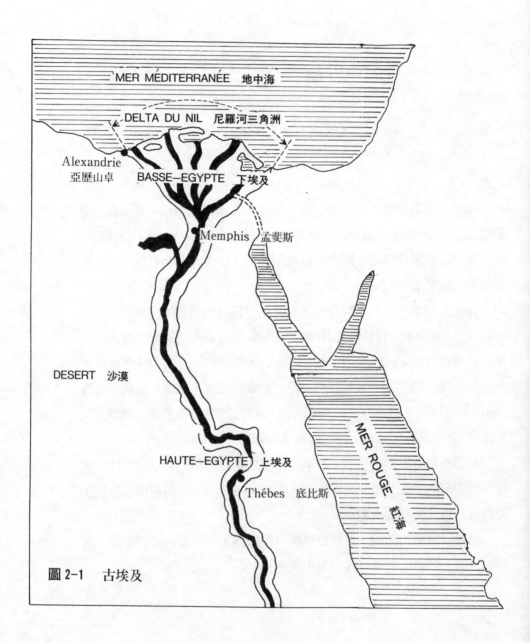

MER MÉDITERRANÉE　地中海

DELTA DU NIL　尼羅河三角洲

Alexandrie
亞歷山卓　　BASSE—EGYPTE　下埃及

Memphis　孟斐斯

DESERT　沙漠

MER ROUGE　紅海

HAUTE—EGYPTE　上埃及

Thébes　底比斯

圖 2-1　古埃及

第一節　政　治

一、王朝的更替

　　自西元前 3200 年**門勒斯**（Menes）統一上下埃及❶，至馬其頓的**亞歷山大**（Alexander of Macedon）征服波斯帝國，在這將近三十個世紀裏，埃及經歷三個王國時期，三十一個王朝❷。

　　門勒斯統一整個王國，開創埃及第一個王朝，對埃及人來說，這是他們國家歷史的開始。埃及人將這些歸諸於神意，而**門勒斯**幾乎是神的直接繼承人。埃及人還認爲文字和農業或手工業技術，也在當時出現。然而，考古學的成果否定了這種說法。

　　第一王朝建造孟斐斯（Memphis）。孟斐斯位於尼羅河三角洲南端，離今日的開羅不遠。在地理位置和上下兩埃及均衡之考慮，此地在君權的統一功能方面，優於其他地點。至遲自第三王朝起，埃及國王開始在此定居，孟斐斯變成行政中心。一直到第八王朝，皆以此地爲首都 ❸。儘管往後埃及首都一再變更，但在西元前第三和第二世紀，亦即希臘時代，埃及國王的登基大典仍在孟斐斯舉行，以示上下埃及結合在其唯一

❶　**門勒斯**統一埃及的時期，衆說紛紜，例如 James H. Breasted 在其 *A History of Egypt* 一書則認爲約在西元前 3400 年。

❷　自**亞歷山大**之後的埃及歷史，請參閱 H. Idris Bell, *Egypt, From Alexander the Great to the Arab Conquest, A Study in the Diffusion and Decay of Hellenism* (Westport, Connecticut : Greenwood Press, 1977)。

的君主之下。

門勒斯創立了第一王朝，經過四、五個世紀後，進入第三王朝，王權日漸擴大，直到第六王朝，這段期間稱爲埃及的古王國時期(The Old Kingdom Period)，亦稱金字塔時代。類似基沙(Gisa)的古夫王(Khufu)金字塔的大型金字塔陸續出現。興建灌漑系統，遠征努比亞(Nubia)❹，開採西奈半島的銅礦等許多豐功偉業，均是在這個政治和經濟安定的時代締造的。

在西元前 2000 年左右，埃及進入中王國時期(The Middle Kingdom Period)。在第十三王朝，不僅派兵進入努比亞和巴勒斯坦，內政方面也有顯著的政績，如開發金礦，與克里特和敍利亞等地區的商業來往；又在法雍(Fayum)地方積極開墾，加速農業生產，使國力飛躍進步，繁榮無比。首都利希特(Lisht)也建造了神殿和金字塔，不過，今日皆已成廢墟。中王國時期爲一群衆掌握權力的時代，布衣卿相，屢見不鮮。不朽的生命觀普及於社會各階層，就連一般民衆都爲了永生而將死者製成木乃伊。

西元前 1570 年，**阿莫西斯一世**(Ahmosis I)創立第十八王朝，這是新王國時期(The New Kingdom Period)的開始。第十八王朝是古埃及歷史上最繁榮的時代，其極盛爲**杜斯莫西斯三世**(Tuthmosis III, 1490-1436 B.C.)在位時。他將領土擴展至努比亞和敍利亞，並使供奉王室和國家諸神的卡那克(Karnak)之阿蒙神殿(Temple of Amon)，堆滿無數的戰利品，以及各地的貢品，爲國家獲得鉅額的財富。首都底比斯(Thebes)所在的尼羅河東岸，王公貴族與高官顯宦的豪華住宅，屋瓦相連，也是外國人聚居的國際城市。尼羅河西岸卻到處是皇親和貴族的

---

❸ 塞諾博認爲至第十王朝。(塞諾博，《古代文化史》，臺北：商務印書館，頁26)。
❹ 努比亞的領域爲今日的埃及和蘇丹所瓜分。

陵墓和祭殿，成爲死人居住的城市。

西元前 1320 年，**拉姆塞斯一世**(Ramesses Ⅰ, 1319-1318 B.C.)開創了第十九王朝。第三代的**拉姆塞斯二世**(Ramesses Ⅱ, 1301-1234 B.C.)在位長達六十七年之久。他一方面與西臺人(The Hittites)在敍利亞爭戰不絕；一方面在底比斯建造拉姆塞姆(Ramesseum)和阿布辛貝爾(Abu Sinbel)大神殿，而獲得「法老中之法老」的稱號。從繼位者**梅勒普塔**(Merne ptah, 1234-1222 B.C.)開始，埃及就被異族不斷入侵，全國動盪不安。因此，從第二十王朝以後，埃及王權開始沒落，不久，即淪爲異族統治。

二、統治者 —— 法老(Pharaoh)

埃及統治者稱爲法老，自始即具有神性。埃及王爲**荷魯斯**(Horus)，是太陽神**歐西利斯**(Osiris)之子，也是梟神和天神。後來受到孟斐斯鄰近地區，大太陽神 —— 雷(Re)的祭祠之影響，**荷魯斯**本身隸屬於「雷」，國王因而變成**荷魯斯·雷**(Horus-Re)或雷·荷魯斯，他也就成爲「雷」的兒子。在新王國時期，底比斯之神，**阿蒙**，因爲朝代的關係而與雷結合在一起，而成爲**阿蒙·雷**(Amon-Re)。

在世爲神，法老死後仍繼續爲神。他死後享有使之成爲一個**歐西利斯**的祭典，因爲在人間，他的地位爲其子，一位新的**荷魯斯**所取代，他自然而然就成爲神之父。**拉姆塞斯二世**可能對其父如此說：

> 您如同歐西利斯在陰間休息，而我對人民來說就如同
> 雷一般的燦爛，如同荷魯斯一般坐在寶座上。❺

埃及國王具有神性，是欲藉與大神之間的親密關係，以影響大自然，

使之產生對人們有益之結果。事實上，由於其神力，使作物豐收，因爲
尼羅河神，一切繁榮之源，很尊敬他。

圖 2-2
歐西利斯(中)
其妻伊西斯(右)
其子荷魯斯(左)

　　埃及王位之獲得方式有二：繼承或篡位。長子通常可繼承父王之
位，爲確保王位之繼承，有時在生前指定其繼承人，或者與之共同參與
國是。至於篡位者，亦常託言爲神之旨意和選擇。

　　無論如何，國王只在完成加冕式之後才成爲眞正的國王。加冕禮在
孟斐斯舉行，包括一連串的象徵性儀式。一方面表示上、下埃及王國，
集中在國王一身；另一方面表示他已擠入衆神之林。他起身先戴上南方
的白王冠，接著戴北方的紅王冠，最後是綜合兩者的王冠 ❻。他坐在紙
草(papyrus)和蓮花之上的王座，也繞著「白牆」（White Wall）一周，
以示獲得它和取得保衛埃及之責，就如同太陽環視地球一周。

---

❻　綜合兩者之王冠稱 pschent。

❺　André Aymard & Jeannine Auboyer, *L'Orient et la Grèce Antique*
(Paris : PUF, 1967),pp.22-23.

圖 2-3
代表上、下埃及，爲法老加冕的兩位女神

在平時，法老的生活爲一個神，或神之子的生活，爲祭祀和一般崇拜的對象。每個人在他面前「嗅」地，最受寵倖者，方准「嗅」其脚。在正式場合，其姿態和行動皆受嚴格禮儀所限制。出現在公衆面前，必須穿著一套特別的服飾，帶著儀式用的假鬍子，掛上沈重的黃金珠寶，手持神聖的標誌。人們呈給他的餐食，就如同供奉神明的祭品。然而，如同神一般，他也喜歡怡情之事如漁獵等。埃及國王也喜歡其他享受：一餐豐盛的佳餚、香水、音樂、舞蹈、賣藝者的表演。法老的妻妾甚多，他任意指定一位爲王后。

埃及國王的功能有三：宗敎、戰爭、司法和秩序。宗敎爲法老最重要的職責。身爲**雷**或**阿蒙**之子，法老比誰都知道如何向衆神表示埃及人之感激，以確保衆神對埃及的永遠賜福。他是最優秀的祭司，他也任命其他祭司，做爲祭典的代理人或助手。眞正的神權政治，亦即祭司階級掌握實權，始自新王國末朝的第二十王朝，這是**阿蒙**大祭司的朝代。但一般說來，國王知道防患此類的侵權和簒奪。身爲一國宗敎生活的最高領袖，法老表現和執行此方面的眞正權威。

每日以法老之名在各廟宇奉獻祭品。他命令或以其王庫支付宗敎性建築物的修護和建造，讓與每一神明以土地和特權，但卻利用祭司團體

來控制其管理。

保衛埃及爲法老的另一職責。整個說來，古埃及的君王在這方面的
表現比其他地區來得遜色。在自然環境的保護下，許許多多的埃及君王
似乎生活於和平之中。然而，法老須注意沙漠之監視及其小徑之警戒；
須征服盛產礦產及其他稀有物資的努比亞和西奈；最後須對付來自亞
洲，穿過蘇伊士（Suez）海峽的侵略者。因此，他必須有一支強大的軍隊。
國王也要透過激烈運動，以訓練自己在戰爭時所須之強健體格。獵象、
河馬、鱷魚、犀牛和獅子，爲經常的戰技訓練。埃及缺乏閱兵和平時的
練習，甚至軍隊的行政在平時也被忽視。在埃及人中，士兵得不到尊重。
埃及軍隊裏，外國傭兵爲數不少。埃及化的傭兵將領常有篡位之危險。

良好的管理和司法，也是法老的重要職責。理論上，其權力至高無
上，其言辭爲出自聖口的「啓示」。事實上，國王的判決和命令不能很專
斷，一連串的神化抽象概念，如「馬特」（Ma't）❼爲「公正」或「眞理」
等，對國王本身就構成一種超越其任性的力量。君主絕對，依此看來，
就須有所修正，國王對兒子之教育或對輔佐大臣之訓示，常有如下之例：
「神所愛者爲正義之施行，神所惡者爲偏向一方，這就是原則。」

法老的統治，必須符合眞理與正義，他在埃及各地握有權力的大臣
們，也須如此。埃及並無明文的法令規章，以客觀建立所要採用的程序，
但政府的行動還須在「馬特」的要求範圍之內。「馬特」觀念普遍被接受，
對國王和其官吏的神性權力有實際的牽制作用❽。

正義的原則與治理一個如此廣濶國家的需要，使國王負起立法者的
角色，國王且爲最高法官，甚至最微賤者，也有直接訴願權。如此，他

---

❼ **馬特**爲正義、眞理和秩序之女神。

❽ John A. Wilson, *The Burden of Egypt, An interpretation of ancient Egyptian culture*（Chicago：The University of Chicago Press, 1951）,p.121.

可監督其官員，懲罰他們的濫權。

三、中央與地方政府

　　埃及亦有「普天之下莫非王土」之觀念，而且在政治方面趨於中央集權化。宮廷（per' âa）為中央行政中樞，國王親自指揮一切。在國王身側，各大臣猶如大夥計，傳達和執行其命令。當然這些大臣皆由國王隨意任命和撤職。群臣中以宰輔（vizier）的地位和角色最為重要。他深受國王之信任，處理眾多事務，發佈一般訓令。在第十九王朝，有時宰輔還主持最高司法和行政的機構 —— 大會議（grand council），這是個士紳的全國性議會，甚或為高官顯貴的一種委員會。在宮廷內，除了無數的辦公廳、處外，尚包括工場、棧倉、王庫，這些皆須用一群職員、會計、守衛和奴隸。

　　一直到第五王朝，唯有宰輔，下埃及王之掌璽大臣（The Sealbearer of the King of Lower Egypt），有權監督整個埃及的政府機構之運作和貨物之進出。在第五王朝末期或第六王朝，史學家發現有十餘位此類掌璽大臣。在第六王朝，只有一位「上埃及總督」（Governor of Upper Egypt）。到了第六王朝結束時，已有二十位左右地方大員，擁有「上埃及總督」的頭銜。此一現象，一方面由於功能性的頭銜已變為榮譽性頭銜；另一方面，這是一次分權化和地方性官員僭越職權的特徵。

　　埃及幅員廣潤，再加上道路和交通工具的缺乏，使中央集權化大打折扣。每年一度的河水氾濫，使好的道路無法建造。馬的引入為期甚晚，且價格甚為昂貴。徒步信差與尼羅河和運河的航行，為僅有的聯絡方式。因此許多事務須就地解決，儘管此種做法會產生與命令違反之危險。

　　至少在某些地區，宰輔的責任加重。在孟斐斯和底比斯，各設一位宰輔，已恢復舊王國的雙元性。有時，尤其是在新王國時期，設有一位

特別的總督，或努比亞的總督。這些地區性領袖擁有相當大的自由決定權。

地方性的行政單位爲州(nome)和區(districts)。在中王國時期，上埃及分爲二十二州，下埃及分爲十六州。到了古埃及末期，下埃及也增加到二十二州。各州有其州長，孟斐斯的「白牆」範圍內亦爲一州且有其自己的州長。州長由法老任命，通常由地方士紳中挑選。州長的主要職責是徵收稅捐。

州之下分成許多區，村莊則爲最基礎的單位。在各村莊有一位由居民選出的村長，區則有一個由農民、手工業者和教士等代表組成的委員會，具有司法、賦稅和公證等職權。這些地方政府官員享有相當的權力和威望。

第二節　經濟與社會

一、經濟

尼羅河的氾濫，使被河水淹沒過的土地易於耕種，農業因而成爲埃及取之不盡的資源。穀類，尤其是大麥和小麥爲主要的農產品。在田野中，尚有果園和菜園，葡萄園則佔相當重要的地位。畜牧方面，以牛、驢、豬、羊等家畜，鵝和鴨等家禽爲主。馬約在西元前 1500 年始輸入，雞在此時尚未爲埃及人所知。

埃及的土壤，由於得天獨厚，能供給成百上千萬人口的衣和食，但卻缺乏兩項非常重要的物資：鐵和木材。埃及的黃金產自阿拉伯沙漠和

努比亞，銅來自西奈。在沙漠、努比亞和西奈，還出產各種寶石，如藍寶石、綠玉、黃水晶等。

在工業方面，埃及有各色各樣的工場，相當傑出的手工業者爲數甚多。在廟宇和宮廷，神、國王和其朝廷，享用奢侈的物品。大多數的埃及人，使用粗糙的陶器。氣候的溫和，使紡織品的需求大爲減少，家庭紡織業已足夠供應。惟有葬禮方求諸於專門技術人員。然而，爲了服務社會的上層階級，織工、木工、金屬工、寶石工和雕刻工，皆能生產傑出的作品，其中大部份存放在廟宇的寶庫，或埋在墳墓裏。

國內的商業或許十分活躍。三角洲和河谷的資源相互爲用，而河流和運河很容易解決交通問題。貿易傾向於國家化。人民經營國家商店，向政府支薪。錢幣，這種貿易不可或缺的工具，在埃及出現很遲。事實上，是**亞歷山大**（Alexander the Great）和其繼承者——托勒密王室（The Ptolemaic Dynasty）——方使之普遍應用。約在西元前一千餘年，金幣、銀幣和銅幣才在市面上流通。

如與埃及產品的量和質一比，外貿顯得微不足道。此一貿易只與國王有關。惟有他擁有農業或手工業產品可供輸出的剩餘；惟有他瞭解輸入品的需要之迫切性，因爲這些物品的惟一消費者，廟宇和宮廷，皆附屬於國王。埃及只需要國外的奢侈品，也惟有國王擁有此一貿易的媒介——遠航的船隻和保護沙漠商隊的衛士。

埃及由腓尼基輸入木材，甚至整艘建好的船隻，並輸出藝術品、貴重金屬或其他各色各樣的產品。另一貿易地區爲阿拉伯。埃及的船隊有時遠航至波斯灣和印度河河口，以取得遠東的產品，如寶石、香料。此外，埃及尚與克里特島、愛琴海或小亞細亞的國家有商業來往。

古埃及並未充分發揮其經濟效益。它過份重視爲神、國王和死者的利益而生產。經濟上，也太過於自我退縮。埃及本可生產更多的物品，如能與其他民族的發明和生產方法接觸，以改善某些技術，產量的提高

必無問題。以其優越的自然條件，如能盡量生產，以剩餘的產品交換愛琴海地區埃及所缺乏的原料。如此，雙方皆可受益匪淺。

然而，古埃及卻是生活於自給自足的理想世界，埃及人忠於民族傳統、自傲和輕視、甚至仇視外國人的心態，很不容易改變。

二、社會

在埃及的社會結構中，法老及其家族屬於上層階級，其次則為政府官吏、教士和軍官。

政府官吏可說是最吸引人的職業，許多當時的文件常提到：「官吏就是命令人的人。」❾政府官吏可免除勞役，且可不管別人肉體的疲乏，將勞役加諸他人身上，依賴自己的知識和熱誠，可保證錦衣玉食。這些優越條件，吸引許多年輕人，放棄享樂，學習書寫、計算和行政管理的秘訣。如果才幹再加上機運，普通職員也可以步步高陞到最令人艷羨的職位。至少，對於一般職位的官吏，經常自滿於能親自參與權力機構，並能控制群衆的行動。

許多埃及人為神服務，參與廟宇的宗教和世俗事務。他們之中，有不少俗人，包括耕種「聖地」的農民、工場的手工業者、各方面的助手、舞女、歌手和樂師。

敎士分成許多類別，其頭銜、組織和確實的功能，因廟宇而異。職位的分配，由神，亦即法老來決定。敎士分男女兩類：女敎士階級的最高職位，通常由社會上層或宮廷選出。自新王國時期，卡那克的阿蒙神殿，以王后為女敎士階級之首。

在男敎士階級，每一廟宇有其大祭司，為國王所指定之代理人。有

❾ André Aymard & Jeannine Auboyer, *op.cit.,* pp.57-58.

時大祭司之權勢會在神學方面凌駕國王之上。大祭司還會控制自己所主
持廟宇的職位,使之變成世襲化。例如一位阿蒙的大祭司,本身為第一
預言者,其子為第二預言者,其孫為第四預言者,其次子則在另一廟宇
服務。

　　埃及的富有階級,尤其是軍政和民政官員家族,通常提供給國王大
部份的海陸軍軍官。傭兵有時也保留其外國首領,但如此做,可能會引
起麻煩或有篡位之危險❿。

圖 2-4

軍中的弓箭手

　　軍隊的生活很艱苦。在軍校,甚至還是士官時,上級軍官常以木棍
來激發年輕人的注意力。在戰時,有急行軍的疲憊,駕車馬匹的任性,
以及戰車軍官經常會遇到的意外事故和受傷。然而,軍官也有吸引人的
地方`,如榮譽性的報酬,國王的賞賜,擄獲品和俘虜的瓜分,項鍊和手
環形式勳章的贈與,快速的升遷,年老或受傷退役後轉入行政機關任職

❿　第十九王朝就是軍人建立的。

或分配一大筆地產。

　　農民、工人、士兵和奴隸則爲埃及社會的最底層。農民佔埃及人口的絕大多數。在古王國時期，農奴制度盛行，因其爲不可或缺的勞力，無他們，則土地毫無價值。農奴附屬於國王的田地或廟宇，隨著無法脫離的土地被贈送或出售。顯然地，農奴在結婚時擁有自己親手建造的木樑土牆的房屋，他們也擁有花園和一些家禽。在某些時期，國王認爲將他們轉變爲佃農較爲有利，於是農奴搖身一變而爲佃農。不管是在監督下或自由地工作，農民的物質命運還是沒有改變。勞役繼續加在其身上，築堤或開鑿運河的工作仍然無法免除。爲了民政或軍事，隨時都可能被徵集。此外還有佃租或稅捐。稅吏殘酷無情的嘴臉，常出現在埃及的文學作品中。然而，埃及的農民卻不怨天不尤人，處處表現勤勞和溫馴。

　　工人的境遇與農民不相上下。理髮匠、鐵工、木工、彫石工、船夫、織工、皮鞋匠……等，工作得精疲力盡，但還無法糊口，幾乎淪爲行乞爲生。一般說來，手工業者比農民的個別差異大。從事與公共場合有關的行業者，與地位卑微的人民混在一起。強制性的勞工，其勞力被剝削得最徹底。

　　隸屬於廟宇或國王的工場和工地，應該較不受虐待。他們較能經常獲得糧食和衣物，或許還可因形成較富內聚力的集團，而能對雇主施加壓力。在較晚期，曾有過以罷工做爲威脅達到所提出的要求。

　　至於擁有高超技術的手工業者，可因其創造出的傑作，而獲得較富裕的生活和較高的名譽。

　　士兵較易在戰場上一舉成名，但在埃及，出身卑微的戰士還是不能升至具有威望和指揮權的官階。所有有關輝煌戰功的敘述，沒有一個是從最低職位晉陞的。在下層社會，軍事精神相當缺乏。優秀農民很難轉變爲優秀戰士。法老的標準戰士，並非埃及人，而是外國人和傭兵。對於士兵，一般民意不表任何欽羨，只有疑忌，甚至有點輕視。在軍中，

沒有通婚的情形。國王分給每一傭兵一塊土地，以耕種所得維持自身和家庭的需要，一個戰士的世襲階級逐漸形成。授田給戰士，約始於第十三王朝，到十八王朝，外國傭兵的人數已相當多。

埃及的奴隸以外國人為主：戰俘，以海盜或強盜方式擄獲者，外國當局以之為貢品者，甚或向國外購買者。這些來自努比亞、利比亞和亞洲的奴隸，到了埃及後，就給予一個新的埃及名字，使人有時分辨不清其原來國籍。如與人口數字比較，奴隸的人數不會太多。奴隸的擁有，即為生活安適之象徵。

大部分的奴隸歸法老所有，他們在王宮當僕人，在國營事業部門當工人。他們之中素質較佳者，有些被選為傭兵，或在行政機構當通譯；《舊約》中**約瑟夫**(Joseph)之說，可能並非全屬虛言❶。

國王有時將奴隸賜給寵臣，尤其是將領。透過此一途徑，奴隸分散到埃及社會的各個階層。奴隸成為商品，可售、可租、可借。為數甚少的奴隸還可能獲得除籍。

埃及社會中，婦女和兒童的地位，還算受到重視。在埃及詩歌中，年輕戀人互稱「妹妹」、「哥哥」。夫婦間通常也如此稱呼。這是否意味著血親結婚？有人否認，有人如此認為。至少在某些朝代，國王就娶自己的姐妹，這可能為維持一個神聖家庭血統的純真。

婦女在埃及家庭的地位非常重要。如遇丈夫去世，家中又無成年的兒子，妻子就成為家長。在富有階級中，如能負擔得起，多妻制還是被准許。**拉姆塞斯二世**就有一百六十餘位兒女。除了合法的元配外，丈夫尚可在家蓄妾。

---

❶ **約瑟夫**為**雅各**(Jacob)最小最寵的兒子。有一天他被十個忌妒他的哥哥推入土坑裏，並被賣到埃及為奴。然而，由於他的機智，在一、二十年之中，他從奴隸一躍為法老王身側舉足輕重的農業大臣。最後，還能以餘糧濟助在家鄉遭受饑荒之苦的父兄。

「不孝有三，無後為大」的重男輕女觀念，在古埃及也很盛行。埃及人都希望生個兒子，以便在死時，能有人依照葬禮去埋葬他，同時也為了代代相傳，使家族綿延不斷。埃及人對待兒童的慈愛，在古文明中非常稀奇，這是埃及文明最動人的特徵之一。埃及的藝術經常出現活潑的小孩，以及兒童的玩具。

第三節　宗教與文化

一、宗教

希羅多德(Herodotus, c.485-c.425 B.C.)認為，埃及人是全人類最虔誠的民族。惟有宗教提供國家一般組織的理論基礎。國家為眾神之財產，因此，依其所訂之原則，以及每日不斷發出的命令，為眾神而生活。

埃及人的宗教信仰，大約起於埃及人定居在尼羅河之後，埃及人在尼羅河流域定居，約始於新石器時代初期，考古學家在埃及所發現的最早的新石器時代農業村落遺址約屬於西元前 5000 年。埃及人的居留地靠近河流及沙漠草原，這些地方的飛禽走獸，漸漸被敬奉為神⑫。

除了飛禽走獸之外，埃及人信奉的其他的神，為數可觀，且其本質差別甚大。為政治理由，一神教曾實施過，但未獲民眾的普遍支持 ⑬。

---

⑫　**劉景輝**，〈西元前三一〇〇至一六〇〇之間的埃及宗教與神話〉，臺大《歷史學報》，四期，民國 66 年 5 月。

⑬　有關此次宗教改革的詳情，請參閱 James H. Breasted, *A History of Egypt* (N.Y. : Charles Scribner's Sons, 1909), pp.355-378。

根據史料，某些學者認爲雷爲衆神之王。在最古老的埃及存在着無數的地方神，其祭祀漸衰，甚或消失後，某些來自宇宙的力量，如太陽、天、地等神 ❹，取而代之。因爲面對着這些宇宙力量，人們到處感覺到其附屬性和無力感，所以自然會使之神化。埃及尚有許多外國的神，信徒大都爲定居在埃及的外國人。此外，有與農業生活有關的神，如尼羅河神和穀神、註生娘娘、住宅神等等。

埃及人對神學理論不感興趣，只特別關心人類未來的命運。自有史以來至上古時期結束，屍體經常受到特別的照料，葬之以禮，且在棺材四周備有家用器皿，或追悼的圖畫和文字，並由死者子孫供之以祭品。這些做法證明埃及人對來生的信仰，亦成爲古埃及文明之最有力的表現。

古埃及人不願以死亡爲人之終站而斷絕人們之希望，他們解釋死亡爲走向另一人生的過程。對來生的承諾，使農民得以忍受今生的不幸。在古王國時期，窮人死後之命運如何，不被重視，國王的命運是一切注意之焦點。金字塔的建造，即代表此一信念。在中王國時期，隨着王權的衰微，以前屬於國王之專有葬禮，變成普遍化。到了新王國，**歐西利斯**的信仰十分盛行。一般人相信，死者生活在**歐西利斯**的地下王國——西方，但在進入**歐西利斯**王國之前，有「秤靈魂」的過程。在靈魂的審判過程中，死者之心爲證人。

死者若想永生而過着幸福的生活，則必須具備下列五個條件：

1. 爲死者準備永遠居住的墳墓；

2. 把死者的肉體製成木乃伊加以保存；

3. 以正確和愼重的方式埋葬；

---

❹　可能位於沙漠地區，太陽的威力甚大，因而埃及人對於太陽神最爲敬畏，其名稱有 Re, Amon, Aton; Osiris 則爲冥界之神，類似中國的閻羅王。

4.死後要有生活必需品的陪葬；

5.對死者的各種供養，均須審慎遵行。

爲免受道德的制裁，祭祀，亦即祭禮，更增加其重要性。既然埃及因神的恩賜而繁榮，就須對神表示感激。然而除了對神之祭禮外，還要加上對死者的祭祀。

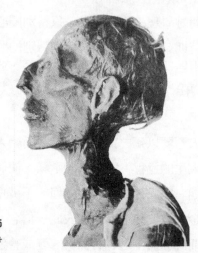

圖 2-5
木乃伊

神就如同人一般，廟宇爲其住宅，由一群僕人在服侍著。神也需要受到殷勤的照顧，安適和豪華，食物和飲料，安靜和睡眠，以及消遣和慶典。所有這些皆以國王之名，由祭司去安排。從早到晚，依照一定的禮儀，如同服侍王公貴族般去服侍神的生活起居。但是神不喜歡血腥的祭祀，如動物的屠體等。

埃及人相信靈魂脫離軀殼，爲使之能附於原身以便休息，因此肉體必須妥爲保藏。把遺體製成木乃伊保存，乃是求復活的首要條件。古代埃及人對於如何製作木乃伊並未留下任何紀錄。根據曾訪問埃及第二十七王朝的希臘史學家**希羅多德**的記載，當時有專門製作木乃伊的工人。

木乃伊的製作，按照價錢分成三級：最高級是從鼻孔抽出腦漿，並切開腹側取出內臟，再填進香料，然後泡在天然碳酸鈉（natron）中。取出的內臟，分裝在四個甕（Canepus）裏埋葬。

中等的方法是把杉油注入身體，使內臟溶化，再沖洗乾淨。最便宜的方法只用藥水洗滌腸子而已。不過三種方法皆須用天然碳酸鈉溶液浸泡七十天。留存至今的，幾乎全是以第一種方法製造的。最後在乾燥屍體上用上等亞麻布條，一層層地裹纏。

木乃伊藏在柩內，再置於墳墓中，並且供以生人所需之一切物品。此外，爲了來世有人代替自己從事勞役，還製造一些木乃伊形狀的小人俑陪葬。

二、藝術

埃及藝術的演進，反映出君主政體的演進。古王國，國家模式和禮儀的創造者，已塑造出藝術的傳統和大範例。建築可能爲唯一的例外，因爲廟宇的藍圖很遲才定型，而始自第四王朝（約西元前2600年）的大型皇家金字塔，在往後一直毫無回響。然而，柱子的主要模型已出現：無基座，柱身刻凹線而柱頭非常簡單的柱子，後來爲希臘人所利用。彫刻方面有彫像的浮彫。在中王國時期，藝術方面逐漸走向現實主義，彫像的表情逼眞。到了新王國時期，又恢復到理想主義。

在建築方面，可分爲住宅、廟宇和墳墓三大類。爲活人所建的房屋，講求迅速，因此利用最易獲得的建材，尤其是泥磚，只是這樣的房屋無法經得起歲月的考驗。王宮也因一再重建而幾乎變成無跡可尋。從考古所得，大略瞭解中王國時期一個城市住宅配置圖。該城（約在西元前第十九世紀）分爲工人區和富人區，中間有圍牆隔離。前者房屋小而密集，約有三、四個房間；後者有八戶，各自成一單元，佔地甚廣，大門鄰近大馬路，

進門後，除了櫛比的房間之外，尚有大大小小的庭院。

　　廟宇的形式，經過一段很長的時間才確定。在古王國時期，形式不一，幾乎每一大神，皆有其廟宇，最著名者為太陽神廟。這是露天建造，神像由一種太陽的象徵，亦即最早期的尖頂方碑所取代。到中王國時期，在供奉女神的廟宇中，出現裝飾有牛耳或牛角的女人頭之柱頭。此時，在祭祀死者之廟宇中，創出歐西利斯式柱子，柱旁依附有一個成為**歐西利斯**的國王之彫像。到新王國時期，神廟的形式方固定。通常以底比斯附近的阿蒙神殿為典範。該神殿之建造，費了第十二王朝至第二十六王朝各帝王之心力。一般說來，廟宇常有一個大門，入口之兩方，各有一尖頂方碑或一大石像。欲入廟宇之門，往往須走一條很長的通道，而沿途排列着許多獅身人面有翼之怪物。

　　墳墓為容納木乃伊和小人俑，以及提供死者房屋，供其靈魂得以在軀體中棲息，因此其建造非常考究。事實上，所謂墳墓並非單指開羅西南方的金字塔。在古王國時期，最初的墳墓為簡單的墓穴，後來在存放棺材的地下墓穴上面，以磚或石塊砌成陵園，其東面第一個房間，為祭祀死者的小教堂，在棺材的正上方，置有死者的傢俱，另一後面房間，放置死者的彫像。

　　到了第三王朝，埃及的王權真正確立，且邁向首度的繁榮時期。**卓瑟王**（Zoser, 2700 B.C.）首創「階梯式金字塔」，高達六十二公尺，還利用石材為建築材料，這些都是劃時代的創舉。在金字塔的四周，分布着祭殿、神殿、列柱廊、中庭等，以周長一五七・五公尺的長方形牆壁，將這些建築圍住，形成所謂「金字塔複合體」（Pyramid Complex）。側面成為等腰三角形的真正金字塔，直到第四王朝的**史聶夫魯**（Snefru, 2650 B.C.）時才建造完成。繼位的**古夫**在基沙建造一個空前絕後的大金字塔❺。在第五王朝**烏納斯**（Unas, 2425 B.C.）的金字塔內，首先發現刻着讚頌太陽神 —— 雷的「金字塔經文」。

　　紀念性建築物圍牆上的浮彫及其描述性的文字，除了裝飾用，更富有歷史意義。在通常陰暗或照明不佳的大廳中，懸在高處浮彫的圖案，必須使之突出，這就是浮彫採用顏色之始。由於顏色的成本較低，運用迅速容易，後來變成單獨採用顏色。顏色取代浮彫，出現在某些私人的墳墓，隨之，使用範圍逐漸擴展。因為岩石質料不佳，後來的地窖，幾乎全使用顏色。一層塗料就可使表面平滑。繪畫和浮彫，這兩種互相關聯或目的一致的藝術，皆須遵從相同的圖案規則，亦即對人體武斷性描繪的傳統圖案。

　　除建築外，其他藝術中最重要的為彫刻。在古埃及彫刻的表現機會很多。創造一個偶像，等於創造了生命。彫像必須代表神和人。人之靈魂必須找一個替代木乃伊的棲息之所。此外，它尚可使廟宇和墳墓的牆壁和樑柱，添增光彩。巨大的作品為數甚多，基沙的獅身人面像即為最著名者之一。彫塑的材料，除了石塊之外，尚有利用金屬和木材，以塑造大彫像。

　　埃及的藝術永不追求美的本身，而是為一種特定的目的而工作，因此彫像的姿態一成不變。手腳在身體的比例，要依宗教條律，藝術家只能在容貌上盡量表現。

三、文學與科學

　　約在西元前三千餘年，埃及人開始使用文字。他們借用本國所有的景象，尤其是鳥類和植物的形象，做為符號，創造出自己的一套文字。這些象形文字書寫不易，因此只用於宗教性質的紀念性建築物和官方文

---

❶　該金字塔涵蓋面積達五公頃，每邊超過二三〇公尺，高為一四六‧五九公尺，體積為二百五十二萬一千立方公尺，費時二十年，再加上十年的籌劃才完成。

圖 2-6
金字塔

件，這些寫在木頭、石頭或金屬上的文字，帶有一種裝飾意味。至於一
般性書寫，則加以簡化或變形，以便增加書寫的速度。

圖 2-7
象形文字

　　官方文件的內容大多是歌頌神或國王的功績，尤以誇示王權者居
多。然而，第十二王朝是開始重視民眾力量的時代，這種趨勢也反映在
當時的宗教和文學方面。木乃伊的製作平民化，民俗文學也很發達。

　　在科學方面，由於數學是行政管理不可或缺的一門學問，因而在培
養未來書吏的教育上佔相當重要地位。例如說埃及人採用十進位制，他
們尚未有 0 的符號，他們知道加法和減法。埃及在開鑿運河和建造大紀
念物的工程技術之成就，是不可抹滅的。

　　星象的觀察，埃及人相當重視，但比美索不達米亞人（Mesopotamians）
缺乏系統和效率。日曆的採用為一重要的成就，只是不知或不敢改善其
缺點。埃及人由於建築與農地測量的需要，促進了幾何學的發達。

　　由於需要處理屍體，醫學變得特別重要。埃及的醫學，在其鄰近民族間頗享盛名。波斯王**居魯士**(Cyrus)曾向法老請求調遣一位眼科醫生。希臘人羨慕埃及醫生爲數之多和專門化：如**希羅多德**所說的，有醫治眼、頭、牙、腹和內臟疾病的各種醫生。埃及人注重食物衛生。在化學方面，淪爲技術性的如顏料、陶器、玻璃和金屬之製造。

第二章 參考書目：

1. Paul Jordan, *Egypt, The Blackland* (Oxford: Phaidon, 1976).

2. John A. Wilson, *The Culture of Ancient Egypt* (Originally published as *The Burden of Egypt*) (Chicago: The Univ. of Chicago Press, 1951).

3. Eva L. R. Meyerowitz, *The Divine Kingships in Ghana and Ancient Egypt* (London: Faber & Faber, 1960).

4. Cyril Aldred, *The Egyptians* (N.Y.: F.A. Praeger, 1961).

5. James H. Breasted, *A History of Egypt, From the Earliest Times to the Persian Conquest* (N.Y.: Charles Scribner's Sons, 1909).

6. Michael Davidson, *The Splendorn of Egypt* (N.Y.:Crown Puldishers, 1979).

7. André Aymard et Jeannine Auboyer, *L'Orient et la Grèce Antique* (Paris: PUF, 1967).

8. 竹內均，〈超越時空的人類軌跡──金字塔〉，《牛頓》雜誌，一卷三期，民國72年7月。

9. 劉景輝，〈論埃及人的天道觀〉，臺大《歷史學報》，五期，民國67年6月。

10. 劉景輝，〈西元前三一〇〇至一六〇〇之間的埃及宗教與神話〉，臺大《歷史學報》，四期，民國66年5月。

第三章

兩 河 流 域

第一節　美索不達米亞

一、自然環境

美索不達米亞介於近東的兩大河流 —— 幼發拉底河(The Eu-phrates)和提格里斯河(The Tigris)之間。兩河源自亞美尼亞山區(Ar-menian Mountains)，提格里斯河大部份流向南方，幼發拉底河則流向西方，再轉向南方，然後分別注入波斯灣。

美索不達米亞氣候炎熱潮濕。冬季雨量不豐，唯有最原始的農業方可能不須灌溉。春季，雨水和北方融化的雪，經常在兩大河流造成氾濫，而且時常造成嚴重的災害。土地肥沃 ❶，然而儘管不斷的灌溉，土質還

---

❶ 根據**希羅多德**對埃及和美索不達米亞之描述，在西元前第五世紀，後者似乎比前者較富生產力。見 Cyrus, H. Gordon, *The Ancient Near East*, p.72。

是逐漸變成鹼性而降低其生產力。

二、宗教

在宗教觀念方面，一些早期王朝的國王，從其墓中挖掘出的證據，很顯然地希望死後能有個快樂的生活，因而僕人、舞者和樂師就須陪葬。

在美索不達米亞的眾神廟中，神的階級分明。巴比倫諸神中最大的三位：天神**艾努**（Anu）、風神**恩利爾**（Enlil）和地神**恩奇**（Enki）；其他重要的神，大體上皆與天體有關連，如愛神**伊娜娜**或**伊希塔**（Inanna or Ishtar）與金星有關，正義之神**烏杜**或**夏馬希**（Utu or Shamash）與太陽有關，**南娜**或**辛**（Nanna or Sin）則與月亮有關。暴風雨之神**艾達德**（Adad）也相當重要。**恩利爾**亦為尼布爾城（Nippur）之守護神，祂在西元前 2500 年被奉為眾神之王。

三、農業

這個地區主要作物為大麥，因為大麥比小麥具有耐鹼性。由棗椰和大麥釀製的啤酒，歷史悠久。礦產和燃料缺乏。棕櫚樹的用途很廣泛，果實、樹幹和樹葉皆是最好的燃料代用品，甚至樹皮的外層還是製繩所需的纖維。

四、社會

1901 年在蘇薩（Susa）地區出土的漢摩拉比法典（Hammurabi Code）大約完成於西元前十八世紀，為瞭解當時社會情況的最珍貴紀錄

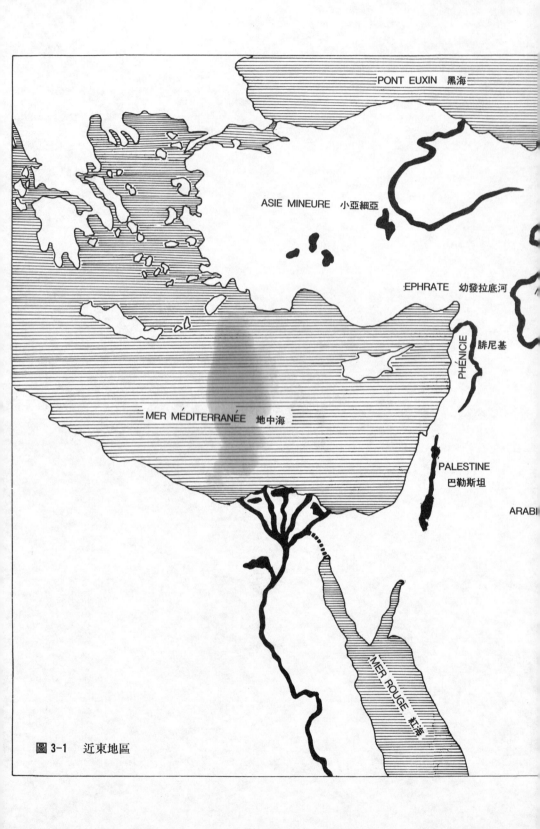

PONT EUXIN 黑海

ASIE MINEURE 小亞細亞

EPHRATE 幼發拉底河

PHÉNICIE 腓尼基

MER MÉDITERRANÉE 地中海

PALESTINE
巴勒斯坦

ARABI

MER ROUGE 紅海

圖 3-1　近東地區

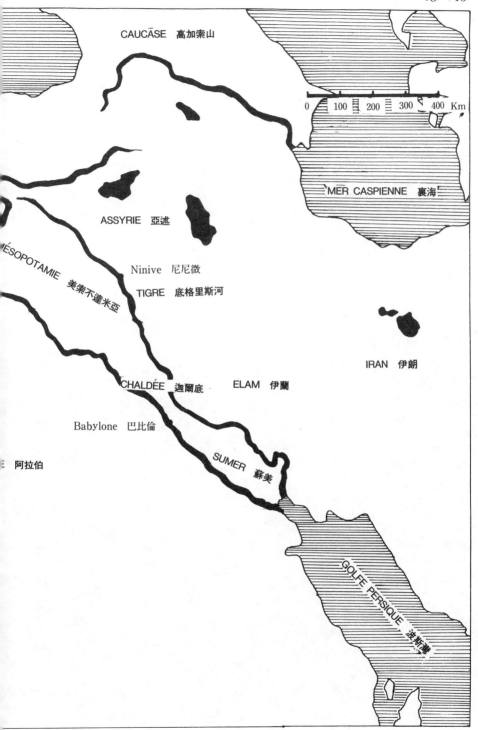

CAUCASE 高加索山

MER CASPIENNE 裏海

0 100 200 300 400 Km

ASSYRIE 亞述

MÉSOPOTAMIE 美索不達米亞

Ninive 尼尼微

TIGRE 底格里斯河

IRAN 伊朗

CHALDÉE 迦爾底

ELAM 伊蘭

Babylone 巴比倫

阿拉伯

SUMER 蘇美

GOLFE PERSIQUE 波斯灣

之一。漢摩拉比法典提到三個社會階級。上層階級爲一相當廣泛的集團
❷，包括政府官員、敎士和戰士等公民。第二個階級爲自由人，包括手工
藝者、商人和一些農民。下層階級爲農奴和奴隸，其中有些人具有私人
財產權等權利。

　　世界最早的城市出現在美索不達亞。依照聖經的故事，最早的人
類就是住在此一地區；而且根據許多考古學家的解釋，大約在西元前
4500 年，此一地區建造一些城市，比埃及的任何城市都要早。

五、文化

　　美索不達米亞所使用的文字爲楔形文字。這種文字刻在泥板上，對
於非專家來說，猶如小雞走過的痕跡。泥板中，有些專爲在學校敎寫字
之用而設計的，甚至於有些就如同字典。楔形文字流傳甚久，直到西元
前 1500 年左右，在「肥沃月彎」(Fertile Crescent)及其鄰近地區，這
幾乎是惟一使用的文字。

　　古代美索不達米亞的藝術，十分輝煌。最有價值的寶物，有時可能
爲陶器或圓柱形圖章，有時則爲珠寶或彫像。彫刻在西元前 2500 年左右
開始受到重視，例如烏爾的徽誌(The Standard of Ur)顯示出早期浮
彫的技巧。拉加胥城(Lagash)的統治者，**古底亞**(Gudea)留下幾座彫像
❸。**漢摩拉比**(Hammurabi)的肖像也出現在著名的浮彫上。

　　許多建築物以今日的眼光看來，似乎顯得單調乏味。但是不少較偉
大的建築，其中以廟宇居多，在線條方面似乎頗具現代感，烏魯克(Uruk)

---

❷　這個集團還不能稱爲貴族。
❸　烏爾和拉加胥都是蘇美人的城市，建於西元前 3000 年以前，比埃及有組織的國
　　家還要古老。

的「白廟」(White Temple)即為一例。石材的缺乏,烘乾的磚塊廣被
利用。美索不達米亞人甚至知道如何建造真正的拱門和圓頂。

圖 3-2

蘇美人之塑像

　　數字系統以六和十之結合為基礎。六十因此成為運用最多的數字,
至今我們仍用之於時間和角度的測量。在實用算術方面,此一制度比十
進位制更易於運用。六十被認為是完整的數字 (它是表示分數的基礎),是屬於
天神艾努。地位居次的風神恩利爾,被分配到五十這個數字,並依次類
推。此外,還發現代數和某些對數表的發展跡象。

　　任何農業社會必須設計一套重量和長度的制度。美索不達米亞的重
量單位,以約等於六十七英磅的「泰連」(talent)為基礎。一個「泰連」

的六十分之一爲「米那」（mina），一個「米那」的六十分之一爲「西克」（shekel）。此一制度，在整個上古時期，廣泛應用，希臘人和羅馬人只略加變更。

在這個地區相繼扮演重要角色的民族有蘇美人、腓尼基人、希伯來人、西臺人、巴比倫人、亞述人和波斯人。

第二節　蘇美人

一、宗教和社會

在宗教方面，蘇美人有祭司爲人民執行宗教功能。蘇美人爲一神教信徒，許多古時候留下的紀錄，明白敍述他們相信只有一位上帝。

蘇美人的社會階級，可分爲貴族、自由農、商人和奴隸。貴族階級包括政府官員和教士等。奴隸與自由農的差別似乎很小。婦女擁有相當的自由，但丈夫有權出售妻子和子女，以償還債務。

二、經濟和文化

在農工商業方面，蘇美人利用肥沃的土壤和充分的水源，善於經營農業。他們生產穀類、蔬菜和棗子，飼養牛、綿羊和山羊。他們以牛犁田，以驢子拉車。由彫刻可知，他們也有奶品工業。在西元前 3000 年以前，商業已很發達。土地似乎部份由統治者，部份由教士和軍人擁有。石頭、燒過的泥土和銅等物質製成的鐮刀已在使用。麵包的烘焙與今日

的阿拉伯人類似。

毛和亞麻大量生產。蘇美人知道利用銅、銀和金，而且還利用象牙、精緻石材和木材。男女皆使用收據、帳簿、紙幣和書信，這些都寫在泥板上。從這些泥板，我們瞭解，法律正式規定的貸款利率爲百分之二十至三十三又三分之一。

蘇美人的貿易，遠至小亞細亞尚有代理商和代表。對外貿易也使用信用狀。儘管錢幣尚未被應用，金塊和銀塊已用來做爲交易的媒介。金和銀，價值之比例爲八比一。

大部份的建築以乾泥磚建成，一般的紅磚後來才出現。一般民衆住在以泥土或蘆葦爲屋頂的矮屋，富者之屋較爲寬敞，至少有二層以上，且有環繞的庭院。某些房屋，室內還有漂亮的傢俱。

每一蘇美人之城，必有一宏偉之廟宇。廟宇與其周圍的建築中間，有兩道高大的圍牆隔開。衛士在正門站崗，以阻止非法進入。城本身還有牆包圍着，因爲城與城之間，對於土地所有權或水權的爭執，往往以戰爭來解決。蘇美人之城，比烏魯克大得多。伊雷奇(Erech)城的面積有一千一百畝，人口約二萬四千人❹。

在教育方面，貴族或富商之子弟，通常到學校接受教育，使他們未來的事業能順利成功。考古學家偶而會發現，蘇美人在學校所用的「練習簿」。某些泥板上有同一個句子，經過很仔細的抄寫好幾遍；其中有些還可發現老師的改正。

學校上課時間長，功課困難。學生日出即至，日落方離開。如不用功、或不守規矩，還要挨打，猶如中國所謂的「不打不成器」。每一學校有校長、學年主任和教師，猶如目前我國國民小學的編制。學校的課程有數學、文學和文法。

---

❹ Charles Higham, *The Earliest Farmers and the First Cities,* p.29.

第三節　腓尼基人

一、地理條件

　　腓尼基人的主要城市，畢布羅(Byblos)、泰爾(Tyre)和西頓 (Sidon)，不僅是東地中海的重要港口，也是「肥沃月彎」西邊的貿易中心。在今日敍利亞的烏加利城(Ugarit)也是一個國際貿易中心，來自埃及、美索不達米亞和安那托里亞(Anatolia)的商人，在這裏洽談商務。與大馬士革(Damascus)等內陸城市之聯繫，使腓尼基人得以接近重要的陸路。腓尼基的優越地理位置，使之成爲水運和陸運的重要樞紐。

　　東地中海沿岸的文明和城市生活，差不多與美索不達米亞和埃及同樣古老。距離今日貝魯特(Beirut)北邊二十英里處的畢布羅城，根據一個舊傳統，自稱爲世界上最古老的城市。事實上，該地區的某些城市，出現過具有七千餘年悠久歷史的證據。一些內陸城市，如麻馬革 (Mamacus)和阿勒坡(Aleppo)，也是歷史很悠久。此一地區的民族所發展的文明，幾乎與美索不達米亞類似。他們也大都是閃族人，使用閃族語，採用美索不達米亞的楔形文字。

二、航海、貿易和殖民

　　腓尼基人經常設法改善貿易的有形條件：較好的船隻和航海、永久

的貿易站、以及完善的殖民地，最早有艀板的船隻，或許是腓尼基人建
造的。這種船隻較能抵擋地中海突發性暴風雨之打擊。然而，大部份的
船隻還是緊靠着海岸航行。腓尼基人編纂航海日誌，爲其航海者詳細描
述海岸線的情況，諸如好的停泊處、港灣、危險處、淡水和補給的來源
等，均加以記載。

在探險和貿易中，腓尼基人不僅沿着地中海航行，可能也沿着大西
洋北至英國，以及南至西非的奈及利亞，與希臘人在西方海域產生激烈
的競爭。腓尼基人的貿易，主要是珍貴和半珍貴的金屬，農產品不太可
能有利可圖。他們以單價較高的製造品，去交換金屬。

腓尼基人與希臘人在西地中海的殖民競爭，也很激烈。腓尼基人在
北非沿岸，尤其是突尼西亞以西的港口地區和鄰近農業區殖民。迦太基
（Carthage）變成他們最重要的北非殖民地。他們也在西班牙南部、西西
里西部和薩丁尼亞佔優勢。希臘人則集中在義大利南部、西西里東部、
法國南部，以及少數在西班牙東部。

三、文化

在文化方面，腓尼基人可以說是個傳播者，而非創造者。腓尼基人
的宗教，與希伯來人和其他迦南地區民族（Canaanites）有相同的背景。
腓尼基人信奉的最高神爲天神（The Lord of Heaven），**巴爾‧夏敏**
（Baal Shamin），而且如同其他古老的宗教，每一城市有其守護神。在
泰爾，**梅爾卡**（Melkart）爲主神；**梅爾卡**的配偶，**愛斯塔特**（Astarte），
後來在泰爾的殖民地 —— 迦太基，變爲**坦尼**（Tanit）。**梅爾卡**等於希臘人
的**赫克力斯**（Hercules）。

腓尼基人非常強調倫理價值，但他們也實施廟妓和以人爲祭品，至
少是在最危險時期如此。最近在迦太基的考古發現，證實了其敵人，亦

即羅馬人所稱：至少到西元前 300 年，甚至可能遲些，腓尼基小孩還被當做祭品。

　　希臘人、羅馬人和往後整個西方世界所用的字母，源自腓尼基。腓尼基人是否發明字母一事，仍然存疑。在腓尼基人之前，從楔形文字和象形文字演變而來的字母形式，在此一地區顯然已經發展出來。在這一方面，腓尼基人還是扮演其慣有之角色，將所有近東之遺產傳送到西方。

第四節　希伯來人

　　在政治的重要性方面，希伯來人可說乏善可陳。然而，他們卻是猶太教、基督教和回教的根源，爲今日西方文化的重要泉源之一。

　　傳統上，後來的希伯來人自認爲是**亞伯拉罕**（Abraham）的後裔。據說，**亞伯拉罕**約在西元前二十世紀，來自烏爾，然後遷徙到巴勒斯坦。他與侄兒**羅特**（Lot）爲富有的牧人。《舊約》對其旅行和生活方式，經常有詳細記載。

一、王國的興亡

　　亞伯拉罕的後裔，移民埃及，後來淪爲奴隸。在**摩西**（Moses）的領導下，於西元前十三世紀上半期逃出埃及，在巴勒斯坦定居。

　　爲抵抗菲力斯汀人（Philistines）等強大的敵人，以色列各部族，在西元前 1020 年推舉**索爾**（Saul）爲其第一位國王。**索爾**略有戰功，但治績不佳，不孚衆望。他和兒子於西元前 1000 年，在與菲力斯汀人的戰爭中被殺。

　　大衛(David)繼承王位後，打敗了菲力斯汀人，佔領迦南地區古城耶路撒冷(Jerusalem)，並以之為首都。大衛王並向外擴展疆土，使以色列成為強國之一。然而，以色列王國的極盛時期卻是大衛之子，所羅門(Solomon)的統治，亦即從西元前973至937年。

　　所羅門以智慧聞名，但他擁有三百個妻子和七百個妾，其中有一位是埃及法老之女。所羅門強調貿易和商業，控制通商道路，鑄銅，派遣船隊到東非、塞浦路斯(Cyprus)、西里西亞(Cilicia)❺和西班牙。他大興土木，建築宮殿、廟宇和要塞。所羅門的常備軍、建築和妻妾，所費甚多，以致於永遠入不敷出。他死後，王國分裂。

　　所羅門之子，羅何傍(Rohoboam)繼位，王國的北部分離，另成立以色列王國，以別於猶太王國(Kingdom of Jerusalem)❻。兩個姐妹國家，時而密切合作，時而互相火拚。西元前722-721年，以色列為亞述人所滅，希伯來人被逐出國境。猶太王國一直延續到西元前587年，方為巴比倫人所毀。猶太人的上層階級，大部份被送到巴比倫為俘。

二、宗教

　　希伯來的宗教並非無中生有，而是歷史的一部份。事實上，猶太教、基督教和回教的偉大力量之中，有一部份乃是因其為根植於歷史，而非神話的宗教。

　　希伯來的聖經，強調摩西在西奈(Sinai)沙漠中，使以色列變成一個

---

❺　Cilicia 為小亞細亞的東地中海沿岸地區，是今日土耳其的 Icel 和 Adana 兩省。

❻　以色列王國亦稱Kingdom of Samaria；猶太王國亦稱Kingdom of Jerusalem。

民族,同時也建立一神**耶和華**(Yahweh)❼特有信仰的領導角色。據說,透過**摩西**,上帝與以色列各部落訂立契約。回報以色列人對其表忠誠和信仰,上帝將成為他們特別的神,並在各方面祝福他們。

自以色列立國之初,即有先知**謝慕爾**(Samuel),隨後又有**阿默**(Amo)、**以撒**(Isaiah)、**耶雷美**(Jeremiah)和**艾茲可**(Ezekiel)。這些先知,使上帝**耶和華**成為歷史上傑出的神。以色列的淪陷,他們認為是因其人民毀棄與上帝的盟約。亞述人(Assyrians)不僅是以色列的征服者,事實上也是「上帝憤怒之鞭」(Rod of God's Wrath)。在流亡巴比倫時,先知們宣導,以懺悔去獲得上帝的原諒,以及未來重建和步入黃金時代的希望。

第五節　西臺人

大約在西元前 2000 年,西臺人移至安那托里亞高原。「西臺」一詞,源自 Hatti,亦即他們定居的安那托里亞中部地區之地名。西臺人認為其太陽神出自水中,這似可推斷他們可能來自黑海或裏海的西部地區。這些侵略者講印歐語,因此在語言方面與希臘人和義大利人有關係。

一、王國的盛衰

西臺人建立王國後,在西元前第十七世紀末期,從小亞細亞往南擴展。約在西元前 1600 年,國王**慕西里**(Mursilis)往南襲擊巴比倫,併吞

---

❼　**耶和華**在希伯來語為四個子音 YHWH,亦有稱為 Jehovah。

漢摩拉比早先所統治帝國之殘餘。但是隨着貴族階級對王位的爭奪，帝國也就趨於衰微。

西元前第十五世紀末和第十四世紀，王權中興。西臺國王**蘇比魯留馬斯**(Suppiluliumas c.1380-1340 B.C.)消滅米田尼王國(Kingdom of Mitanni)，征服敍利亞，然而在埃及的侵略和內部的反叛下，西臺人的霸權在西元前 1190 年宣告結束。

二、文化

在文字方面，西臺文化顯現出混合的特性。從美索不達米亞和埃及借來兩套文字的書寫系統。語言也有數種：西臺語、從被征服者借來的巴比倫語等，在語言、文學、藝術、宗教、法律和政府方面，西臺人是借用者和同化者，然而，卻經常有其獨到之處。甚至未接受過專門訓練，人們也能很快學到辨別西臺的彫刻的明顯特性，那是一種埃及和美索不達米亞的混合體。

I. 技術和軍事的創新

煉鐵技術的進步，為西臺人最重要的成就之一。他們的煉鐵技術，最早出現在帝國末期的西里西亞地區，鐵器時代於焉開始。可惜新技術來得太遲，西臺軍隊本身無法身受其益。鐵製武器造價不廉，在初期或許並不比好的青銅武器優良。直到亞述帝國興起，方有裝備鐵兵器的整個部隊。

西臺人有許多重要軍事發明，在戰車戰和攻城戰，他們的裝備，世界第一。他們有較大的馬匹拉着大型三人馬車。在攻城戰術方面，**蘇比魯留馬斯**以八天時間，攻下米田尼王國防禦堅固的卡其米希城(Carchemish)，令舉世震驚。他們也改善城防，城門重新設計，以暗道反攻

圍城軍隊的觀念，或許也是他們發明的。

II. 政府和法律

國王在早期權力較小，但也是帝國政府中一個有力人物。他非神，亦非首都守護神的首席祭司，但在國家祭典，他有時擔任祭司，且在死後變成神。貴族在政府中控制主要職位。較早期支配地方政府和募兵工作的封建制度，逐漸爲中央集權制度所取代。

美索不達米亞的影響力，非僅在語言，且在經濟。帝國內貿易道路上的某些城市，以巴比倫式居多。在哈杜沙（Hattusas）出土的法典，顯示出美索不達米亞的商業影響。西臺人最早期的法律，大都與農村問題有關；法典的附加條款，給予商業和動產較多的保護。西臺法律比美索不達米亞的閃族法律較不嚴厲，例如較少用死刑，此亦顯示出他們與美索不達米亞早期民族觀點的不同。美索不達米亞人要提出他們所謂的神的法律；西臺人則認爲法律是人爲事務。

III. 宗教與文學

西臺人的宗教和文學，也是由內在的美感和外在的影響混合而成的。甚至來自米田尼的亞利安（Aryan）神祇，一樣包括在官方的萬神廟內。西臺人的主神爲亞倫那（Arinna）的太陽女神 —— **烏魯‧西母**（Wuru-semu）；氣候之神 —— **鐵蘇布**（Teshub）；繁殖之神 —— **鐵勒比那斯**（Telepinus）。

西臺人解釋四季循環的神話，跟其他民族略有不同。**鐵勒比那斯**溜開去睡覺，此時地球上的生命宣告中止。那是謙卑的蜜蜂找到他，並把他刺醒，使他再盡其責。其他西臺文學，除了一些外交函件外，還包括少數歷史性文件。

第六節　亞述人

在西元前 1000 年，幾個帝國相繼支配近東，其中以波斯出現最遲，但幅員卻最廣。身為征服者，亞述人、巴比倫人和波斯人，發覺維持地方政府的控制，工作最為艱難。

亞述人採取高壓政策和殘酷手段。他們曾公開懲罰反叛者首領的方式，有的被綁在柱上，活生生的剝皮，有的則受到其他殘酷的折磨。亞述國王以為，如此殘酷的懲罰將嚇阻可能的反叛者。然而，事實證明，這種殘酷卻換來無盡的仇恨。最後，各臣服君王的反叛，顯示出亞述帝國只是一個軀殼，不再有廣泛的忠誠支持，甚至亞述人本身亦如此。

一、帝國的盛衰

亞述位於提格里斯河上游，從文化到政治，與美索不達米亞有密切關係。亞述人為閃族，為一士兵與獵人之民族。**提格列斯‧皮勒索一世**（Tiglath-Pileser I, 1115-1077 B.C.），這一位幹勁十足，且兇猛非常的征服者，是典型的亞述統治者。他自己的記錄證明，他刻意計劃以殘酷的暴政，做為一項確定的政策。**提格列斯‧皮勒索一世**曾擊垮來自西北方敵人的侵略，並擴展其領域西至腓尼基。但是帝國隨之衰微，其因不詳。

在第九世紀，**謝爾曼索三世**（Shalmanser III, 858-824 B.C.）再度使亞述逐漸強盛，疆域西至地中海，南至巴比倫。敘利亞和以色列也相繼臣服。

在**先那謝利布**(Sennacherib,　705-681　B.C.)及其子**伊薩哈頓**
(Esarhaddon, 681-669 B.C.)的統治下，亞述的國勢達到極盛時期。亞
述帝國包括整個肥沃月彎，還有埃及、伊蘭(Elam)、米提(Media)，和
西至西里西亞的亞美尼亞(Armenia)和小亞細亞的領域。

西元前 612 年，巴比倫和米提兩個屬國的國王反叛，並摧毀亞述帝
國首都尼尼微(Nineveh)。亞述勢力宣告結束。

二、文化

在藝術、建築、文學、宗教和法律，亞述文化為美索不達米亞地區
文化的一部份。然而亞述人的成就通常很突出，能表現出一種新鮮和創
意，這些明顯的特徵，最能在藝術，尤其是浮彫上看到。亞述的理想、
殘暴和男性化，表現在人和動物的彫像上。紀律嚴明的士兵，攻城掠地；
被殺傷的獅子，垂死掙扎。亞述人的浮彫，經常描繪殘暴。在某一浮彫
上，**亞述巴尼泊**(Assurbanipal)及其后，在一葡萄園內安詳的進餐，但
在鄰近的樹上懸掛着反叛的伊蘭國王的頭顱。

圖 3-3　亞述人的浮雕

最好的浮彫在尼尼微出土，以**亞述巴尼泊**所留下的最多，大部份放在倫敦大英博物館。據估計，從尼尼微出土的浮彫，如排成一行，將達二英里長。

亞述的宗教為典型的閃族宗教。主神為**亞述爾**（Assur），而非巴比倫人的**馬杜克**（Marduk）。愛神**伊希塔**在亞述，就如同在整個美索不達米亞一樣，受到人們的祭祀。

當**亞述巴尼泊**在伊蘭作戰時，他發現一尊**伊希塔**的神像，這是約1500年以前從烏魯克被帶走的。**亞述巴尼泊**很虔誠地重新把神像放在以前蘇美人的地點。

在建築方面，亞述人並未引進特殊新要素，然而他們的城牆、城門和其他建築，還是令人留下很深刻的印象。石塊的應用，使這些建築物有一種永久感。在以泥磚為主要建材的地區，石塊是很缺乏。城牆用浮彫來裝飾。巨大的人頭飛獅和牛神的彫像，在亞述的城門站崗，更能顯現出亞述的偉大。

第七節　巴比倫人

迦爾底（Chaldea），巴比倫人所建立的新帝國，在許多方面都遵循亞述帝國的制度。巴比倫人行中央集權，且嚴肅懲罰叛徒，但效果不大。儘管迦爾底帝國防禦堅固，且交通方便，但是國祚短促。

一、帝國的盛衰

巴比倫王**那撥波拉撒**（Nabopolassar, 625-605 B.C.）與米提王，合

力摧毀尼尼微。**那撥波拉撒**之子，**尼布甲尼撒**（Nebuchadnezzar, 605-562 B.C.）為巴比倫最有力之國王，他清除亞述在卡其米希的殘餘勢力。整個敍利亞和巴勒斯坦地區，很順利地被置於巴比倫人的控制之下。

圖 3-4　巴比倫之囚

　　迦爾底帝國最後一位國王為**那撥尼杜斯**（Nabonidus, 555-539 B.C.）。在西元前 539 年，波斯**居魯士**的軍隊，不戰就取下巴比倫城。或許大部份的巴比倫人寧願**居魯士**為其國王。在巴比倫的猶太人可能也親波斯。**居魯士**最早頒佈的詔書之一，就是准許猶太人返回故鄉。

二、藝術和建築

　　尼布甲尼撒美化巴比倫，使之成為當時的觀光勝地之一。他建造「懸空花園」（The Hanging Gardens），為古世界七奇（The Seven Wonders）之一。懸空花園據說是為討好其來自米提的妻子。

　　這種花園，事實上即為一有樹木之土臺，以拱和柱來支撐着，利用一種連續的鏈狀抽水機，從頂頭灌溉。遠觀一片綠意在空中漂浮，所以有「懸空」之稱。

第八節　波斯人

波斯人所建立的帝國，有著名的政治創新。負責各省省務的省長（satraps），取代各地方性國王。修築馬路和建造驛站，以利中央政府的控制。波斯的統治者還能做到宗教容忍和經濟自由。

一、帝國的盛衰

圖 3-5
波斯王居魯士

西元前 559 年，**居魯士**即位。從 550 年至 529 年，他成爲整個帝國 的國王。

在西元前 550 年，**居魯士**奪得米提王位，548-546 年，佔領整個西小亞細亞。許多在此地區的希臘人變成波斯的臣民。在往後幾年，**居魯士** 征服伊朗的大部份領土，最後在 539 年征服巴比倫和肥沃月彎。**居魯士** 在試圖取得亞美尼亞的戰役中被殺。

居魯士之子，甘比西士（Cambyses, 529-522 B.C.）希望維持做為征服者的國王之威望，因此他併吞埃及，同時也使埃及西邊的希雷尼（Cyrene）歸順。他在匆促返國撲滅叛徒的途中死亡❽。

大流士（Darius, 521-486 B.C.）繼位後，繼續擴張政策，把帝國的領域往東擴展到印度，西至歐洲。他的軍隊在西元前 513 年，利用船橋（bridge　of　ships）渡過博斯普魯斯海峽（The　Bosporus），色雷斯（Thrace）和馬其頓大部份被兼併。大流士與希臘人的糾紛始於西元前 499 年。兩次遠征希臘，失多於得。大流士也在失意中去世。

薛西斯（Xerxes, 485-465 B.C.）撲滅大流士去世之前就已發生的埃及的叛亂。隨之，為替其父報一箭之仇，幾次出兵希臘，其中以西元前 480 年的大侵略，動員百萬軍隊，聲勢最為浩大，可惜皆告失敗。到了西元前 330 年，亞歷山大（Alexander the Great, c.356-323 B.C.）擊敗大流士三世（Darius III），波斯帝國宣告壽終正寢。

波斯帝國衰亡的原因，除了大流士之後，王位繼承者的素質愈來愈差，官僚階級的無能，以及無法將廣大帝國境內各民族結合在一起之外❾，經濟因素最為重要。宮殿和後宮佳麗的耗費太大，由徵稅得來的貴重金屬被收藏在王庫內，硬幣的經常短缺造成不良的影響。

二、行政組織

大流士很注意行政，他設省（satrapies），任命省長治理之。省長掌理民政，不管軍事；軍區與省區的界限並不一致。大流士為一謹慎而多

---

❽　有些記載說甘比西士被殺。
❾　波斯帝國的東西橫跨三千英里，有些學者認為其對帝國滅亡之影響，或許比亞歷山大那一小撮軍隊來得大。

疑的人。在他統治時期，交通大爲改善，皇家大道(The Royal Road)
馳道
最爲著名，從小亞細亞的薩地斯(Sardis)到首都蘇薩，全長一千五百英
里。沿着所有幹道，在大約一天旅程的間隔，設有驛站，便於信息的快
速傳遞和皇家官員的移動。因爲帝國約有美國本土四十八州之大，惟有
這些措施，方能使之結合爲一體。

新都波斯伯里斯(Persepolis)，在舊都東方，地勢最高，也是**大流士**
之傑作，因爲舊都蘇薩在一年之中大部份的時間都太炎熱，而且**大流士**
也要新的和雄偉的建築物來自我滿足。

三、宗教

波斯的宗教爲祆教。如同古代之人，波斯人首先崇拜自然力，尤其
喜歡崇拜太陽。在西元前十和十一世紀，其宗教經**瑣羅亞斯德**(Zoroas-
ter)加以改良。**瑣氏**的著作未曾傳世，但其學說於死後由其門徒記錄而成
《波斯古經》(Zend-Avesta)。

《波斯古經》係用波斯古語(Zend)寫成，分二十一卷；寫在一萬二千
張牛皮上而用金線裝訂。該經爲祆教之聖經，其所信之造物主**奧馬茲德**
(Ormuzd)，創造至善之物，世間之惡物皆由惡神**阿里曼**(Ahriman)所
創。善惡二神及其部下，經常在作戰。人應膜拜善神，而且還要爲之而
戰。**奧馬茲德**之出現，只取火或太陽之形。波斯人於山上空曠之處燃火，
禮拜神明，因此祆教遂有拜火教之稱。

波斯人相信，人死之時，軀殼屬於惡神，所以應該將屍身移走，但
不可火葬、土葬或水葬，以免污染火、土和水。屍身的面部要向日，放
在高架上不加覆蓋，以石繫之，由犬與鳥等清潔動物啖此死人，而爲人
祓除不祥。

第三章 參考書目：

1. André Aymard et Jeannine Auboyer, *L'Orient et la Grèce Antique* (Paris : PUF, 1967, 6th édition).

2. Charles Higham, *The Earliest Farmers and the First Cities* (London : Cambridge University Press, 1974).

3. Albert Hyma, *An Outline of Ancient History* (N.Y. : Barnes & Noble, 1940).

4. Leonard W. King, *A History of Babylon, From the foundation of the monarchy to the Persian conquest* (London : Chatto & Windus, 1915).

5. Leonard W. King, *A History of Sumer & Akkad, An account of the early races of Babylonia from the prehistoric times to the foundation of the Babylonian monarchy* (London : Chatto & Windus, 1923).

6. Sidney Smith, *Early History of Assyria to 1000 B.C.* (London : chatto & Windus, 1928).

7. E.A. Wallis Budge, *Babylonian Life and History* (N.Y. : Cooper Square Publishers, 1975).

8. Jim Hicks, *The Persians* (Time-Life International, 1975).

9. Daniel D. Luckenbill, *Ancient Records of Assyria and Babylonia* (N. Y. : Greenwood Press, 1968).

10. James Mellaart, *Earliest Civilizations of the Near East* (N.Y. : McGraw-Hill Book Co., 1965).

第四章

愛琴海與古希臘

　　希臘境內多山。東北部為奧林帕斯山(Olympus mt.)，其主峯高達二千九百八十五公尺；中部為平度山(Pindus)和帕那斯山(Parnassus mt.)，主峯高二千四百五十九公尺；南部，亦即科林斯地峽(Isthmus of Corinth)以及伯羅奔尼撒(Peloponnesus)，高出海面二千公尺。山直達於海，沿岸群島也是潛隱之山，其顛高出於海面者。在這個富於變化的國家之中，可耕地很少，幾乎全是光禿的岩石。希臘耕地稀少，土地貧瘠，但天空却是蔚藍。冬季有時會嚴寒，夏季的氣溫却經常很高。南部氣候乾燥，作物生長不良。北部山區較潮溼，因而呈現一片青綠色。一般說來，希臘的氣候良好，尤其愛琴海上諸島嶼，更為宜人。由希臘至小亞細亞，島嶼星羅棋布，頗利於航行。

　　一個世紀之前，西方世界歷史以古希臘和古羅馬為起點。沒有人能想像得到，在荷馬(Homer)的詩和柏拉圖(Plato, c. 429-347 B.C.)的哲學之前 1000 年，希臘和克里特(Crete)已有一極為燦爛之文明。一個城牆和宮殿，士兵和書吏，畫家和金匠的世界，藉著考古學的新方法，陸續被發現和恢復舊觀。克里特島上令人嘆為觀止的宮殿，帶有寬廣的庭園和迷宮式的通道，這些我們現在稱之為「米諾亞」(Minoan)文化中心。黃金寶物在邁錫尼(Mycenae)的國王和戰士墳墓中，埋藏了三千餘年，這種為邁錫尼的文明，在今日被視為古希臘世界的直接祖先。

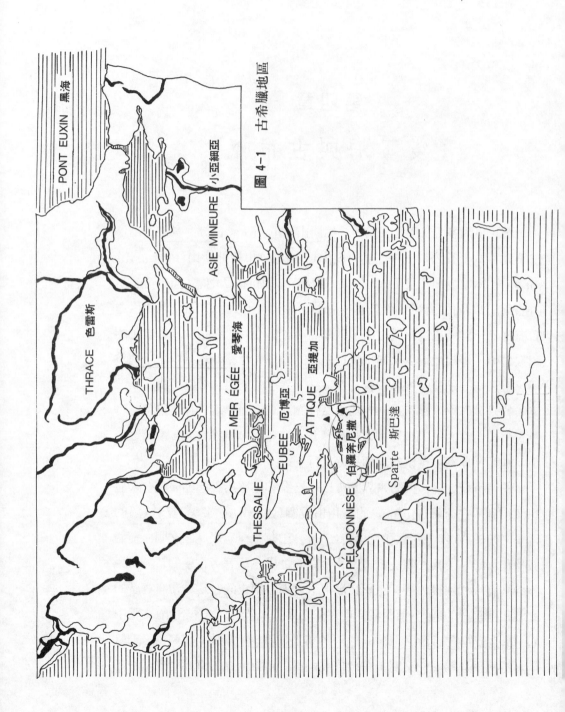

圖 4-1　古希臘地區

第一節 克里特

愛琴海文明源自克里特島，東地中海最大的島嶼，也是唯一擁有相當大的平原可供農耕之用。

克里特可供發展之用的天然資源非常可觀。山區有濃密的森林，絲柏、杉、松和樅樹等造船的良材，不但夠自用，而且尚可外銷到缺乏木材的埃及。山陵和河谷，皆有利於畜牧。

儘管自然環境十分良好，人類的出現却比其餘近東地區遲得多，在舊石器時代，根本毫無痕跡。

一、帝國的盛衰

大約在西元前 7000 年，米諾亞人來到克里特。他們可能來自小亞細亞，有些學者認為他們講印歐語。約在西元前 2000 年之後，他們學習讀和寫，也留下文字的痕跡，但仍然有待解讀，其語言還是個謎。

米諾亞人為一非常令人好奇的民族，他們是才華非凡的建築家，世無匹敵的陶工，也是一些舉世無雙的水彩畫新鮮寫實畫風的發展者。從畫中可知，他們無論男女，身材皆很修長，腰部很細。男人濶肩，女子喜愛珠寶和奇特的髮型❶。

米諾亞帝國的發展可分三個階段：初期，約從西元前2800年至

❶ Maitland A. Edey, *Lost World of the Aegean* (Time-Life International, 1975),p.57.

1800年；中期，約從1800年至1550年；後期，約從1550年至1100年❷。

在帝國初期，較多來自亞洲，以及一小部份來自利比亞的移民，加入原有居民的行列。金屬工已引入，與亞洲、埃及和利比亞維持關係。海外貿易主要的對象為埃及和席克拉底斯群島(The Cyclades)❸。人口急遽增加，漸有在市鎮和村莊集中之趨勢，以取代新石器時代的散居。島的東部如巴雷開斯楚(Palaikastro)、普賽拉(Pseira)、莫克羅斯(Mokhlos)和古爾尼亞(Gournia)等地，最為繁榮。

帝國中期的特色為銅的引入。與埃及的貿易更為發展，且維持與敘利亞的直接關係。人口穩定增加，並向西擴展。政權中心現為諾色斯(Cnossus)，文化也逐漸統一。

宮殿的建造為此一時期最令人驚奇的發展，它們確立了克里特和希臘近千年的組織型態。宮殿代表政治和宗教權威的集中，以及財富的增加，且以有力的領導奠下未來拓展的基礎。約在西元前 2000 年之後，在諾色斯、馬里亞(Mallia)、斐斯特斯(Phaestus)和扎克羅(Zakro)等地，相繼出現早期的宮殿。這些宮殿幾乎完全脫離新石器時代村莊的型態。

或許是宮殿的導入，提供給書寫發展的主要刺激。在這一方面，也是以東方，尤其是埃及為典範。最早的克里特文卷為圖書式的，借用埃及的術語，且稱之為象形文字，但毫無宗教意味。

克里特島上地震頻繁，宮殿的建造方式經不起嚴重的震動。在西元前 1700 年左右，地震或敵人的侵襲使宮殿全毀。自 1500 年起，島上重建的諾色斯宮殿，最為重要，也是唯一殘存者。這是克里特文明的極盛

---

❷ R.F. Willetts, *Aristocratic Society in Ancient Crete* (Westport, Connecticut : Greenwood Press, 1980),pp.vii-viii. 英國考古學家 Evans 依據在克里特出土的銅器時期的陶器，而區分為初米諾亞、中米諾亞和晚米諾亞等三時期。

❸ 席克拉底斯群島位於南愛琴海。

期。王宮有工場、商店，當然還有一群工人和僕人。由辦公室和檔案的
重要性來判斷，君主政權有意要集權化。

在諾色斯的霸權支配下，統一的工作在晚米諾亞時期完成的。一個
完善的公路網，聯結島上各城鎮。諾色斯有一個相當發展的克里特官僚
階段，且爲一個包括席克拉底斯群島、安哥里斯(Angolis)、亞提加
(Attica)和西西里的海外帝國之中心。此一帝國海軍力量強大，與東地中
海各國的交易頻繁，且建立不少殖民地，然而其陸上武力却很薄弱，因
此無法阻止搶刼和挽回最後滅亡之命運。

大約在西元前 1750 年，外患首次來臨，在克里特造成一陣不安，隨
之又恢復平靜。約在 1400 年，從希臘半島來的亞契安人(Achaeans)在
克里特島登陸。克里特人一直以其強大的海上艦隊爲傲，但未擁有陸軍，
也未構築城堡。侵略者的來襲，顯得太突然，使島上居民措手不及。諾
色斯王宮爲大火所毀，克里特帝國也就立即崩潰❹。

二、經濟與社會

克里特島與近東、小亞細亞和希臘的商業關係，帶來富裕與繁榮，
而且隨著此一文明產生了古代世界首次受海上貿易支配的經濟生活。島
嶼的自然環境，使克里特人的生活條件與尼羅河谷和幼發拉底河谷十分
不同。克里特的地理位置，也使之能盡情發揮海上航運的角色。克里特
人開發新的航線，並縮短歐、亞間的海上交通。

修西的底斯(Thucydides)和希羅多德皆認爲克里特的海權發達，

---

❹ 推斷諾色斯王宮被毀的年代，以出土陶器的研究爲基準。然而所得的結論相當
不一致，Evans 認爲約在西元前 1400 年，Palomer 則認爲約在 1200 年。Po-
pham 較贊成 Evans 之說法，但認定被毀的日期略比 Evans 的 1400 年遲些。

考古學上的證據也給予此一說法實質的支持。克里特的陶器曾在埃及和敍利亞出現,在西西里也有同樣的發現❺。用來儲存橄欖油的高大石瓶,也是克里特的一項特產,隨著油的輸出,傳到席克拉底斯群島。

農業的生活深深影響著宗教信仰。甚至在豐年,穀類的生產仍然不敷所需,但是果樹,尤其是葡萄和橄欖,則有剩餘產品可供輸出。畜牧方面,有牛、羊、驢等,在西元前 1500 年,馬才出現。在海岸的某些部分,捕魚業相當活躍,一則補充食物之不足,另則尋找可提煉紫色染料的寶貴貝殼。

工業方面,在所有生產部門,已經發現或吸收優良的技術。陶器的精細,證明一種十分快速的轉輪已開始應用。在金屬工方面,很早已知鑲嵌和焊接。金銀器和裝飾徽章的製造,可與埃及和美索不達米亞媲美。

工業的發展帶來商業的繁榮。航運利用天然港灣。商船的情形無從瞭解,但由已為世人所知的強大戰船船隊,就可推測其梗概。內陸,供馱物獸行走的石板路,直通商業城市和王宮。克里特人從東方學到度量衡制度;擁有銅錠、貴重金屬的圓片,有時以標記做保證,使之便於交易。可惜,後人對其商業法一無所知。克里特除了輸出產品外,還從其他國家輸入原料。

在社會結構方面,克里特的社會有自由人(the free)、半自由人(the apetairoi)、農奴(the serfs)和奴隸(the slaves)等四個階級。他們在經濟、社會和政治等方面皆不平等。

自由人在社會中是享有各種特權的階級,但有些也會因負債而淪為奴隸。

半自由人是僅次於自由人的公民階級。他們享有相當的自由,但無

---

❺ J.B.Bury & Russell Meiggs, *A History of Greece, To the Death of Alexander the Great,*, 4th ed. (The MacMillan Press, 1975),pp.11-12.

充分的政治權。

　　農奴大致上住在鄉間，除了照顧主人的牛群外，他們可擁有屬於自己的牛。他們耕種主人的土地，繳納貢錢和其他應付款項。他們可結婚和離婚，其家庭亦有相當的法律地位。妻子可擁有自己的財產，並在離婚時帶走。農奴為其主人之財產。一個農奴可能失去其農奴的地位而被販為奴。

　　奴隸的社會地位最低，可供買賣，但能擁有金錢。法律規定如果主人強暴家中女奴，要處罰金給被害人，處女的罰金較多。

　　社會生活較不為人所知，因而只能以偏概全。根據考古學的發現，古老的住宅，有時分成多達二十餘個房間，這可能類似中國的大雜院。

　　家庭方面，根據資料顯示，在克里特的社會，婦女佔有相當地位，享有此時其他地區所忽視的自由。最高的神，甚至大多數的神，是女性。在祭典中，女祭司扮演主要角色。遺留在古建築牆壁上的圖畫，通常顯示婦女在戶外、在公共場所、劇院和馬戲場。

圖 4-2　克里特之婦女

克里特像其他地區一樣，有窮人。但值得注意的是，富豪住宅和王宮的生活非常華麗、奢侈和講究。金、銀、銅、珍珠和稀有寶石所做成的徽章、金銀器工、手飾、玉璽，都是手工精細，格調高雅。女性服飾也很講究❻。

三、宗教與藝術

此一時期尚無證據顯示克里特有公眾廟宇的存在。山洞或某些山峯，常被視爲神聖之地。人們攜帶供奉之物來這些地方，且有某種形式的祭典。祭典與東方習慣類似，在收穫季節舉行，有遊行、舞蹈和音樂。然而也有自創的，如拳賽、鬥牛等公眾遊戲，婦女通常也參加。

或許自然環境使然，克里特人的天神、風神或海神都不確定。克里特宗教的主要目的，似乎只求農作物的豐收。大量的女性代表，強調腰部的擴大，乳部的裸露，有時還雙手交叉放在上面。樹與蛇的結合，地下動物的崇拜，在在皆欲人信仰一種「大地之母」（Mother Earth），亦即土地和豐收之女神。

克里特的宗教似乎已受女神所支配，男神爲數甚少，而且只居次要地位。

對於死者，不但要把屍體葬在很不錯的墳墓，且以其常用物品陪葬❼。

除了海上貿易外，藝術亦爲克里特文明一項最重要的創新。克里特

❻ R.F. Willetts, *op.cit.*, pp.33-56.
❼ André Aymard & Jeannine Auboyer, *L'Orient et la Grèce Antique*, (Paris: PUF, 1967),pp.221-222；然而，Bury & Meiggs 却認爲克里特人似乎不重視其埋葬，也不需豐富的陪葬以伴隨他們到另一世界。見 J.B. Bury & Russell Meiggs, *op.cit.*, p.17.

的藝術一點都不偉大，但却帶有一種生活和
自然主義觀察的尖銳感覺，一種能抓住裝飾
部分的稟性，一種由色彩和形狀來完成的風
味，一種特殊的創造活力，以及一種令人驚
愕的技術潛力。克里特的藝術家與其他手工
業者並無顯著差別，未曾見過偉大，但却看
到美麗。

圖 4-3
克里特之女神

圖 4-4 諾色斯

克里特無廟宇、無巨墳，最重要的爲宮殿，包括諾色斯，顯然未依照詳細計劃去建造。在裝飾方面，無彫像、無石頭上的浮彫，只有灰泥上的繪畫。藝術家很注重人們臉部的表情，對於動物的個別表現更爲瀟灑自如，因而產生了許多令人難忘的動物畫的傑作。

第二節　邁錫尼文明

米諾亞文化是非希臘的，然而邁錫尼文化史，不管是從地理的或是民族的觀點來看，都是希臘歷史的一部分。

邁錫尼位於阿吉夫平原（The Argive Plain）的東北角，控制至科林斯地峽的道路。在新石器時代，此地只有些微人類定居的痕跡。約在西元前 2000 年，一支講希臘語的印歐民族從北方最早進入地中海地區。

這些新來者稱爲亞契安人，他們的來臨在初期到處破壞。隨後幾個世紀裏，這些在歷史上稱爲邁錫尼人的希臘人，從被征服的民族中學習和發揚光大，到了西元前 1600 年，其財富和文化，已足可與克里特的米諾亞人相匹敵。然而邁錫尼並未統治整個地區，很顯然地，那兒尚有一些其他的王國。邁錫尼王國之勢力，在埃及和西臺等帝國之側，顯得遜色。

一、考古學家的發現

邁錫尼文明之漸爲世人所瞭解，考古學家，尤其是**許萊曼**（Heinrich Schliemann, 1822-1890）和**溫楚斯**（Michael Ventris, 1922-1956），兩人之貢獻甚偉。

　　許萊曼出生於德國，在少年時代受敍述特洛伊戰爭（Trojan War）的《伊里亞德》（*Iliad*）史詩所感動，而立志發掘特洛伊城，最後終於如願以償。**許萊曼**一生所從事的工作無不得自**荷馬**的啓發。他在特洛伊城挖掘完畢後，便開始準備前往特洛伊戰爭中希臘統帥**艾格曼儂**（Agamemnon），邁錫尼國王的家鄉進行挖掘的工作。

　　在經過大約兩年的準備後，**許萊曼**於 1876 年 8 月開始挖掘邁錫尼城。幸運始終不斷降臨在他的身上，在他挖掘的最初兩年期間，他先後挖到城牆，稱爲獅子門（Lion Gate）的主門、圓形墓址、十九具遺體、稱爲麥卡那（Mykena）的神殿。

　　此外，從圓形墓地中更挖出許多王冠、寶劍、容器、杯子、印章等物品，這些遺物中大多爲黃金製品，其中以六個黃金面具最爲著名。

　　根據後來的研究，特洛伊城戰爭發生在西元前 1200 年左右，而邁錫尼文明的興盛時期約始於西元前 1500 年左右，其繁盛期共歷時近三百年。邁錫尼文明滅亡後，約歷經四百年的黑暗時代才產生了輝煌的希臘文化。**許萊曼**正是發現希臘文化以前的希臘文明之人❽。

　　後來的發掘得到許多其他邁錫尼文化的遺產，包括在伯羅奔尼撒和諾色斯出土的許多泥版。英國建築家**溫楚斯**在 1952 年完成了翻譯泥版上文字的極端艱苦的工作。少年時，**溫楚斯**已被**伊凡斯**爵士（Sir Arthur Evans）關於乙系線狀文字（Linear B）❾的演講所吸引。

　　二十年之內，**溫楚斯**使用密碼術的技巧，以及徵得劍橋大學語言學家**查德威克**（John Chadwick）的幫助，解開了謎團。他證明乙系線狀

❽　〈海因利希・舒里曼〉，《牛頓》雜誌，四卷三期，民國 75 年 7 月。
❾　在克里特島出土的土碑，刻有兩種文字。較早期的一種稱爲甲系線狀文字(Linear A)，較爲屈贅難解。較晚的一種稱爲乙系線狀文字，它之出現於克里特島約在西元前 1450 年，但也出現於希臘本土的派洛斯(Pylos)及邁錫尼兩地。

圖 4-5

邁錫尼之獅門

圖 4-6

艾格曼農之墓

文字是早期希臘語言的形式。此一發現使學者能從事最早而完整的邁錫尼文明的評價工作。

二、政治與社會

在諾色斯和派洛斯發現的乙系線狀文字的土碑，略有助於瞭解邁錫尼宮廷的行政制度。這些資料包括個人姓名錄、財產清冊、物資分配情形、對各個神祇祭品清冊、以及持有土地耕種時所需種籽數量。

很顯然地，宗教受到宮廷的控制，儘管每一祭祀有其男祭司或女祭司。宮廷也負責武器的生產和儲存。在諾色斯，宮殿被毀之時，有一百二十餘輛有輪戰車、四十一輛無輪戰車、以及二百三十七輛尚未裝配完成。在派洛斯儲存一批銅製箭頭。

從這些土碑和邁錫尼城的廢墟，可看出一個強大、集權化的政府。在社會結構方面，國王（wanax）相當富有，地產廣大；僅次於國王的最重要官員爲陸軍司令（lawagetas），其地產約爲國王的三分之一。國王也有其顧問（hepetai），或許類似希臘後來的 Hetairoi，以及羅馬帝國的 Comites，爲國王在平時和戰時最親近的人。

土碑也提到 pasireu 這個字，這是後來希臘的「國王」（basileus）一字之先驅；然而在邁錫尼時期，國王稱爲 wanax，因此 basileus 可能爲省區之官員，負有地方性的責任。祭司與政府部門首長同等重要。官僚政治似乎很複雜。

手工業者、農民和士兵，構成一個廣泛的自由民階級。在手工業者之中，專業化程度相當驚人，其中有車輛建造工、車輪建造工和伐木工。此外尚有一些屬於國王，爲宮廷工作的陶工和武器製造工。在社會的最低層爲農奴和奴隸。

三、經濟和藝術

在墓穴挖掘出的大量貴重金屬，尤其是黃金，以及數量可觀的武器，足以顯示邁錫尼的財富和經濟的繁榮。例如在一個埋葬三男兩女的墓穴中，起出的陪葬物包括兩個華麗的金冠、八個普通的金冠、五個金杯和兩個金指環。此外尚有銀器、銅、以及各色各樣的武器。

上述器物有些是在當地製造，但大多數較精緻的寶物為克里特工匠的作品。邁錫尼國家無法自足自給。自農、牧、漁、獵觀之，他們或許能養活自己，但武器或工具的原料則須來自外地。與近東或埃及的直接接觸，尚無明顯的證據。大部分的黃金或許來自埃及，象牙來自敍利亞，瑠璃來自阿富汗，但由這些製成的工藝品，可能就在克里特製造，或者由克里特轉運至大陸。然而琥珀珠子並非由克里特轉運，它們來自極北的波羅的海地區。

邁錫尼的產品也銷往其他地區，例如敍利亞的畢布羅即有大量的邁錫尼器物。邁錫尼的陶器遠至埃及尼羅河谷，其商人甚至與西地中海地區交換物品。

邁錫尼的經濟與克里特關係密切，其藝術亦深受克里特之影響。

在陶藝方面，克里特的主題和形狀由邁錫尼的陶工接受。主題以植物和海洋動物，如百合、棕櫚、章魚和海豚等為主，表現自然寫實，且以單一主題覆蓋整個容器。隨後，主題較合時尚，表面也分格來處理。在金屬作品方面，克里特的風格和主題同樣被模仿。

在建築技術方面，邁錫尼人追隨克里特人的做法，只帶些微的變化。邁錫尼、提林斯（Tiryns）、派洛斯等皇家住宅和城堡，事實上並非真正的城市。然而，提林斯的城牆却厚達四十英尺，邁錫尼著名的「獅門」之楣石重約二十公噸。邁錫尼的文化水準相當高，但其城市生活却無法

相配合。對於此一令人困惑的現象，部分的解釋為，文化是採納他人的，與藝術家和建築家同時從愛琴文化的其他中心輸入。

四、宗教

邁錫尼的宗教或許與克里特的宗教曾有過類似的型態，但不易透過物的實體來瞭解人們之所思和所感。如從奉獻和寶石，我們很難看出米諾亞和邁錫尼宗教的顯著差異。在兩地皆發現類似的祭祀儀式，如廣場舞蹈、膜拜等。甚至在希臘發現的許多珠寶，也是在克里特製造，其中有一些應該是屬於邁錫尼人。

在許願奉獻方面，在邁錫尼如同在克里特一般，女神似乎佔盡優勢。然而，兩者也有相異之處，神聖的的牛角在邁錫尼並未扮演那麼重要的角色。雙斧在克里特相當盛行，但在希臘則只不過是一種裝飾而已。在克里特的宮殿，經常很容易分辨出為祭祀之用的特別房間；在邁錫尼的宮殿，庭院中有祭壇，但特別為祭祀而設的房間則不明確。一般人總是認為，邁錫尼人無廟宇，也無神的彫像。

然而，近三十年來的新證據，使我們對邁錫尼的瞭解大為改觀。在哈吉亞・葉連（Hagia Eirene）❿，凱斯開（John L. Caskey）發現一棟大建築物，其中藏有數尊幾近常人身高的赤褐色女性陶土塑像，並無明確跡象顯示這些塑像到底是女神或是女祭司。這座廟宇約建造於西元前 2800-2000 年之間，某些祭祀形式在此地甚至還延續至古希臘時期。1968 年，英國的一批考古學家在清掃邁錫尼「獅門」鄰近的一棟房屋時，意外發現一間裝滿一些五、六十公分小陶像的房間。小陶像有男

---

❿　哈吉亞・葉連為一在 Ceos（亦即現在的 Kea）的小村鎮，位於 Hagios Nikolaos 海灣的內端。Kea 是愛琴海的一個島嶼。

有女，先做好如同瓶子的軀體，再分別加上鼻子、耳朵和手臂。除了小陶像外，尚有兩條完整的捲曲的蛇，以及至少有四條蛇的碎片。這些奉獻品藏在此一房間，可能爲避免城牆被攻擊而遭到破壞。

第三節　古希臘(西元前七世紀以前)

邁錫尼文化的崩潰，帶來了一個爲期長達三、四百年的黑暗時期。希臘文化與過去出現一個完全的斷層。後來的希臘人幾乎不瞭解他們在史詩中所描繪的世界的社會組織、物質文化和書寫系統等重要特徵。甚至黑暗時期本身也不甚爲人所知。

自西元前第八世紀開始的希臘世界，爲一黑暗時期的、而非邁錫尼的產物。它的黑暗是原始社會的黑暗，物質文化落後，留給考古學家可以追尋的痕跡非常少。

大約在第八世紀後期，荷馬和赫西歐（Hesiod）的文學作品方開始成爲考古學發現的輔助材料。在某些方面，荷馬史詩所描述的社會，很顯然地爲一人所爲的文學創作。一切英雄的敘事詩自然會誇張詩中每一主角的社會地位和行爲，因此這些主角通常似乎屬於社會階級的最上層，以及擁有鉅額財富和特殊才能。一般說來，考古學上的發現和荷馬所描述的社會相去甚遠，惟有在西元前 900 至 700 年間，亦卽黑暗時期的後期，兩者才較相似。──

一、古希臘的文化

考古學無法指出黑暗時期的重要新建築，經濟活動的證據很少，知

識活動的證據幾乎等於零。邁錫尼領域變成文化孤立。然而，這種有「黑暗時期」特色的孤立，却促成文化的統一，這未嘗不是這時期的一項正面結果。

在西元前 1000 年之後，文化的腳步些微加快。一種稱爲「幾何的」（geometric）的陶器新形式出現，並廣泛流通，這顯示出貿易的復甦。人們開始進一步在海上探險。但是復原仍須等待幾個世紀。

此一文明的災難所帶來的後果，產生橫越愛琴海到東邊島嶼和西小亞細亞大陸的大量移民，整個希臘，以及愛琴海沿岸和島嶼，在人種和文化逐漸趨於一致。

甚至在孤立中，希臘並未完全與東方隔絕。首先，鐵器進入希臘，這是由小亞細亞或敍利亞傳入；其次，在本時期末，希臘人採用腓尼基的字母。

黑暗時期被兩種殘存的文學資料所照明，但其亮度很小。希臘神話，由不同的作者寫成，其中許多可遠溯至此時期，甚或更早。既然這些神話中有部分被證明含有事實要件，我們可以假設，公正客觀的分析所有的神話，可以獲得史料；然而這是一項不太可靠的假設。考古學或信史，必須先打好基礎後，方能利用從神話中取得的任何磚塊。有些神話，甚至那些以歷史事件爲基礎的，可能是純粹想像性創作。

第二種在此一黑暗時期發出弱光的文學爲荷馬的史詩 ── 《伊里亞德》和《奧得塞》（Odyssey）。一般說來，荷馬的描述似乎較適合邁錫尼文化以後的時期。當然，他也有一些有關較早時期的精確資料。他提到一個由戰士貴族階級所控制的社會，國王只不過是衆多平等的貴族中之首位。這些王國，與邁錫尼相比，似乎小而窮，其經濟幾乎全是農業性，主神已是奧林匹亞的十二神。

二、古希臘的轉變

西元前 800 年開始，希臘世界以快速步伐走向轉變之途。貿易增加與外界的接觸，隨之為殖民和移民時期。工商新階級的興起，帶給社會和國家傳統結構無比的壓力，軍事的發展也有助於現有秩序和結構的破壞。

貧窮和人口過剩迫使希臘人移民到海外。各種基本物質相當短缺。高山的森林砍伐殆盡，因此連木材也要進口，穀類、羊毛和獸皮，通常也要從海外輸入。

希臘人所建立的殖民地有兩類：一類基本上做為貿易站，蒐集貨物，運回家鄉；另一類為較大規模的移民，通常定居在優良的農業區。後者發展成獨立的城邦，與家鄉相同。大多數的殖民地由個人建立，雖然有時希臘或其他地區的整個城市也參與而成為「母城」（metropolis），然而一旦成立，海外殖民地並不受希臘「母城」之控制。此一殖民未能造成任何帝國。與母城之聯繫，大多為商業的和宗教的，而非政治的。

殖民地區為黑海沿岸、愛奧尼亞海（Ionian Sea）和亞得里亞海（Adriatic Sea）海岸、義大利南部、西西里東部、法國南部、西班牙東部、以及北非埃及西部的希雷尼地區。絕大多數的殖民者往西發展。

希臘進口基本原料，輸出精美陶器、葡萄酒、橄欖油和其他產品。

西元前 800 至 600 年期間，較重要的另一項改變為新式國家，亦卽城邦（Polis 或 City-State）的興起。城邦是最典型的希臘制度，以單一城市為中心，城邦為一真正的共同體。城市授公民權給所有在這地區的人，而它本身則為國家的政治、經濟、社會、文化和宗教的樞紐。城邦的範圍很小❶，較能使公民廣泛參與國家事務。在一個如此規模的國家，

人與人之間彼此能互助瞭解，但城邦也助長密集的參與、敵對、以及互相毀滅的戰爭。不幸，這亦是典型的希臘式。

此時期的戰爭以重步兵（hoplite）為主，以密集方陣隊形作戰，在特洛伊戰爭時期，兩個英雄人物的單打獨鬥居多；後來，貴族的騎士構成國家軍隊的核心。然而，密集方陣的戰鬥需要許多擁有矛、盾（hoplon）、盔和甲等裝備的人，且須授予所有這些人公民權。它所造成的結果為一個範圍較廣的寡頭政治，但尚非民主政治，因為有能力購買這樣昂貴武器和裝備的人，為數不多。這種軍事改變將減少舊貴族家庭的權力，且在某些地方成為邁向民主政治之路的重要一步，斯巴達即為一例。

舊貴族階級的財富和權力以土地為基礎，基本上是農村社會。許多社會的、政治的和司法的事務，透過由大家族所支配的部落來處理。隨著殖民和貿易的興起，隨著對進出口的注重和國家的發展，貴族階級的權力開始沒落。這並非是一種財富的沒落，因為許多地主種植供輸出的作物，且擁有種植橄欖樹和葡萄園所需的資金。然而，地主的貴族階級對貿易商和製造商 —— 新興的中產階級，以及不在農場工作的手工業工人，已無法控制。手工業者開始發展成為另一種薪水階級。部落逐漸不重要；許多貴族本身默許放鬆部落對土地的控制，而變為私有，因為生產橄欖和葡萄需要資金和特別照顧。

演進中的新集團，並不適合既有的社會政治結構，並且無法參與。他們的需要不同，例如商人需要海上保護以免受海盜搶刼，而且也需要有關契約的立法等等。同樣地，在陶器工場和造船廠工作的下層階級勞工，發現舊秩序不關心他們的需要。這些新興集團在貴族政治國家因而成為不穩因素，隨時支持能削弱舊制度的任何新結構。

一種稱為僭主（tyrant）的新領導者，遂應運而生。這些人通常屬於

---

❶　柏拉圖在《共和國》（*Republic*）一書中提到的理想城市有五千公民。

貴族階級本身，他們為新集團的利益攻擊貴族階級鞏固的權力，因而受到這些新集團的支持。他們最後以非正統的方式奪取權力，且如近代獨裁者般統治著城邦。被希臘人稱為僭主的第一人為利底亞的**季吉**（Gyges of Lydia），他在西元前七世紀中期推翻利底亞國王。

僭主通常支持商業，注重殖民，建立幣制和度量衡制，頒佈新法律，重視中、下層階級的利益。「僭主」一詞最初未具批評之意，因為除了貴族之外，最初其工作受到一般人一致的贊同。但是，絕對權力一旦集中在一個人身上，隨著時間之發展，難免遇到品德較差者濫用權力，以謀自己的私利。僭主遂有暴君之意。

僭主扮演著舊寡頭政治破壞者之角色；但也使未來的政治發展變為可能。僭主一旦被推翻，許多希臘城邦經選舉而走向民主。間或有重返貴族政治，但也較注意所有階級的利益。一般說來，從荷馬時期到西元前五世紀，希臘政治演變的情形為，從君主政體變成貴族政治，再發展成僭主制度，某些城邦則再發展成民主政治。

第四章　參考書目：

1. C. M. Bowra, *Classical Greece* (Time-Life International, 1975).

2. J. B. Bury & Russell Meiggs, *A History of Greece, To the Death of Alexander the Great* (London : The MacMillan Press, 1975).

3. Elizabeth M. Craik, *The Dorian Aegean* (London : Routledge & Kegan Paul, 1980).

4. Maitland A. Edey, *Lost World of the Aegean* (Time-Life International, 1975).

5. O. Murray, *Early Greece* (N. J. : The Harvester Press, 1980).

6. Robert Payne, *The Gold of Troy, The Story of H. Schliemann & the Buried Cities of Ancient Greece* (N. Y. : Funk & Wagnalls, 1959).

7. R. F. Willetts, *Aristocratic Society in Ancient Crete* (Westport, Connecticut : Greenwood Press, 1980).

8. 黃俊傑，〈古希臘邁錫尼文明的呼喚〉，出自《歷史的探索》(臺北：東昇出版公司，民國 70 年)。

第五章

斯巴達與雅典

黑暗時期過後，希臘出現許多大小不一的城邦 ❶，其中以斯巴達和雅典較具規模、較爲典型。在其極盛時期，斯巴達和雅典有著非常顯著的差異。斯巴達選擇秩序、穩定，一個被控制的社會；雅典則選擇自由、萬花筒般和創造性的改變，有時則是災難性的個人主義。

種族來源對其發展有相當程度的影響。斯巴達人源自多利亞人（Dorians）。多利亞人係指來自北方曾驅逐或降服所有居住在平原或伯羅奔尼撒岸上的土人之民族。他們原爲山區民族之子孫，其中最有名者來自多利斯（Doris）小郡，身體強壯、富有尚武精神，能忍飢耐寒，男女皆著一寬袍，長不及膝。多利亞人本係兵士之種，時常武裝，爲希臘境內最不開化之民族。

雅典人源自愛奧尼亞人（Ionians）。亞提加諸小島及亞洲沿岸之人民稱爲愛奧尼亞人。與多利亞人不同，他們乃一群水手或商人，因與東方最文明之民族接觸，故爲希臘人中之最文明者，同時又係最不希臘。因與亞洲人往來，且採用其服裝，他們和平而勤勉，生活奢侈，披長袍如東方人。

斯巴達與雅典兩個民族，講同一語言的兩種方言，信仰相同的神，並住在相距不到百英里之處。

---

❶ Raphael Sealey, *A History of the Greek City States 700-338 B.C.* (Berkeley：University of California Press, 1976), p.19.

第一節　斯巴達

一、早期的斯巴達

在邁錫尼時期和荷馬時代，斯巴達同其他國家一樣，爲一君主政體。國王**曼勒羅斯**（Menelaus）和王后**海倫**（Helen）的故事由此開端❷。後來，歷史之曙光漸露時，斯巴達仍爲一君主政體，但却有兩位國王❸，其權力也大受限制。經選舉產生的官員有較大的內政權威，元老院（gerusia）和國民會議（public assembly）的地位相當穩定。

斯巴達人追溯其已發展城邦的歷史到一位改革者和立法者，**立柯革斯**（Lycurgus）。他是否存在，仍然是個謎。另一斯巴達的傳統，使政府的改革做爲對戴爾菲（Delphi）的阿波羅（Apollo）神諭的反應。儘管神諭的神秘語句幾乎不能做爲一種憲法，它或許可支持所提議的一些計劃，或一項爭論不已的最近的改變。

在第八、第七和第六世紀的一部份，斯巴達的文化並非像它以後那樣被剝奪和被抑制。詩人、彫刻家和具有優異藝術才能的花瓶畫家，在斯巴達居住和工作。兩次長期的麥西尼亞戰爭（Messenian Wars），使斯巴達在軍事和政治發生轉變。戰爭使對重步兵的需求迫切，這個階級因而獲得公民權。經選舉產生的五長官（ephors），成爲斯巴達的眞正統治

---

❷　海倫爲特洛伊王子**巴利斯**（Paris）所勾引，成爲特洛伊戰爭的導火線。

❸　根據斯巴達的傳說，兩位國王是源自兩位兄弟傳下來的兩支皇族；現在則認爲，雙王制乃是源自早期合併前的兩個部落。

者，擁有宣戰、媾和、以及司法權。此時斯巴達爲一相當自由化的寡頭政體。

　　儘管政治自由化已達相當程度，斯巴達尚存有一些使國家逐漸僵化的條件。斯巴達的公民只佔全人口的百分之三，爲控制其臣民，他們必須使自己成爲遵守嚴格紀律的軍事階級。他們一生的整個目標就是要維持其本身的特權地位，但以安定之名義行之。每一斯巴達人因而成爲一職業戰士，他的教育是要使之成爲一個戰士，其職責爲效忠國家。貿易不受鼓勵，因爲它可能帶來無法控制的改變，哲學和自由教育後來在雅典廣爲流行，在斯巴達則被視爲毒蛇猛獸。斯巴達所要的是秩序；幾個世紀中，眞的只發生幾次嚴重的叛變。然而，其代價爲個人自己的喪失，不僅是外國居民，甚至斯巴達公民也是如此。

二、政府和社會

　　斯巴達政府組織包括兩位國王、五位長官、元老院和國民會議。兩位來自不同家庭的國王在國內的職責主要是宗教和顧問性質。他們領導軍隊作戰，因而在外交事務方面也相當重要。國內眞正的統治者爲五位長官，他們每年改選一次。元老院由富豪之家選出二十八位年在六十歲以上的議員，再加上兩位國王所組成，討論國民會議所要做的工作，並且還有司法功能。斯巴達公民全部參加的國民會議，不經辯論，只投票表決已安排好的議案。五長官由國民會議和元老院票選。這種政治制度是一種包括民主政治、貴族政治和君主政治的綜合體。

　　除了斯巴達人，其他主要社會階級有非公民，但是自由的臣民(Perioeci)，以及構成人口基幹的農奴(helots)。農奴世代相傳，皆係附著於土地，他們爲斯巴達主人而耕種，而主人收回大部份之收穫。這些農奴大都居住在麥西尼亞(Messenia)東部，約有二十萬人，而斯巴達人只不

過九千家而已，因而經常對斯巴達人構成威脅。萬一他們反叛，其所構成之威脅，非僅軍事性，且亦有經濟性和社會性。

然而值得注意的是，危機來臨時，斯巴達人會毫不猶疑地武裝其臣民和農奴。臣民居住在山中或沿岸之村落，他們多係水手，或經商或製造人們所需之物品。他們可以自由治理村中之事務，但須服從斯巴達之長官，並隨時納貢。

大部份的斯巴達公民依賴公田之所得維生。斯巴達兒童於呱呱墜地之時，即接受嚴格軍事考驗。新生嬰兒被提到會議上，若發現畸形，即棄之於山上，任其凍斃。兒童之未被遺棄而得生長者，七歲（亦即滿六歲）就離開父母，開始接受團體訓練。他們學習軍事技能和美德，亦即紀律、服從、吃苦耐勞。年滿二十，進入軍隊，並可娶妻，但仍須住在共同的軍營裏。到了三十歲，方能與妻同住。此時他們取得在國民會議的投票權。健康情況良好者，至六十歲方退役。

斯巴達人並未忽視音樂等文化活動，但却是老式的軍樂和劍舞等軍中舞蹈。他們很注重宗教信仰，重要節慶不能中斷。

軍國主義帶給斯巴達人的自傲是不容忽視。斯巴達人確信其制度之優越性，數世紀來證明其爲最佳的士兵。有一次，一個雅典人嘲笑一個斯巴達人說，有許多斯巴達人埋在雅典的領域內。這個斯巴達人回答，「沒有雅典人埋在斯巴達的領域內❹。」那就是在人們的記憶裏，沒有雅典軍隊抵達斯巴達。斯巴達人事實上也以其陋衣淡食爲榮。有一外地訪客在吃過斯巴達餐之後大叫，「現在我瞭解，爲何斯巴達人不怕死❺！」

❹　Henry C. Boren, *The Ancient World; A Historical Perspective* (Englewood Cliffs, N.J. : Prentice-Hall, 1976), pp.130-132.

❺　*Ibid.*

三、伯羅奔尼撒聯盟(Peloponnesian League)

或許因爲人口居少數的斯巴達人覺得對多餘的領土不感需要，或者因爲他們覺得無法對更多的農奴做有效的控制，斯巴達的政策在第六世紀發生改變。一、兩次的失敗對於這種改變也有影響。在伯羅奔尼撒之內，斯巴達帝國主義繼續實施，但以另一新形式出現。戰敗的城邦，如鐵吉亞(Tegea)、曼丁尼亞(Mantinea)、歐丘曼勒斯(Orchomenus)等等，被迫加入以斯巴達爲首的聯盟。

在鐵吉亞戰爭(The Tegean War, ca.590/580-ca. 560/550)發生後，斯巴達人可能打算以對待麥西尼亞的方式來對待鐵吉亞；他們也想併吞其疆土，奴役其居民。然而，鐵吉亞人太強悍，不易征服；另一方面，斯巴達人也太可畏，因而無法使鐵吉亞與其完全斷絕關係。最好的解決方式就是結盟。在往後的三十年裏，斯巴達以此一方式相繼獲得許多永久的盟邦。

斯巴達王，**克里歐曼勒斯一世**(Cleomenes I, 519-487 B.C.)使聯盟制度發生最大效果。他不僅使伯羅奔尼撒大部份城邦加入聯盟，且干預雅典和愛吉那(Aegina)。他還擊敗阿果斯(Argos)，斯巴達在伯羅奔尼撒最不共戴天之敵人。儘管他充滿野心而且能幹，他在最後還是被斯巴達複雜政治制度所擊敗。**克里歐曼勒斯一世**受到另一位國王和五長官的雙重困擾。當他希望再干預雅典時，科林斯軍隊發動兵變並班師回國，另一位斯巴達國王，**德馬拉特斯**(Demaratus)也離開伯羅奔尼撒聯盟的遠征軍。**克里歐曼勒斯**因而只好撤軍，並把聯軍解散。

第二節 雅 典

一、早期的雅典

地理上，亞提加或許可分成三、四個由小山丘隔開的平原，雅典城則位居其中央平原之上。雅典在銅器時代後期已是一個重要地區，但其權威所及之領域則不甚清楚。在黑暗時期，亞提加一度曾是獨立的城鎮和村莊林立。後來雅典先聯合中央平原的各村莊，第二階段再統一鄰近的平原，並加以控制。

在政治發展方面，雅典人維持一項趨於民主的傳統。危機發生時，雅典的君主政體權力減少，國王的軍隊指揮權轉交給另一位官員，這位官員後來變成民選。國王的行政權隨之也交給一位民選的官員。最後，國王也經由選舉產生，起初十年一任，然後如同其他兩種官員，一年一任。選出的國王保有最初的宗教和儀式的功能。此外尚有一個顧問委員會和一個由公民參加的國民會議。有些時期，設有六位負責司法的執政官(thesmothetae)，再加上原有的三位，變成九位執政官。

雅典為希臘城邦中最大的海權國，領導著海上貿易；然而在第八世紀和第七世紀，情形並非如此。在第七世紀末，新統一城邦的某些騷動，顯示經濟和社會某種程度的不安。約在西元前 632 年，一位叫**錫龍**(Cylon)的貴族，企圖使自己成為僭主。他失敗而逃，其黨羽被處死。此一事件，顯示一個根深蒂固的貴族政治集團之興起。約在 621 年，由**德拉寇**(Draco)執政官擬訂的法律，過於苛刻，甚至小偷亦被判處死刑。因此，對新法律的需要，就足以證明舊有的部落制度已崩潰。

二、雅典的改革

梭倫(Solon)爲雅典歷史上第一位偉大憲政改革者。他在594年當選爲執政官，爲一位自由派貴族，被授予改革政府和社會的廣泛權力。這是一個嚴重經濟災難和叛亂蠢蠢欲動的時代。

梭倫爲政治的目的，依照財富而非出身，重新安排社會階級，削減貴族的權力，增加非貴族的富有地主以及人數漸增的商人之權力，使之能擔任最高的職位。

在社會結構的底層，**梭倫**增加公民的人數，使之擁有投票權。中層階級與上層階級，有同等權力被選入「四百人會議」（Council of 400），做爲國民會議的指導委員會。

梭倫自然還須處理經濟問題。他貶低貨幣之價值，使債務人易於還債，並且贖回因債而賣身爲奴者。他鼓勵外國手工業者在雅典定居，其新度量衡制度和新法典，或許有益於新興商人階級。儘管上述自由化措施陸續採行，雅典還是不斷爲麻煩所困。在往後數十年，有兩次選不出執政官。最後，雅典還經驗到**梭倫**盡力去防止的僭主制度。

雅典第一位僭主爲**庇西士特拉妥**(Peisistratus)，一位尋求山區貧農支持的貴族。最後他也獲得大部份城邦窮人和沿海一帶工商業者的支持。然而，平原的公民，受制於地主貴族，大多反對他。

562年初次奪權失敗後，**庇西士特拉妥**從560-527年一直是雅典的僭主。他是一位最有力和最聰明的機會主義者，娶一位重要貴族家庭之女爲妻，並用軟硬兼施的手段以取得權力。

他很細心，不使權力之執行太過露骨。他以其建築計劃和對公共慶典之支持，博得聲望。例如在534年首次舉辦戲劇大賽，使雅典成爲世界戲劇中心。他常以其私人財產（在色雷斯 Thrace 的銀礦），用在公眾利益上。

庇西士特拉妥課徵新的土地稅，對貴族階級的打擊很大。他似乎還曾沒收和重新分配某些私有土地。

庇西士特拉妥於 527 年去世，其子喜庇雅斯(Hippias)於 510 年爲斯巴達王克里歐曼勒斯所逐。

僭主的被驅逐，本來意味著貴族寡頭政治的恢復，然而貴族卻分成兩個水火不容的集團：一由伊沙格拉斯(Isagoras)領導；另一則以克雷斯提尼(Cleisthenes)爲首。

克雷斯提尼及其黨徒盡其全力，使僭主被逐。他不願意見到伊沙格拉斯及其黨徒因斯巴達人之扶植而掌權，所以求取庇西士特拉妥派下層階級支持者的協助，奪得權力。如同梭倫，他在政治制度方面有一些重要的改革，但不欲回到梭倫的那種寡頭政治。他最關心的是要建立一個政府機構，使階級的兩極化不再加深。因此，他將「四百人會議」擴大爲「五百人會議」(Council of 500)，一個從十個新創立的人爲部落，挑選出的更重要的機構。部落之下爲區(demes)，爲基層單位。每一部落包括某些各由貴族階級、中產階級或下層階級控制的區。十個部落，各以選舉和抽籤的混合方式，選出五十人組成「五百人會議」❻。

「五百人會議」做爲主要討論機構和國民會議的指導委員會，而且還供應政府機構所需的許多官員。外交和大部份的內政，都受其管轄。「五百人會議」分成十個組。每組五十人，當值一年的十分之一。主席一職，每日輪當。因爲一人只能不連續地在「五百人會議」任職兩年，所以大部份的公民皆能在此重要機構服務。公民以此方式學到政府的運作。雅典並非一完整的民主，但是克雷斯提尼之創新卻往此一方向邁前一大步。

---

❻ 另請參考黃俊傑，〈古典時代雅典城邦的抽籤任官制〉，臺大《歷史學報》，五期，民國 67 年 6 月。

九個執政官，仍然是國家的主要行政官員，如同以往只能由上層階級選出，因此財富仍爲此一職位的首要條件。此外，選票還會被有力者所控制。

陶片流放制（Ostracism）的新制度，或許也是**克雷斯提尼**所創立，其目的在於阻止僭主制度的恢復。其方式爲：<u>每年國民會議投票表決是否爲陶片流放舉行一次特別的秘密投票，得票最多者必須放逐十年</u>。除了奴隸、婦女和外國居民無公民權之事實外，在第五世紀中葉，雅典已實行相當程度的直接民主政治，這與其他城邦有所不同。

三、雅典帝國

普拉塔雅（Plataea）和邁凱爾（Mycale）雙捷之後，斯巴達有機會確定其在對波斯大反攻的全希臘領導權。**波珊尼亞斯**（Pausanias）樂意領導一支希臘聯軍，逐走在北愛琴海地區某些城鎮的波斯人。

然而，斯巴達五長官卻經常擔心捲入太多涉外事務。當他們風聞**波珊尼亞斯**一有波斯君王之姿態時，立即把他召回，並以一無足輕重之人代替他。不久，代替他的人也被召回。斯巴達終於放棄全希臘聯盟的領導權。有些城邦要求雅典擔任領導者的角色，雅典欣然同意。

西元前 478-477 年間組成的新邦聯，爲**希密斯托寇**（Themistocles）之傑作，他使雅典成爲愛琴海上之霸權。**西蒙**（Cimon）爲此一組織的第一位有力領導者。理論上，這是個彼此平等的聯盟；事實上，提洛聯盟（The Delian League）自始即爲雅典所控制。聯盟的總部設在提洛斯島（Delos），雅典提供所有重要官員，包括總司令和大部份海軍軍官。財政權也在雅典人手中。(許多盟員後悔入盟)。

在**西蒙**的領導下，聯盟相當成功。愛琴海地區的所有希臘城邦，皆擺脫波斯的控制，大部份且加入聯盟。468 年左右，在南小亞細亞的尤里

美登(Eurymedon)戰役，波斯艦隊和陸軍徹底失敗。

　　然而，提洛聯盟的成功卻帶來問題。波斯威脅減少時，某些盟員卻
要退盟。**西蒙**建立「不脫離」原則，並用軍事力量強化此一決定。他安
排某些城邦不再供應船隻和人員，只提供金錢。這種做法對許多小城邦
較爲方便，但卻完全要受雅典之支配。納貢之數由雅典獨自決定。聯盟
逐漸變成帝國。

　　西蒙的保守主義和其與斯巴達之友誼，尤其是在他率軍赴斯巴達協
助敉平麥西尼亞農奴叛變被斯巴達拒絕後，受到民主派人士之譴責，並
於 461 年被放逐十年。民主派的**伯里克里斯**(Pericles, c.495-429 B.C.)
取得城邦和提洛同盟的領導權。

圖 5-1
伯里克里斯

　　在外交方面，**伯里克里斯**繼續攻擊波斯，並協助反叛波斯王的埃及
人，且以與希臘本土城邦結盟爲基礎，創立一個陸上帝國。此舉直接威

脅斯巴達的地位，引起與斯巴達的戰爭。雅典在戰場失利，失去了許多大陸本土的盟邦，但卻加緊對提洛聯盟的控制，將聯盟金庫移到雅典。和平再度來臨時，**伯里克里斯**就放手利用提洛聯盟的部份基金，來做雅典自己的事。他還利用移民為手段，壓榨盟邦，並獨佔鑄幣權。

西元前 445 年之後，雅典與波斯和斯巴達和平相處。**伯里克里斯**利用閒置的海員和盟邦的捐款，以及銀礦的收入，美化雅典城，並重建「衛城」(The Acropolis)的雅典娜神殿(Temple of Athena)，亦即巴特農神殿(The Parthenon)。這是伯里克里斯時代最重要的建築。

此外，文化方面的表現也很可觀。在 440 年，**索荷寇斯**(Sophocles)和**尤里披底斯**(Euripides)正在寫悲劇；**蘇格拉底**(Socrates)年已二十，正在教授門徒；**希羅多德**正在撰寫其名著《波希戰史》(*History of the Greek and Persian War*)；**菲底亞斯**(Phidias)和其他著名的藝術家正在工作。

人類史上沒有一個時期能有如此眾多的學者和藝術家，在如此短的期間，集中在如此小的一個政治單位。在**伯里克里斯**去世之時，**贊諾芬**(Xenophon)為嬰兒或將出生，而**修西的底斯**(Thucydides)則為一成年人。

第三節　波希戰爭

波希戰爭的歷史之能為人所知，全靠希臘的史料，尤其是透過**希羅多德**的史學作品。**希羅多德**在伯里克里斯時代寫作，離馬拉松(Marathon)和薩拉密(Salamis)戰役已有一代之久。然而，**希羅多德**利用珍貴的史料，尤其是口述史料，因此毫無理由對他懷疑。此外，他還親臨波

圖 5-2 雅典衞城

圖 5-3 巴特農神殿

斯帝國所轄的埃及和巴比倫等地，實地考察。他的親身經驗，加上無與倫比的敍述天份，使之成為西方世界的史學鼻祖。

希羅多德當然有某些不可忽略的缺點。他對波希戰爭的觀點，往往受到伯里克里斯時代雅典之偉大的不當影響，其結果自然會誇大雅典在戰爭中的表現。

一、戰爭的原因

波斯人經常發現其小亞細亞的希臘臣民令人惱火。這些希臘人時時在爭取民主和自由。

499 年，愛奧尼亞人叛變，並向其他希臘城邦求援。斯巴達王**克里歐曼勒斯**起初頗表同情，後來瞭解波斯首都，亦即所提議要遠征的目標，位於亞洲內部，需要行軍三個月方能抵達，因而就加以拒絕。然而雅典卻派遣兵船二十艘，協助愛奧尼亞人，突佔和掠奪一個波斯的行政中心——薩地斯。後來波斯人撲滅叛亂，並毀禍首的希臘城邦，米勒特斯（Miletus）。

不久之後，波斯入侵希臘本土，其動機有三：第一，爲報復；第二，希望阻止未來類似的反叛；第三，只不過爲其帝國主義政策的延續。492年，第一批入侵的軍隊由海路沿著北愛琴海海岸前進，不幸的是，波斯艦隊受到暴風雨慘重的打擊，只好停止行動，但他們已成功地佔據沿著北愛琴海邊的額外領土。

二、第一次波希戰爭

490 年，波斯軍隊再度由海上入侵希臘。這一次直接橫渡愛琴海。他們佔領一、兩個島嶼，隨之在厄博亞（Euboea）建立基地。不久，他們在

馬拉松平原(The Plain of Marathon)登陸，這裏是雅典的領域，距離雅典城只有二十六英里。希臘人知道其威脅性，他們一直在注意波斯人的行動，甚至波斯人在亞洲的一舉一動也受到監視。然而，希臘人並未著手安排有組織的防禦工作。**克里歐曼勒斯**在斯巴達採取反波斯政策，甚至伯羅奔尼撒聯盟都可賴以協助。一位跑者被雅典人派到斯巴達，並帶回協助的承諾。

然而，當時斯巴達正在進行一項宗教慶典，不能中途停止。不久慶典結束，斯巴達軍就往北出發，但抵達時已太晚，無法與雅典軍隊並肩作戰。此時，雅典軍隊在普拉塔雅人(Plataeans)的協助下，在馬拉松與敵人對陣，堵住通往雅典之路。波斯軍隊決定利用其優勢的艦隊，規避雅典陸軍。

他們開始登陸一部份軍隊，包括所有優良的騎兵。當其剩餘部隊在馬拉松壓制雅典軍隊之時，波斯船隊將繞過山尼姆角(Cape Sunium)，拿下設防不良的首都。

儘管剩餘的波斯軍隊仍遠超過希臘軍隊，十大將之一，**米爾提亞茲**(Miltiades)說服其他人，勇敢作戰。部隊的調配和攻擊的方式顯示出，希臘將軍們非常瞭解兩個十分不同軍隊之本質。波斯軍隊輕武裝，大部份依賴投擲武器；希臘軍隊重武裝，依賴近距離以矛攻擊。輕武裝部隊之優點爲機動性大，且富彈性；因此，希臘軍隊冒著很大的危險，將戰鬥線延伸，以防被圍困。兩翼保持強大，薄弱的中央稍往後移。然後，雅典軍隊以快速攻擊接近敵軍，盡量減輕箭或其他投射武器之傷害。希臘甲兵迫使波斯人逃至海濱，贏得輝煌勝利。根據**希羅多德**所說的傷亡數，波軍六千四百人死亡，希軍死亡者只有一百九十二人。

勝利的軍隊趕忙回到雅典，以對付來自海上的威脅，此時波斯人取消其出師不利的遠征。他們仍佔有一些愛琴海上的島嶼，但十年之內不敢去報一箭之仇。

三、第二次波希戰爭

　　叛亂、內部問題和**大流士**之死，使波斯無法在 480 年以前發動另一次侵略。對波斯再度入侵的積極準備，希臘不敢掉以輕心，也做較有組織的抗敵準備工作。伯羅奔尼撒聯盟為防禦組織的核心；雅典和少數其他城邦亦與之結盟，形成希臘聯盟（Hellenic League）。斯巴達因此領導整個聯軍，包括雅典所支配的船隊。

　　大流士之子，**薛西斯**率領的 480 年大侵略的國內各民族組成的大軍，根據**希羅多德**的報導，約在五百萬人以上 ❼。其人馬可將整條河水和整個湖喝光。此一大隊人馬於 480 年春，將船作橋，渡過黑勒斯彭海峽（The Hellespont），越過色雷斯和馬其頓，直下希臘。大多數被佔領的希臘城邦，獻出土和水給波斯王，以示降服。

　　雅典人與斯巴達人既已決定抵抗，即努力組織和加強希臘聯盟，以對抗波斯人。在舍磨辟雷（Thermopylae），斯巴達王**雷奧尼達斯**（Leonidas）欲阻止敵人攻擊天普山谷（The Vale of Tempe），一個重要的隘道，不幸其左右兩翼反為敵人所乘而告失敗。

　　在薩拉密，波斯艦隊困於狹窄之地，自相碰撞，遂為希臘海軍所敗。留在希沙利（Thessaly）由**馬多尼厄斯**（Mardonius）將軍指揮的一部份波斯軍隊，於 479 年在普拉塔亞被擊潰，波斯的殘兵撤回亞洲，不曾再回來。希臘已經安全無慮。在同一天，希臘的艦隊和陸軍在小亞細亞的邁凱爾一地擊敗波斯人，毀其大部份的艦隻和相當可觀的地面武力。希臘贏得了戰爭。

---

❼　Hermann Bengtson, *The Greeks and the Persians, From the Sixth to the Fourth Centuries,* translated by Johe Conway（N.Y.：Delacorte Press, 1968）, pp.37-38.

斯巴達和雅典及其少數同盟，以寡敵衆，並獲得最終之勝利，希臘人自謂得天之助。其實波斯王**薛西斯**自以爲兵多必勝，卻不知兵多有時反而礙事：第一，不知何處徵糧；第二，前進遲緩；第三，作戰之時互相踐踏，而且艦隊之陣形過密，將使船首深入鄰舟，易毀鄰舟之槳。最不幸的是，此一大隊人馬中，平民多而戰士少，只有波斯人和米提人（Medes）爲軍隊中堅，勇敢善戰，其餘因此一戰爭與己無關，被裹上陣，加以武器不良，訓練不精，一旦監視稍懈，即思脫逃。此外，波斯軍的裝備和武器亦不如希臘軍。

第二次的波希戰爭頗似中國歷史上的淝水之戰。

第四節　伯羅奔尼撒戰爭

一、戰爭的原因

如果地理和環境因素，使大約勢均力敵的兩強碰在一起，他們經常會互爭霸權，尤其像雅典和斯巴達這兩個南轅北轍的城邦，此一趨勢更爲顯然。雅典是一切自由的或激進的象徵，崇尚自由個人主義，樂意嘗試新觀念；斯巴達對這些則堅持反對，且孕育保守的理想，亦即秩序、穩定和服從。斯巴達人懷疑任何新事物，然而他們行動遲緩，那是雅典挑起最後的衝突。

雅典人出現在西邊水域，困擾著斯巴達人在伯羅奔尼撒的主要盟友──科林斯人（The Corinthians）。雅典要干預在愛奧尼亞海，科林斯以前曾殖民的柯西拉島（Corcyra）之利益。此時，雅典對科林斯勢力範圍

之挑戰已很明顯，科林斯的前殖民地——波提達亞(Potidaea)加入提洛聯盟，後又反叛時，科林斯曾給予協助。伯羅奔尼撒聯盟的一個小城邦，麥加拉(Megara)加入和退出雅典聯盟一事，更激怒**伯里克里斯**。

伯里克里斯下令對麥加拉實施經濟制裁，不准提洛聯盟各會員國與之貿易。後來，麥加拉聯合科林斯，要求召開伯羅奔尼撒聯盟會議，並說服斯巴達向雅典致最後通牒。**伯里克里斯**也說服雅典人拒絕任何妥協。不久，一場長期且具毀滅性的戰爭於焉爆發。

二、戰爭的經過

伯里克里斯似乎瞭解與斯巴達和伯羅奔尼撒聯盟的全面戰爭是不可避免，並且可能在他仍然執政時發生。雅典的準備工作顯然比斯巴達充分。儘管在美化雅典和圍攻波提達亞花費甚鉅，但雅典的國庫仍有餘款，而且雅典的艦隊是強大無比。

雅典的戰略：不打算擊敗伯羅奔尼撒的陸軍，它可能在陸地上是不敗之師，但雅典要依賴自己的海軍。一旦敵人入侵亞提加，全部市民撤入雅典城內，或進入連接雅典與其港口長約五英里的「長牆」(Long Walls)。外圍土地將不設防，補給從海外屬地由船隻輸入。銀礦、貢品和各地關稅的收入，將支持雅典進行長期戰爭。

斯巴達缺乏經濟資源支持長期戰爭，然而斯巴達有人，還有可靠的朋友。

斯巴達國王**阿奇達姆斯二世**(Archidamus II)率領的軍隊，如預期中入侵雅典。雅典人躲到城牆內，讓其土地遭受蹂躪。第二年亦復如此。接著瘟疫降臨這擁擠的城市，幾個月內，約有三分之一的人口死亡 ❽。**伯里克里斯**也在 429 年的死亡者名單之中，雅典的努力已不再能使之恢復昔日之強盛。425-422 年間，雙方未能有決定性勝負。421 年，簽訂為

期五十年的和約，但卻只延續八年。

戰爭的再起，與另一位雅典年輕領袖**阿爾希比亞茲**(Alcibiades)有關。他說服雅典人出兵西西里，不巧，臨出兵前，他因言行有辱神聖而被剝奪遠征軍指揮權。惟恐被處死，他逃到斯巴達，勸告斯巴達領袖重新燃起戰火，派兵協助西西里的敍拉古斯(Syracuse)，向波斯求援，且在亞提加建立永久基地。這些勸告使斯巴達贏得戰爭，雅典的西西里之征全軍覆沒。

斯巴達海軍上將**李珊德**(Lysander)率領由波斯資助的艦隊，於405年破雅典艦隊於小亞細亞。雅典盟邦，在波斯和斯巴達的援助下，起來反叛。最後，**李珊德**以海軍圍攻雅典。數月後，雅典被迫投降，城牆被毀，舟楫被焚。

三、戰後的局勢

雅典城被毀，其帝國遂告瓦解。在每一「被解放」的城邦，實行寡頭政治。雅典的統治集團，包括三十個寡頭政治執政者。他們實施恐怖統治，處死成百上千的可能反對者，因而有「三十暴君」(Thirty Tyrants)之稱。然而在403年，雅典在**色雷希不勒斯**(Thracybulus)的領導下，又恢復民主政治，但國勢已大不如前。

為成為全希臘的真正領導者，斯巴達必須發動一次遠征，對抗共同敵人——波斯。400年，斯巴達遠征軍抵達小亞細亞。396-395年，斯巴達王**阿吉希羅斯**(Agesilaus)打了兩場勝仗。但是，波斯的外交和金錢，

---

❽ 希羅多德詳細的估計數字，參閱 Herodotus, *History of the Greek and Persian War,* Translated by George Rawlinson, Edited and Abridged with an introduction by W.G. Forrest (N.Y.: Twayne Publishers, Inc., 1963),pp.283-284.

配合斯巴達霸權的不孚人望，造成希臘內部的反叛，394 年，**阿吉希羅斯**王從小亞細亞被召回。

雅典、底比斯、科林斯等城邦之聯軍，與斯巴達作戰數年，勝負難分。387-386 年，雙方議和。這場戰爭，波斯漁翁得利，所獲最多，而斯巴達也獲得多幾年的希臘支配權。不滿斯巴達的干預內政和出賣愛奧尼亞予波斯，雅典和底比斯（Thebes）領導一支聯軍，以結束斯巴達之控制。雅典後來尋求議和，但底比斯卻拒絕在和約上簽字。

斯巴達王見底比斯代表不願簽約的傲慢態度，覺得不悅，因此很快動員一支軍隊，北上討伐底比斯。然而，其結果完全出人預料。371 年，在留克特拉（Leuctra）之役，斯巴達陸軍有史以來首遭敗績。戰事失利，對其社會是建立在軍事基礎之上的斯巴達，打擊甚大。撤退的士兵及其親屬，皆蒙受奇恥大辱。底比斯將領**艾帕米農達斯**（Epaminondas）入侵拉孔尼亞（Laconia），解放麥西尼亞。斯巴達勢力開始沒落。

底比斯所控制的地區，除了波厄西亞（Boeotia）外，還有希沙利和馬其頓。可惜好景不長，斯巴達、雅典和其他城邦，組成聯軍，反抗底比斯。**艾帕米農達斯**再度率軍入侵伯羅奔尼撒，並在 362 年打了一次勝仗。**艾帕米農達斯**在此戰役中受傷而死，底比斯只好議和，並撤軍返國。底比斯的勢力也告衰微。

第五章　參考書目：

1. C.M.Bowra, *Classical Greece* (Time-Life International, 1975).

2. A.R.Burn & J.M.B. Edwards, *Greece and Rome 750 B.C.-A.D.565* (Glenview, Illinois : Scott, Foreman & Co., 1970).

3. Thucydides, *The History of the Peloponnesian War,* Translated by Richard Crawley (N.Y.: Ep. Dutton & Co., 1950).

4. G.E.M.de Ste. Croix, *The Origins of the Peloponnesian War* (Ithaca, N.Y.: Cornell University Press, 1972).

5. Maphtali Lewis, *Greek Historical Documents, The Fifth Century B.C.* (Toronto : A.M. Hakkert Ltd., 1971).

6. Arnold Toynbee, *The Greeks and Their Heritages* (Oxford: Oxford University Press, 1981).

7. Herodotus, *History of the Greek and Persian War* (N.Y.: Twayne Publishers, Inc., 1963).

第六章
希臘的政治、經濟與社會

威爾・杜蘭(Will Durant)在其《文明的故事》(*The Story of Civilization*)一書中提到,最令研究希臘古文明的史學家感覺困難的工作,是如何將散處各地的希臘子民,依照同一方式納入同一歷史。幾乎在寫任何時期的希臘歷史,都會感到相同的困擾,因為沒有一致的或中央的組織,藉以使各地的希臘人彼此構成隸屬或聯繫的關係。

地理的或歷史的因素,造成古希臘許許多多大小城邦。要瞭解希臘的政治、經濟和社會情況,也只能透過幾個較有代表性的城邦來進行。

第一節　政　治

一、城邦

城邦(polis)的存在為古希臘獨特之處。早在民主政治發展以前,甚至在專制君主時期以前,人們就已經成為具有自覺意識的社會單元。

城邦事實上是一個小規模的國家,疆土並不甚重要,其基本要素為公民或人民。官方語言從不曾提到「雅典」、「雅典共和國」,經常和惟一

提到的是「雅典人」、「雅典人的城市」。希臘的觀念對於公民集團做了相當狹窄的限制。第四世紀哲學家的理想，上萬人已是極限❶，這剛好接近雅典和斯巴達的公民數字。**亞里斯多德說：**「十個人不能組成一個城邦，但是十萬人也不能說是城邦。」❷此一限制顯然只爲了每一公民彼此親自瞭解，在其家庭關係和每日活動中，物質和道德的生活方式。

這群公民有一個中心，那就是城邦的心臟地區 —— 城市。城市的城牆在危急之時可做爲防禦之用。在這裏，建立所有政治、經濟和知識各方面的聯繫；在這裏，存在著集體生活的權力；在這裏，還可發現市場、學校、運動場、劇院、主要廟宇。

理論上這種城市是不可或缺，但有些希臘人並未擁有它。在希臘，西部某些多山或落後地區，人們的居所很分散，只有在節日有市集時方聚在一起，因此被認爲很落後。在最進步的城邦，市內和郊外的公民，其權利在理論上並無不同。然而，事實上鄉間的公民分散，無法達到各方面皆能平等。

在其領域內，城邦對人和物，同樣具有最高統治權。由於民主政治的進展，城邦不斷擴展其主權實際行動的範圍。但是，如果以此來論斷斯巴達的情況一定完全相反，則將是一項嚴重的錯誤。在西元前第五和第四世紀，寡頭政治城邦聯盟和各處寡頭政治家，很欣賞斯巴達的政治制度。從其組織的原則來講，斯巴達在社會和政治方面，可說是希臘式民主政治中最完美的。

至於外在主權方面，城邦擁有一個國家般的完全主權，不承認有限制其行動的任何優越原則。雖然自稱屬於希臘民族，但這種隸屬關係只

---

❶ 柏拉圖甚至說五千零四十人。

❷ André Aymard & Jeannine Auboyer, *L'Orient et la Grèce Antique* (Paris: PUF, 1967), pp.203-204.

不過是道義責任，如果牽涉到自身的利害，則少有拘束力。惟有少數的泛希臘祭典，如奧林比亞和戴爾菲，需要遵守某些規則。

此外，希臘各城邦一旦遇到外敵，皆能結合在一起。此一現象乃因希臘人對法律信念的強化，民族的自傲，並且影響到他們的整個政治發展。除了自己所屬的城邦外，希臘人具有第二忠誠。這種觀念或許有些含糊不清，也不突出，但是在最後關頭，卻能顯現出無法抗拒的力量。儘管彼此爭吵和內鬥，他們還是強烈感覺到他們皆是希臘人，使用相同的語言，信仰相同的神，遵守相同的習俗，而且在所有這些方面，他們覺得自己比其他種族或民族優越甚多。

談到法律，事實上，希臘人不發明法律，也不創造其觀念。法律條文已在巴比倫出現時，希臘人仍然只比野蠻好些，而且以色列的摩西法典也是很古老。然而，在西元前第七世紀出現的希臘法律，與上述法律有許多差別。首先，它並非打算用來實現一位全能的君王或神的旨意；希臘的法律完全針對改善一般人類的命運。其次，這些較早期的制度會受到一位國王或一個教士階級的影響而改變。希臘法律通常是以某種人民的同意為基礎，而且也只能經由人民的同意方能改變。最後，希臘法律在於使一個社會的所有份子獲得生命和財產的安全，而非僅為一群經過選擇的領袖或教士。

二、政治的型態

希臘城邦的政治組織差別很大，但仍有某些由經驗或傳統所造成的原則。首先，希臘的城邦為一共和國。在早期，希臘到處有王國的存在。此時的希臘甚至尚可遇到一些名實不符的國王。例如，雅典的國王（basileus）是每年經過抽籤選出的許多位長官之一，只負責宗教和司法的角色。就是雙國王制的斯巴達，王權也大受限制。此外，古希臘忽視

君主政體。

　　希臘城邦事實上對於才華卓絕的個人，心懷疑懼；這些人的貢獻很大，但希臘的公民卻惟恐爲此所付出的代價更高。在這種心態下，偉大的政治家如不被處死，也很少不被處罰款或被迫流亡。

　　陶片流放制（Ostracism）就是希臘人這種心態最著名的產物。每年的第六個月份（Prytany），雅典公民均舉行公民大會，表決是否需要實施投票，以流放具有過度政治野心或有恢復僭主政治企圖的政客。如果公意決定有實施此項投票的必要，則於同年第八個月份實施流放投票。每位雅典公民將他認爲應予逐出雅典的政治人物的名字，寫在陶片上，投入特製的票櫃中。開票後，獲得選票達六千以上者，則依法必須逐出雅典十年，但其公民權及財產權並不予以剝奪。這項制度大大地減低了民主政治中政治家之個人勢力過度高漲，以致危及城邦全體利益的可能性❸。

　　在政治結構方面，希臘各城邦幾乎皆有國民會議（assembly）、行政會議（council）和行政長官（magistrates）等三種機構。

　　國民會議理論上是主權者。它事實上顯示出，參加城邦政治生活的權利爲不可代理的個人權利。古希臘忽視代表制，只發明主權的直接行使。

　　在斯巴達，年滿三十歲的男性都有參加國民會議的權利，在三十七萬六千人民中，約有八千男性擁有這種資格。國民會議在每次月圓日集會一次，所有重大公衆問題均須向國民會議提出，非經大會的同意不能通過任何法律。大會對這些提議增列的法律可以接受或拒絕，但是不能討論或修正。本質上，這是一種古荷馬式的群衆集會。

---

❸　黃俊傑，《歷史的探索》（臺北：東昇出版社，民國 70 年），頁 52。

　　在雅典，國民會議也是由全體市民參加。國民會議有權通過法律；選舉行政官員，並監督其行動；決定和平或戰爭。會議開始前要舉行祭神儀式。每一與會者皆可發言，但也要接受批駁。表決的方式有舉手或祕密投票。

　　雅典人十八歲就可在他的區登記爲市民。爲讓小市民也能出席會議，政府給予出席者一筆補償金，以彌補一日工作之損失。儘管如此，市民參加會議的熱誠仍然很低。在四世紀，爲了對付姍姍來遲的市民，一群奴隸受命拉著一條沾上彩色粉末的繩子，在大街小巷行走，凡是背上留下痕跡的遲到者，皆無法領取補償金。

　　所有希臘城邦的第二項共同的政治機構——行政會議，似乎比國民會議更基本，因爲在某些極端寡頭政治城邦，國民會議可能只虛有其表而已。相反地，行政會議到處經常召集，而且在民主政治城邦其角色不容忽視，就是在寡頭政治城邦，它也具有相當的重要性。

　　行政會議就近控制行政長官的行動，整理日常行政事務，例如國民會議決議的執行，並因而指導城邦的政治。在寡頭政治城邦，有時還負有廣泛司法職權。

　　在伯里克里斯時代的雅典，行政會議是由每一部族從年滿三十以上的市民中抽籤選出五十人，十個部族合計五百人組成的委員會。行政會議除了準備國民會議的立法外，還查詢新近受命官員的身分，審問對基金處理不善的法官，調查騎兵隊和船艦，並參與各種工作團體，其中之一是作爲公有合約的出租人身分（poletia），他們管理出租礦坑和其他公有財產，處理被充公財產的拍賣事宜。

　　雅典的行政會議另一項主要職責就是起草議案，以便經由國民會議通過而成爲命令。條款常常是寫在命令之內，刻在石頭上，並放在特定地點。刻在石頭上最值得注意的或許是條約以及其他國際間的盟約。這些銘文提供後人在古代史家的載籍所不能找到的資料。

　　所有希臘城邦皆有行政長官，只是其數目、名稱、指定的方式和條件差別甚大。然而，這些行政長官仍然有不少的共同特徵：行政長官只一任一年，而且除軍事領袖外，不能連選連任；行政長官皆數人分擔同一職權；行政長官自己能做決定的事，微乎其微，尤其在外交或內政（事實除外），只淪為執行者的角色；他們要受行政會議，甚至加上國民會議的控制；他們要為自己的行為負責。

　　在雅典，行政長官負責國民會議決議的執行。必須具備特殊才能的行政長官，如十位將軍、海軍將領或財政官員等，由國民會議以舉手表決的方式選出，且得連選連任；不必具備特殊能力的行政長官，則由抽籤決定。

第二節　經　濟

一、農業

　　隨著米諾亞文化的衰微，希臘的人口大為減少。許多原已開墾且有居民的田園，逐漸荒蕪，而變為森林。在西元前第八世紀末出現的希臘人，主要以農牧為生。在山坡上的廣大的公有地，市民放養牲畜，砍伐木材做為燃料和建材。可耕之地為國王、諸神、各種不同社團和市民家庭的財產❹。

---

❹ George Willis Bottsford, *Hellenic History* (N.Y. : The MacMillan Co., 1923), p.52。

　　一般說來，農業是希臘經濟生活的基本要素，但是希臘大部份的土地既貧瘠又多岩石，不適合生產穀類或放牧。因此，農民有時要面臨糧食供應不足的威脅❺。

　　農業經營方式，因內陸和沿海地區而有所不同。在內陸地區，存在著大地產制度，生產穀類，放養大型牲畜。農地的耕種由奴隸負責。馬其頓即爲一例。濱海地區，平原狹小，小地主親自經營。在亞提加，以生產葡萄和橄欖爲主。這兩種農產品在第五世紀的雅典歷史上扮演一項重要角色。儘管辛勞終日，農民的所得甚少。農具很原始，又無足夠的肥料。農民缺乏資本去經營農場或在敵人砍伐其果樹之後重新種植。

　　北方人民的不斷南移，造成希臘人口快速增加，使鄉村生活愈來愈困苦。農民的地產由諸子平分，以致於其面積立即小到甚至在豐年之時亦無法維持一個家庭之所需。一旦收成欠佳，較貧窮農民的處境就很艱難。

　　在亞提加，債務人的農場樹立一根抵押柱；一旦無法償還債務，此一地產就落在債權人手中。在此一情況下，債務人通常變成原爲其土地的一個佃農，要繳納六分之一的收成給其地主。進一步的借貸，則須以其本人，或其妻，或其子女，做爲抵押品。債務無法償還時，將成爲奴隸。有些人以逃亡來避開奴隸的命運。

　　伯羅奔尼撒戰爭之後，撇開戰爭帶來的破壞不談，希臘的農業一般說來也不進步，反而有衰微的徵象。農民使用的農具似乎沒有改善。雖然有填平沼澤和開發丘陵地的情形出現，但是**柏拉圖**仍說這些丘陵地逐漸變成荒涼和貧瘠❻。

---

❺　Mortimor Chambers & R. Grew, D. Herlihy, T. Rabb. & I. Woloch, *The Western Experience to 1715* (N.Y.: Alfred A. Knoff, 1974), p.53.

❻　T. R. Glover, *The Challenge of the Greek and the Other Essays* (Cambridge：Cambridge at the University Press, 1943), p.64.

二、工業

高度發展的米諾亞工業消失後，在半野蠻時期的希臘人，復歸原始的習慣，在家中製造家庭或田裏所需的幾乎每一件東西。鄉村的鐵匠和陶工只爲其近鄰而工作。在濱海的城鎮，造船工人只建造當時流行的小型圓底的船，以一個帆和三十隻槳爲動力。

在奴隸的協助下，地主建造自己的住宅。婦女紡織必需的衣料。唯有富人才能從愛奧尼亞或腓尼基的商人購買地氈、珠寶和藥品等少許的奢侈品，或從利底亞和加里亞(Caria)購入色彩艷麗的毛料和夏布。

然而，生活逐漸安定後，地主手中的財富也漸增，對日常用品水準的要求日漸提高。爲配合此一需求，某些覺得靠自己小農場無法維生，或受經濟壓迫而無家可歸的貧窮之人，開始從事小規模手工業生產。手藝不錯經營得法者逐漸富有。許多經濟拮据的地主參與此一行業；許多富裕的貴族投入部份資金於貿易。從事相同工業部門的人，自行結合在一起，以求相互鼓勵和保護。行會因而興起。

貿易對於國內的工業有相當的刺激作用，尤其是在陶器的製造方面。一般說來，工業生產的規模很有限，大多屬於家庭式的，一位陶工、鞋匠、或石匠，或許有兩、三位奴隸做爲助手。然而還是有少數較大的工場，有一位盾牌生產者就雇用一百二十位奴隸。演說家**狄摩西尼斯**(Demosthenes, 385?-322 B.C.)之父擁有大約三十位奴隸，在當時已被認爲相當富有。手藝最巧的工人從事珠寶和精細陶瓷器的製造。普通的陶器裝飾很少，因此只用於盛裝物品，但是繪有美麗花紋的陶器則成爲價值很高的商品。

三、商業

　　就是在和平時期，農村的生活只能提供希臘經濟一個非常狹窄的基礎。除了某些得天獨厚或人口稀少的地區，儘管人民的生活如何節儉，希臘還是無法以其自己的收穫養活其人口。她必須輸入糧食：西西里、南義大利、埃及和黑海北岸地區皆為其必要的供應者。但為支付所訂購之物，希臘必須有所輸出。希臘輸出農業剩餘品 —— 葡萄酒、橄欖油，以及其他工業產品。

圖 6-1　希臘油商

事實上，工業活動的增加，創造了對原料的需求，這也要依賴進口方能獲得滿足。海外貿易的增加，商船的需求隨之成長。商船本身是獲利的來源。最後，交易的頻繁帶動匯兌的進行，錢莊業的起飛演變爲銀行的活動。

希臘的外貿活動以雅典獲益最多，直到**亞歷山大**東征爲止，雅典一直扮演著愛琴海貿易之都的角色。

雅典貿易的進展應歸功於其強大的國勢、其海上霸權，其至 405 年被擊垮爲止的「帝國」(Empire)，以及其在 477 年成立的提洛聯盟。從其盟邦或臣民中，雅典以「貢品」之名，取得直接或間接有益其國庫之補助。在所有附屬於她的海權城邦，雅典徵集其船隻所需之水手，爲其公民取得貿易之便利和司法的利益。

雅典是糧食和原料的重要輸入國，她輸出亞提加鄉間的葡萄酒和油，其紡織品及其陶器，後者在今日的高盧和南俄尚可發現。雅典也輸出錢幣。羅里翁(Laurion)銀礦所產的銀，使雅典能鑄造質地佳的銀幣，流通到各地。

雅典貨幣背面的造形物是貓頭鷹。由於宗教上和財政上的保守精神，使得雅典人一直到雅典藝術及技術均已超越了這種造形水準很久之後，仍保持這種古典的貓頭鷹及**雅典娜**的造形。

第三節　社　會

一、農村社會

政治上的四分五裂，使各城邦的經濟和社會生活有很大的差別。道

路缺乏，交通方面以海運爲主。遠離海港的城市只能以崎嶇的小徑做爲
聯絡。除了某些得天獨厚的地點外，一般說來，希臘各地的人們不易融
合，觀念不易溝通，產品的交易也相當有限。如果要盡力找出一項希臘
各城邦共同的要素，那就是到處皆是農村生活居優勢。希臘絕大多數的
人口，生活於鄉村和耕地。然而，儘管土壤和氣候的一般條件一致，農
村生活也並非處處皆相同。

　　希臘的農村社會存在著大地主、小地主和農奴❼。

　　土壤肥沃，水源固定充足的草原，可利用來種植五穀或放養馬等大
型牲畜。大地主是擁有土地的特權階級，他們有足夠的錢嘗試採用新式
耕種方法。由於肥料和人工草原的利用，在第四世紀大量推廣，導致休
耕地的減少和畜牧業的發展。

圖 6-2　雅典人鬥貓狗

　　這些大地主並不親自工作。他們構成鄉村或城邦社會的精英。他們
仍然保有過時的貴族階級的理想，嗜好體育、打獵、騎馬和佳餚，但也

❼　André Aymard & Jeannine Auboyer, *op. cit.*, pp.321-324.

欣賞詩歌和戲劇。在小圈子裏，他們也有相當影響力。農業工人依賴他們維生，因而成爲效忠他們的一群。

由農業工人或農奴耕種的大地產地區在希臘所佔的比例很小，由地主親自經營的小塊農田則居多數。諸子平分遺產，造成土地面積愈來愈小。希臘各城邦，大約半數以上的市民爲地主，耕地相當分散。

小地主大都工作勤奮，但總是無法發財。在山區，樵夫和燒炭工生活窮困，帶領羊群的牧羊人，到處尋找稀少的水草。良好的草原並不多見。甚至一般耕地，由於乾旱和夏季的炎熱，資本的缺乏和墨守成規，穀類的收成並不豐。簡陋的農具，無法深耕；牲畜稀少，造成肥料不足；再加上農耕技術落後，希臘農民只好讓土地休耕，以保持其生產力。事實上，小地主無法出售穀類，他們只能依賴果樹的生產，換取現金。生活條件不佳，勢必影響其家庭：小孩很少，奴隸也只有一、兩個。

然而，小地主至少還是獨立自主。在實行民主政治的城邦，他們還能獲得擁有管理公衆事務權力的滿足，做爲國民會議、或陪審員、或小行政官吏之一份子。一旦年齡變大無法做粗重農事時，這些公衆性職務對他們就更有意義和價值。

農奴制度在希臘可說到處皆有。農地的耕作由一批附屬於土地，不得隨意脫離的人們負責。在希沙利(Thessaly)或克里特，農奴屬於地主，但較爲人所知的則是斯巴達國家農奴，惟有國家能使農奴脫籍和確定其地位。

斯巴達的農奴得自由組成家庭，他們繳給土地所有者的公民定額年租金，可以隨意處置多餘的收穫。經濟上，其命運似乎尚說得過去：在第三世紀末，有六千人擁有足夠另購買一位好奴隸的平均價格的小額儲蓄，向國家贖回自由。其他的義務尚有：在主人家服勞役，或隨主人出征做爲僕從或步兵。但是斯巴達卻賦予其年輕公民任意屠殺在晚上遊蕩的農奴，而且禁止他們擁有武器。

二、城市社會

　　希臘的城市爲數甚多，但通常微不足道。如遇侵略時，城市以其城牆作爲鄉村居民的避難所；在和平時期，它們只在市集、國民會議或宗教慶典的日子才熱鬧。

　　在第五和第四世紀，雅典的公民對商業和農業逐漸失去興趣，而爲那區區的補償金所吸引。這些錢使他們能不做任何工作而參與國事。反對手工的古老觀念繼續存在。雅典人寧願自由自在地過著貧窮的日子，他們之中有鉅額財富者可說是鳳毛麟角。

　　雅典的外國人爲數甚眾，他們從事各種不同的職業。許多人從事手工藝工作。他們不能稱爲工業家，因爲最大的工場，一家武器工場，只雇一百二十名奴隸。希臘人對於機器的改進和新發現的尋求，從來不感興趣。他們認爲這些並沒有什麼好處可言，因爲奴隸不虞匱乏。

　　還有許多外國人經商。雅典進口小麥、魚類和奴隸，出口酒、油和陶器。雅典的錢幣在全希臘通用，因其重量和成色不變。

　　在雅典，一個普通的家庭很少有四個以上的奴隸，但在某些富有的家庭，有時則達二十個。這些奴隸一般說來待遇都不差。他們甚至有時還成爲家庭的成員。此外，法律還保護他們免受主人的虐待。最不幸的奴隸，就是那些在遠離城市的羅里翁礦場工作的，他們常在很年輕時就去世。

　　整個雅典城，手工業工人在敞開的店面，顧客和行人的注視下工作。水很缺乏，城市很髒。通常垃圾堆在房子前面，在十字路口有成堆的髒物，蒼蠅到處飛，一層層的灰塵隨風飄起。此種不良的環境衛生，導致恐怖的傳染病時常發生。

　　儘管如此，街道仍因散步者、好奇者、商人、江湖賣藝者和各種打

賭的人，而顯得快樂而喧嘩。每到夜晚，在寂靜的城裏，常可見到夜行人由提著燈籠的奴隸在前引路。

圖 6-3
雅典之街景

　　至於日常生活，雅典人的住所與其他希臘人一樣，都是由灰泥和乾磚所造成的矮小、簡陋的房子。我們今天所謂的「希臘建築」，只用於專指寺廟和公共建築。雅典人的房舍都擠在卑陋的小街上，衛生設備也簡陋，由冒煙的橄欖油燈發出微弱的燈光。露天的攤子或簡陋棚子用來作商店，工作場所很小而常常很悶熱。

　　在服飾方面，希臘人的衣服通常是皺摺式，如果說斯巴達人留著鬍鬚，雅典的雅士卻剃得很乾淨。婦女帶著首飾，擦上脂粉，以增加自己的艷麗，而且常常洗脚，這在缺水地區是一件十分奢侈的事。

　　在食物方面，如同所有熱帶地區，雅典人吃的食物很清淡，而且十分辣。橄欖、魚乾、麵粉和蜂蜜做成的蛋糕，這些是基本的食物。肉類很少。希臘人倒是十分喜愛杯中物。

　　在家庭方面，雅典的家庭十分穩固。男人必須結婚，否則無法傳宗接代。三十或三十五歲左右的男士娶一位十五～十八歲的少女，婚事全由父母作主，不必徵詢新娘的意見。新娘接受禮物，然後穿著白色服裝，

戴著面紗，被送到未婚夫家，由未婚夫雙手抱起，跨過門檻。此後，新娘指揮著「多嘴的僕人群」。雖然要順從丈夫，她在家中卻有眞正的權威。孩子並非常常受歡迎，但是如果父親決定要養育的話，則受到雙親全心的愛護。

圖 6-4
雅典婦女在化粧

　　在斯巴達，婚姻由國家嚴格控制。國家所指定的最佳婚姻年齡爲男人三十歲，女人二十歲。在斯巴達，獨身爲一種罪行，單身漢不得享受各種特權，亦不得參觀由青年男女裸體跳舞之遊行行列。經常逃避婚姻的男人，可於任何時間遭受一群女人的強烈攻擊。結婚而未能生育子女者遭受的羞辱也不過僅次於「極不榮譽」而已。據知，不能作父親的人，即不能夠享受斯巴達青年對於年長者所表現的宗教式的尊敬。

　　婚姻通常係由父母安排，但非買賣方式。經雙方同意後，一般情形須前往強力搶親，而新娘也將抵抗。假如在此種安排下，仍有若干成年人未能結婚時，即將數名同數目之男女推進一個暗室，使他們在黑暗中選擇自己的終身伴侶。

　　婚後，新娘經常與其父母居住，新郎仍居住在營房內，僅在暗中與

妻子幽會。當他們已完成作父母的準備時，習慣上也准許他們建立自己的家庭。愛情的培養和發展是在婚後而非婚前。夫婦間情愛在斯巴達也和其他文明社會一樣強烈。

斯巴達女人的地位較其他希臘社會爲高。女人在斯巴達也較在任何其他地區保存了她們的較高的荷馬式身份和早期所留下來的母系社會特權。女人可以繼承及遺贈財產，隨著時間的演變，在斯巴達接近半數的不動產是操在女人手裏，足見其對男人影響之大。女人在家中享受奢侈和自由的生活。在連年戰爭中，男人要首當其衝，或在公共食堂裏啖嚐粗茶淡飯。

在斯巴達並無像雅典所盛行之飲酒或狂宴。人民有貧富之分，但隱而不見，無論貧富均穿著相同的簡單服裝，亦即一件毛質披肩外衣或外衫，該件衣著均懸於肩上，既不講求美觀，也不講求款式。

第六章　參考書目：

1. Thomas W. Africa, *Phylarchus and the Spartan Revolution* (Berkeley & Los Angeles : University of California Press, 1961).

2. George Willis Botsford, *Hellenic History* (New York : The Macmillan, 1923).

3. C. M. Bowra, *The Greek Experience* (New York : The New American Library, 1957).

4. J. B. Bury & Russell Meiggs, *A History of Greece, To The Death of Alexander the Great* (London : The Macmillan Press, 1975, 4th ed.).

5. J. K. Davies, *Democracy and Classical Greece* (Stanford, California : Stanford University Press, 1978).

6. T. R. Glover, *The Challenge of the Greek and Other Essays* (Cambridge : Cambridge at the University Press, 1943).

7. Arnold Toynbee, *The Greeks and Their Heritages* (Oxford : Oxford University Press, 1981).

8. 黃俊傑，〈古典時代雅典城邦的抽籤任官制〉，臺大《歷史學報》，五期，民國 67 年 6 月。

9. 黃俊傑，《古代希臘城邦與民主政治》(臺北：學生書局，民國 66 年 8 月)。

第七章
希臘的宗教與文化

第一節　希臘的宗教

一、宗教信仰

古希臘哲學家的理性主義，**荷馬**作品的含蓄，以及**尤里披底斯**和**阿里斯多芬尼斯**（Aristophanes）作品直爽的嘲弄衆神，知識份子如大史學家**修西的底斯**的態度，或許會讓人認爲宗教對希臘人不再有任何眞正的重要性。

愛迪斯·漢彌爾頓（Edith Hamilton）即認爲「希臘爲宗教所做的，一般說來並未很受重視。他們在那一方面的成就經常被視爲不重要，甚至被稱爲無價值或瑣碎。」❶

然而，**鮑倫**（Henry C. Boren）却說這是一項錯誤。他認爲，大多數

---

❶ Edith Hamilton, *The Greek Way to Western Civilization*（New York : The New American Library, 8 th Printing, 1957），p.207.

哲學家的宗教信仰，十分虔誠；**蘇格拉底**服毒之前，最後一件事就是請
一位朋友，代向醫神**伊斯丘雷皮耶斯**（Aesculapius）奉獻一隻公雞，以還
其所許之願。**柏拉圖**（Plato, 427？-347 B.C.）幾乎是一位一神教者。不
虔誠之指控，乃是在開明的雅典，一項嚴重的罪名，能放逐**伯斯克里斯**
的朋友，能使**尤里披底斯**被提起公訴，能使**蘇格拉底**被處死，也使**亞里
斯多德**受死亡之威脅。希臘人不至於那麼高傲，自認爲瞭解一點現實的
世界，就能證明神的不存在❷。

　　宗教與日常生活，以及與古希臘的城邦，密不可分。例如對神、廟
宇和神像的尊敬，與一般的愛國心，混爲一談；詆毀神祇，等於威脅城
邦。希臘無一般所謂的教條，甚至也無關於衆神之來源的說法，因此他
們無所謂異端。除了對傳統制度或國家構成某種威脅，他們都能有宗教
的容忍。希臘人無敎士階級，其廟宇由世俗祭司服務。只有少數廟宇，
如戴爾菲的阿波羅神殿，其祭司爲職業性。

　　對我們來說，宗教主要以人與神的親密關係爲基礎，但是對於希臘
人來說，並未覺得此一關係會時時刻刻影響其今生和來生之快樂。他們
無教條，但有豐富和具有想像力的神話。宗教虔誠的程度和信仰的種類，
因個人的智慧、想像力、教育和環境而有別❸。

　　宗教信仰爲希臘市民權和政權之來源。除年齡（年滿十八歲）、世系（父
母皆爲公民）之外，宗教信仰亦爲市民權之要件。古希臘城邦中政教合一，
市民權之取得，決定於能否參與城邦之祭祀。**古郎士**（N.D. Fustel de
Coulanges, 1830-1889）曾說，「若以其主要職務解釋古代公民（市民），可

---

❷　Henry C. Boren, *The Ancient World: An Historical Perspective*
　　（Englewood Cliffs, N.J. : Prentice-Hall,1976），pp.174-175.

❸　La Rue Van Hook,*Greek Life and Thought, A Portrayal of Greek
　　Civilization*（New York：Columbia University Press, 4 th Printing, 1948），p.252.

說乃信奉邦宗敎之人。」❹

　　希臘的宗敎信仰，有其重要的道德意義。儘管淨化儀式係一種外在
形式，但它仍然作了道德衛生的啓發象徵。儘管含混而無定則，但諸神
對於美德仍然作了一般的支持。他們憎恨邪惡，矯治傲慢，保護懇求者
和陌生人，並以恐怖維護誓願之神聖。

　　人類生活的中心行爲和組織，如誕生、婚姻、家庭、氏族和國家，
都從宗敎獲得神聖的尊嚴，而不致陷於混亂和反常的貪婪。各代經由紀
念死者的方式而得以連在一起，繼續履行宗敎的義務，以使一個家庭，
不僅是夫婦和其子女，或者父母、兒女、孫子等的一個家族集合，更是
一個往前溯至過去，往後推至未來的血與人的連結。將死者、生者和尙
未誕生者，結合在一個較任何其他國家更爲堅固的神聖同盟。宗敎不僅
使生育子女成爲對祖先的一種莊嚴責任，並使缺乏子嗣的人，擔心死後
無人埋葬、祭祀及照顧墳墓，而對生育發生鼓勵作用。只要這種宗敎影
響存在一天，希臘人民不論貧富，都積極地大量生育。如此，加上無情
的自然選擇之助，種族的元氣與品質也就得以維繫。

　　在遠古哲學家出現以前，極古時代，頗信死後尙有第二個世界。他
們以爲死亡，並非人體之消失，而是一種生活之變遷而已。

　　根據希臘人古代之信仰，魂之居處，並不在現在世界之外，它仍在
人間而居住於地下。因此葬禮必須很隆重。地下之魂尙未能完全脫離人
類，仍需飮食。因此在每年固定的日期，致祭於每個墳墓。

　　在古希臘，兒子有祭祀其父及祖先之職責。疏忽此職責，乃是最大
的不敬，因爲不祭祀，那麼許多代死者皆失去其位而毀其幸福。因此，
其罪與弒父相等。

　　家族宗敎無一致的儀式，每族各有其自由方式，任何外力皆不能加

---

❹　黃俊傑，《古代希臘城邦與民主政治》(臺北：學生書局，民國 66 年 8 月)，頁 40。

以更改。掌教者即家長。宗教不在廟內而在家中。各族有各族的神，各族的神只保佑其族。這種宗教只能一世一世的流傳。父親給兒子生命之時，同時傳給他信仰、祭祀、聖火的崇祀、以及禱辭。家族宗教只傳授於男子，亦是其特色。

宗教與愛國心在無數隆重的儀式中結成一體。在公衆祭祀中，最受尊敬的神或女神，表現了該城邦的神聖理想，每一項法律，大會或法庭的每一次集會，軍隊和政府的每一種重要企業，每一座學校或大學，每一個經濟和政治的組合，無不具有隆重的宗教儀式和祈禱的氣氛。希臘的社會和民族，就以這些方式，將宗教作爲一種防禦個人主義氾濫的武器。

二、希臘的神

希臘的宗教常與神話混淆不清。希臘人將神想像成人形 ❺。起初只向神懇求服務，後來才逐漸關心人死後之永生。大部份的宗教都是證明人們對死亡和魔鬼的畏懼所產生的不安。希臘人生活於一種和諧宜人的自然環境，通常是免於這些不安和恐懼。他們設想神有與他們一樣的身體，但却永生，而且有他們所熟知的情感：憤怒、羨慕、忌妒、快樂等等，這些神生活於奧林帕斯之頂峯。

希臘人將無法解釋之事，歸諸於神的行動。他們承認**宙斯**(Zeus)統治一切。他們並不畏懼暴風雨，認爲這是「宙斯發怒」。此類神的故事，即稱神話。

在奧林帕斯山頂上居住的衆神，其中**宙斯**爲印歐族的大天神，雷電的掌管者，據說他在克里特出生和去世。然而希臘人一般相信他與其他

---

❺　如同**荷馬**在在其著名史詩 *Iliad* 所描述的。

諸神，同是永生。**宙斯**常以公牛現身❻，爲一正義之神和仁慈的代表。

　　雅典娜（Athena）爲雅典的守護神、女戰神，但也是智慧和手工藝之神。如稱**巴塞諾斯‧雅典娜**（Athena Parthenos），則爲處女之神，以猫頭鷹爲其化身。

　　阿波羅（Apollo）在特洛伊戰爭時，站在特洛伊人這邊，爲一太陽神、戰神、法律和公正之神，以及青年男子純潔之神，與戴爾菲特別有關係。

　　其他奧林帕斯山的神，尚有天后**希拉**（Hera）、女灶神**赫斯提亞**（Hestia）❼、火與鍛鐵之神**黑斐斯塔斯**（Hephaestus）❽、海神**波塞頓**（Poseidon）、月神**阿提米斯**（Artemis）、戰神**葉里茲**（Ares），司農業、豐饒及保護婚姻之女神**德米特**（Demeter）、衆神之使者**漢密士**（Hermes）。**赫克力斯**（Hercules）也很重要，這是他盡大力而由人成神的象徵。**亞歷山大**大帝（Alexander the Great, 356-323 B.C.）和後來某些羅馬皇帝皆有意模仿他。

　　戴奧尼索斯（Dionysus, Dionysos），酒神與戲劇之神，有時也包括在奧林帕斯十二神之中，取代灶神**赫斯提亞**。

　　衆神中，以**宙斯**爲王。青春女神**希比**（Hebe）則享諸神以永久之飲料。在衆神之下，則爲英雄（Hero）。英雄是一些有近似神蹟的人，其永無休止的工作，顯示人類爲求進步所做的努力。

　　希臘著名的英雄有大力士**赫克力斯**、殺死牛頭人身怪獸（Minotaur）的**西修斯**（Theseus）、殺死女怪**梅杜沙**（Gorgon　Medusa）的**柏修斯**（Perseus）、金羊毛故事主角的**吉生**（Jason）、弒父妻母的**埃迪帕斯**

---

❻　宙斯被克里特人視爲生殖之神，被認爲化身爲聖牛。

❼　赫斯提亞爲 Cronus 與 Rhea 之女，Zeus, Hera, Poseidon 與 Demeter 之姐。

❽　黑斐斯塔斯爲 Zeus 和 Hira 之子。Hira 爲 Zeus 之妹及妻。

(Oedipus)等等，不管他們的故事如何，但通常是殘酷的、悲劇的。

　　這些故事顯示出，眾神和**宙斯**本人，皆無法改變命運之安排，而凡是超越凡人的，將受嚴厲懲罰。**西修斯**在戰勝牛頭人身怪獸之後，發現其父，雅典國王**伊吉優斯**(Aegeus)，投海而死。那處海將以他之名命之。這就是愛琴海(Aegean Sea)之由來。**赫克力斯**在完成其工作後，就遭到慘死之命運。

　　根據**狄肯遜**(G. Lowes Dickinson)的說法，希臘的神不純粹是精神力量，並非只是透過內心的祈禱，使之瞭解和縮短彼此之距離。這些神還具有人的外形，而且比人類優越。祂們在地球上留下其大部份歷史，干預人類的事務。在祂們和人類之間，並無不可超越的鴻溝。從**赫克力斯**，**宙斯**之子，傳下多利亞人這一支；愛奧尼亞人之祖先 —— **愛翁**(Ion)，則為**阿波羅**之子。每一家族，每一部落皆可追溯其祖先至一位「英雄」，而這些「英雄」又是神的兒子，且本身亦為「神」。因此，從廣義來看，神為社會的奠基者，從祂們傳下來家族和種族❾。

三、祭祀

　　希臘人應該崇拜神，這甚至是他們身為公民的任務，而國家也需要諸神能得到滿足。人們以一種供品，配合着祈禱來祭祀神。所謂供品有祭酒，如酒、油、奶、蜜等液體，以及牲品，如殺死和烤好的動物。此外，還須要空氣流通的場地。廟通常很小，也沒有窗戶，這是神的住宅，信徒們無法在那兒聚會。節目都在廟前的廣場慶祝。

　　一個城市都有某些特別的節日，例如雅典人在春秋兩季有慶祝酒神

---

❾　G.Lowes Dickinson, *The Greek View of Life* (Ann Arbor : The University of Michigan Press, 1967), p.10.

和植物之神**戴奧尼索斯**的節日。這些節日裏，人們飲著新釀成的酒作樂，有點與法國的嘉年華會類似。比較莊嚴些的是慶祝**雅典娜**的節日。

除了慶祝某神的地方性節日外，尚有一些吸引全希臘人民的節日。這些有助於人民互相接觸的節日，有神諭和大競賽。

或許祭祀一事，可以成爲一個希臘城市特性的最清楚和最易取得的證據 ❿。古希臘的宗教，事實上，與城市本身特別親密地結合在一起，此一關連對於當時的希臘文化變成一種城邦文化，俾益匪淺，因此此種宗教發展，會引起其他方面的文明。

城市有其各種不同來源的神和祭祀。最首要者爲城市的保護神，例如雅典爲**雅典娜**之城。城邦的宗教很受大家之尊重，哲學家**普洛塔高勒斯**（Protagoras）對向**雅典娜**奉獻之事並無異議❶。

某些神的祭祀，常伴之以宗教性競技，其中最重要的是每四年在奧林帕斯爲**宙斯**所舉行的。此項傳統一直沿至今日，即爲奧林匹克運動大會。

這些競技，最基本的爲體能的比賽如跑、跳、擲鐵餅和標槍、角力、賽車，以及音樂和詩歌的競賽。希臘各地的運動員、馬車駕駛員和作家，全聚集在那裏，優勝者被視爲眞正的英雄。這些競賽增進希臘人的同胞愛，也促進他們彼此間的團結。

希臘的宗教儀式和他們所崇敬的神一樣，多而且雜。任何儀式都不需神職人員。父親就是家庭的祭司，行政長官就是一個城邦的祭司。祭祀的地點可在家庭的爐火前，或本城大會堂的爐火前；對於地下諸神，

---

❿　Nancy H. Demand, *Thebes in the Fifth Century, Heracles Resurgent* (London : Routledge & Kegan Paul, 1982), p.48.

❶　N.G.L. Hammond, *A History of Greece to 322 B.C.* (Oxford : Clarendon Press, 1986), p.433.

有時是在一個地隙之中，對於一個奧林帕斯山的神，則在神殿之內。

神殿是神聖不可侵犯的區域。信徒在此相聚，即使是犯有重罪的逃犯，在此亦可得到庇護。神殿是爲神而建立的，並非爲了集會，因此神殿就是神的家，在殿裏有祂的塑像。神像前燃起長明燈，永遠不得熄滅。

在這個處處都充塞着超自然力的世界裏，人類生命中的重大事件，似乎完全受着神鬼的意旨所左右。爲了發現這種意旨，好奇而謹愼的希臘人，就求教於占卜者和神諭。

希臘人認爲神會表示祂們的意旨。從鳥的飛翔、祭品腸子的檢查等象徵之研究，可以猜測出神的意旨。但是如果人們遭遇難題，也可向神請示，然後可得到一種回答，這就是神諭或神答。

希臘與小亞細亞各地皆有神諭，最著名者在伊庇魯斯(Epirus)之多多那(Dodona)、在戴爾菲、在帕那薩斯(Parnassus)。在多多那，**宙斯**以其聖樹樹葉各種不同的沙沙聲，傳達其意見，而由該廟祭司加以解釋。在戴爾菲，人們則求敎於**阿波羅**。阿波羅廟底下的洞穴中有一股冷氣自地縫湧出，此氣希臘人認爲乃神所遣。在地縫處放置一個三脚櫈，一位女子 (阿波羅之女祭司) 行聖泉淋浴後，即坐於其上，以受靈感。此女立即發狂，口吐讕語，旁坐之祭司聞其言，寫之爲詩，而送與求神者。

解釋預言的男祭司和說話的女祭司，可能都是傀儡，有時候他們也接受賄賂，以便迎合求神者的意旨宣佈預言。大多數時候，宣佈神諭的聲音甚爲柔和，悅耳有力，在希臘很能發生一種主導的影響。

第二節　希臘的文化

任何希臘文化的討論，必須以雅典爲中心；然而科學、哲學、彫刻

和建築，最早在小亞細亞愛奧尼亞沿岸興盛起來。在相當早期，甚至斯巴達的陶器也勝過雅典的。但是雅典的藝術家把紅底描黑(black-on-red)的技術發揮到極點，且後來在黑上描紅(red-on-black)的技術，領導著精緻陶器的生產。隨着節日慶典的鼓勵，**庇西士特拉妥**使雅典成為戲劇中心。**伯里克里斯**鼓勵哲學、藝術和建築。雅典因而在知識和藝術各方面的成就，變成首屈一指。

一、哲學

古希臘的哲學可謂源自米勒特斯。**泰爾斯**(Thales of Miletus, 624?-546 B.C.)或許是歷史上首次企圖以理性的基礎，瞭解和解釋世界。他之有如此的觀念，與其所處之地理環境有關。米勒特斯位於小亞細亞，接近通往波斯的皇家大道之終點站。許多米勒特斯人從事海上貿易，與亞洲較古老的文明接觸頻繁。

芝諾芬尼(Xenophanes of Colophon)，所謂自然哲學愛利亞學派(Eleatic School)❷的開山祖，主張單一和不改變的「本質」(being)為唯一真實；複數、改變和動作，為想像。此一學派盛行於西元前六、五世紀。**芝諾芬尼**瞭解，**荷馬**和**赫西歐**(Hesiod)的神為詩意之產物。他在「諷刺詩」中提到，人們創造與自己特徵類似的神，如衣索匹亞人的神皮膚是黑的，鼻子是扁的；色雷斯人則說他們的神是藍眼睛、紅頭髮的❸。

地理學家和史學家**黑卡塔厄斯**(Hecataeus of Miletus)在西元前500年左右到埃及旅行，他很震驚地發現，埃及的祭司認為希臘對於神的

---

❷　愛利亞(Elea)為古希臘在義大利的殖民地。

❸　《古希臘羅馬哲學資料選輯》(新竹：仰哲出版社，民國70年)，頁46。

觀念粗俗、幼稚。如此具有懷疑精神的人，學到了不只懷疑古代流傳下來的東西，甚至還懷疑感覺之證據。

泰爾斯及其繼承者，發動一次心智的大冒險：只透過邏輯的分析，忽視人類以前解釋宇宙的神話傳說和迷信的多層次的累積。他們沉思何物（What is）、如何發生（How it came）和如何改變（How it changes）。泰爾斯在何物之中找到個體（unity）。他的結論爲，個體必須是物質之一。這個基本物質，那就是水。此一基本物質的概念，由其繼承者繼續探討。

泰爾斯除了是位哲學家之外，還如同當時其他的哲學家一般，研究數學、天文、物理和其他科學。他曾到埃及從事研究工作，利用相似形的理論，測出一座金字塔的高度，並且預報一次日蝕的日期。有人稱他爲數學與天文學之父。

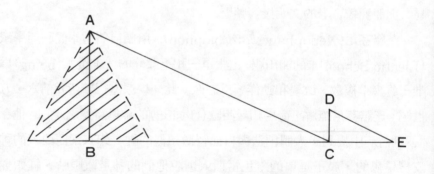

所謂相似形的概念：兩個三角形有着同樣的形狀，但大小不一定相同，它們就叫相似。泰爾斯利用金字塔和其影子所形成的大三角形 ABC 與那根棍子和其影子所形成之小三角形 DCE 相似之原理，得知 $\dfrac{AB}{BC} = \dfrac{DC}{CE}$。泰爾斯可計算出 BC、DC 與 CE 的長度，他利用上述的等式，計

算出金字塔的高度 AB。

泰爾斯對西元前 585 年春天發生的日蝕之預測，使之聲名大噪。他可能已有美索不達米亞或埃及的天文記錄，或許他只預測一個大概時間，或許只是一種幸運的猜測。

到了西元前第五世紀，希臘的哲學家首先致力於尋求事物本質的一種合理解釋。由於缺乏適當的調查方法，他們所採用的方法經常訴諸於想像。他們爭論基本要素的量與質，使之合或分，以產生事物及其不斷運動之力量，不深究其假設之細節。例如**亞那薩哥那**（Anaxagoras of Clazomenae, 500 ? -428 B.C.），出生於愛奧尼亞，在雅典居住三十年，為**伯里克里斯**之好友。他倡言太陽為白熱之一團，否定其神聖性。對他來說，宇宙的建材為細微、分離的物質塊，透過心力合成的。在此，物質和精神首次明顯被區分。

現代人更感興趣的是**留希波**（Leucippus of Miletus）及其徒**德謨克里特**（Democritus of Abdera, 460-370 B.C.）的原理。他們認為世界是由原子（atoms），亦即不同形狀、位置和集團的「不可分割」之物質單位所構成。

比泰爾斯年輕一代的**畢達哥拉斯**（Pythagoras, 580-500 B.C.）也是愛奧尼亞的希臘人，出生於離米勒特斯不遠的薩摩斯島（Samos）。成年後，定居在南義大利的希臘殖民地克羅頓（Croton）。**畢達哥拉斯**一派強調數目和其關係 —— 或者數學 —— 為瞭解何物之關鍵，而非基本物質的原理。

畢達哥拉斯強調和諧，因此數目可成為人類事務的一項實際指南，以及可提供瞭解宇宙的一項神祕關鍵。此學派認為，世界是球面的，因為球體是完美的。

畢達哥拉斯這位哲學家不僅研究數學，而且研究音樂及其他學科。他到埃及與巴比倫從事研究，他在幾何學上的一項發現，由**歐幾里德**

(Euclid)傳下來，稱爲畢氏定理(Pythagoras' theorem)，在建築結構上幾乎每日皆得應用到。

畢氏定理爲，直角三角形中，以斜邊爲邊的正方形等於其他兩邊爲邊的兩個正方形面積的和。埃及的「拉繩子者」(用有結的繩測量土地的人)應用 $3:4:5$ 的直角三角形，證實了他的定理 $(3^2+4^2=5^2)$。據說，他是在朋友家中凝視地磚時發現此一定理。

有一天，他路過一個鐵匠舖，從鎚子打鐵的不同音調中得到啓示。他發現，鎚子柄愈短，音調愈高。這個想法使他發明了新式的豎琴與笛。

某些畢達哥拉斯學派人士過着苦行僧的生活，南義大利的畢派人士企圖將其刻苦的行爲法則施諸於整個城邦，因而帶來五世紀的一次激烈反動。此種清教主義並不適合一般希臘人。然而，**畢達哥拉斯**影響着**柏拉圖**，其影響力偶而還會在羅馬帝國時期出現。

第五世紀後半，哲人學派(Sophistic School)出現。哲人學派或稱詭辯學派，爲一群使哲學走向現實的哲學家。他們在希臘廣收生徒，收費講學。他們排斥視爲無益的對宇宙之猜測，而轉向人們如何在地球上立身之問題。在外貌上，哲人學派一般說來是主觀的。

剛好在伯羅奔尼撒戰爭之前，**伯里克里斯**在雅典的一位朋友**普洛塔高勒斯**(Protagoras, 481-411 B.C.)說過：「人是萬物的尺度，是存在事物存在的尺度，也是不存在事物不存在的尺度。」❹ 對這句話的爭論甚多。它似乎意謂，他覺得人除了他自己的知覺和心靈之外，並無判斷的基礎。此一觀點將支持道德、正義及所有其他問題之相對主義(relativism)。

西西里的**高吉亞**(Gorgias of Leontini)，在伯羅奔尼撒戰爭期間來到雅典時，年歲已大。他強調修辭和其學派其他實際的優點。他收費甚

---

❹　英文爲：Man is the measure of all things, of things which are, that they are; and of things which are not , that they are not.

昂。**高吉亞**完全懷疑真正知識的任何可能性。他說，「無物存在」。「若有一物存在，我們亦無法認識；若我們能認識，也無法把它說出以告知他人。」

　　許多哲人學派表面上好譏罵，且辯論特殊事件：如正義只是強者之利益。**蘇格拉底**和**柏拉圖**皆強烈反對這些懷疑、相對主義的教學。

　　蘇格拉底足可名列西方文明史上最有影響力者之一，可惜他未遺留任何著作。我們只能透過**柏拉圖**和**贊諾芬**（Xenophon, 434？-355 B.C.）等的作品去瞭解他 ⓯。然而**贊諾芬**對其師只有粗淺的瞭解；**柏拉圖**幾乎經常利用**蘇格拉底**作為其對話的主要人物。

圖 7-1
蘇格拉底

　　蘇格拉底為一石匠，收入不豐，只能維持其家庭過着平常的生活，其妻**張西普**（Xanthippe）以嘮叨出名。他教出不少學生，除了**柏拉圖**和**贊諾芬**之外，尚有**亞爾希比亞德**（Alcibiades）和**克里希亞**（Critias）。但不像哲人學派，他授課不求束脩；而且，他的教學還灌入高尚的道德目

⓯　**李震**，《希臘哲學史》（臺北：三民書局，民國 61 年），頁 53。

的。教育，他強調，以個人的改善爲其唯一目的。

他的教誨方法不尋常，他覺得，知識已存在於每一個人，所需的只是加以誘導。因此他利用問答法，引導學生去瞭解。他也利用同樣的方式，與他人辯論。當他公開表示許多自稱專家者，並不知道自己所言爲何時，無形中就樹立許多敵人。

蘇格拉底非常強調美德，他覺得美德能從每一個人之中引發出來。錯誤行爲只是無知。例如，犯謀殺罪者可能瞭解這樣做是「錯的」，但在犯罪之時，他們相信此時此地，對他們來說却是「對的」。**蘇格拉底**教導，且嚴格遵從的原則是，做錯是永不可能對。

蘇格拉底的審判和死刑，發生於伯羅奔尼撒戰爭雅典戰敗之後，在一片復仇聲中，他被控「不信本城之神而拜新神，且敗壞雅典青年之德性。」據**柏拉圖**所言，他不理會這些控告，反而選擇防衛其一生和目的。或許這些粗魯控訴之眞正原因爲，**亞爾希比亞德**和**克里希亞**二人接受**蘇格拉底**之教導後，反而變壞。

宣告他有罪的陪審團，並不希望他死。他有權建議另一種判決，這通常是流亡。他却反而說，陪審團必須報答他，而非處罰他。但如果他們堅持，他將要付一筆小額罰款。陪審團被激怒而確定其死刑。**蘇格拉底**仍可以逃脫（他的朋友安排好賄賂獄官），而且甚至其控告者也寧願他流亡。然而，他堅持，終其一生他教導，一個人應該服從法律，且做錯永遠不會對。現在他如何能違反自己的教導？他喝下毒藥，成爲自己目標的烈士。

蘇格拉底的學生**柏拉圖**，爲西方傳統最偉大的哲學家。**蘇格拉底**教其學生追根究底。**柏拉圖**不打算零碎地去思考世界的毛病；他尋找至高的眞實，以及人們可能學到它的方式，且企圖使自己本身和制度臻於完美。他的思想原理爲其哲學思想之中心。**柏拉圖**說，知覺的世界爲部份幻想；眞實在於一個隔離的世界，只能透過受訓練的心靈去感覺。因此

對他來說，美為一存在其本身之事物；稱為美之事物，只由於它們有幾分真的或理想的形式或型（form），那就是美（beauty）。其他類似形式，包括理想國中四項主要美德：智慧（wisdom）、節制（restraint）、勇氣（bravery）和正義（justice）⓰。最高的形式為善（Form of Good）。**柏拉圖**也相信靈魂不滅。

當然，史學家感興趣的是他在《共和國》（*The Republic*）一書中所談到的政府的概念。對**柏拉圖**來說，尋找政府的最好的形式，基本上就是尋找正義。他主張，國王應該變成哲學家 —— 或哲人王（Philosopher King）。他擬訂教育課程大綱，去掉**荷馬**和其他類似的「胡說八道」。對其完美國家來說，希臘城邦是理想的規模。這是單一的共同體。他的社會包括兩個主要階級 —— 工人和指導者。此一上層階級，將是一群受過適當教育的優秀人們之精英。他們將共同擁有一切事物；婚姻將被取消；其孩子由國家負責撫養。這些經常成為文學方面的楷模，但很少實際付諸行動。

柏拉圖在雅典建立學苑（Academy），他大部份時期在此講學。學苑與後來**亞里斯多德**所建立之書院（Lyceum）一直延續至九百年後，**查士丁尼**大帝關閉兩校為止。

亞里斯多德受業於**柏拉圖**門下，後來曾為**亞歷山大**大帝之師，為僅次於**柏拉圖**的重要哲學家。

亞里斯多德常識豐富，尊重人們的一般見解，以敏銳的分析和歸納能力聞名。他比其師對物理的研究更感興趣，且其著作範圍更廣泛。他寫過有關物理學、植物學、生物學、天文學、政治學、邏輯學、詩學、形而上學、倫理學和其他題目的論文。

在政體方面，**亞里斯多德**贊成立憲政府，因它有制衡作用和一個廣

⓰　**趙雅博**，《希臘三大哲學家》（臺北：正中書局，民國 58 年），頁 55-62。

大而穩定的中產階級。

二、文學

除了**荷馬**的兩首偉大的史詩外，其同代人**赫西歐**的作品，以平民的觀點，提供另一項資料來源。另一位早期詩人**提爾塔亞** (Tyrtaeas,西元前第七世紀)，其軍詩在麥西尼亞戰爭中，對斯巴達士兵有鼓舞作用。

歷史上最偉大的抒情詩人之一，也是最早的著名女詩人，就是**謝荷** (Sappho of Lesbos,西元前七世紀末～六世紀初)，她在雷斯波(Lesbos)島上開辦一間年輕女士的社交學校。

另一不同風格的詩人爲**頻達**(Pindar, 518-438 B.C.)，其價值屬於貴族式。他在大運動會上爲勝利者的榮耀而吟唱。

希臘的文學以戲劇最享盛名。**哀斯奇勒斯**(Aeschylus, c.525-456 B.C.)、**沙孚克理斯**(Sophocles, 495？-406？B.C.)和**尤里披底斯**爲古希臘三大悲劇作家。**哀斯奇勒斯**爲三人之中年歲最長者。他親自參與480年的薩拉密戰役。後來他以之爲主題寫出《波斯人》(*The Persians*)一劇**⑰**。

哀斯奇勒斯加上一位第二演員，使之能夠扮演背景角色。例如在「艾格曼儂」一劇中，合唱隊代表着市民。此劇，傳統的三部曲之一，敍述特洛伊戰爭英雄**艾格曼儂**及其妻子之故事。**艾格曼儂**勝利班師返國後，爲其妻之情人所殺。

在雅典的戲劇比賽中，以**沙孚克理斯**獲得首獎的次數最多。他增加一位第三演員，以及彩繪的布景。「埃廸帕斯」(Oedipus Tyrannus, or Oedipus Rex)或許是最著名和最廣泛演出的古悲劇。它敍述一位被阿

---

⑰　N.G.L. Hammond, *op. cit,* p.276。

波羅神諭認爲註定要弒其父和娶其母的人之故事。**埃廸帕斯**的雙親及其
本人盡力要阻止這些恐怖事情的發生，但終歸枉然。

圖 7-2
演員面具

「安提剛」（Antigone）一劇，或許聲望僅次於「埃廸帕斯」。這是一
個宗教職責，以及對家庭忠誠與對國家和社會忠誠之衝突的故事。類此
一般性問題之檢討，使希臘悲劇永垂不朽。

尤里披底斯的劇較不高尚，但同樣富有意義。他很少贏得首獎，然
而他的劇本流傳下來的比**哀斯奇勒斯**和**沙孚克理斯**兩人的總和還多。

他最有趣的悲劇之一，「貝琪」（The Bacchae），絞述在酒神**戴奧尼
索斯**或稱**貝克斯**（Bacchus）的祭典中，女祭司（Bacchae or Maenads）
設法使自己變爲狂亂，然後衝入林中，並撕碎和生吃她們所看到的第一
個生物。在劇中，一位年輕的國王耳聞此事，企圖進入林中追逐某些酒
神的女祭司，包括他自己的母親，以阻止此一瘋狂舉動。在林中，他被
發現已成碎片。他的母親帶着他的頭回到城裏，心想這是一隻動物的頭。

在劇中最高潮的時刻，她恢復理智，而且認出她所拿之物。

除了悲劇外，希臘的喜劇也很盛行。可惜，在第五世紀的舊喜劇（Old Comedy）作家中，有作品流傳下來的只是**阿里斯多芬尼斯**。充滿對當代的引述，這些劇對史學家來說，有很高的價值，但其誇大和扭曲，使之不易論斷。喜劇有時會涉及色情，可是有時也很嚴肅，甚至很高尚。

阿里斯多芬尼斯反對伯羅奔尼撒戰爭。他那表示反對的早期戲劇，甚至在戰爭進行時也獲准演出。「阿夏尼亞人」（The Acharnians）表達土地被伯羅奔尼撒軍隊蹂躪的亞提加農民（Attic farmers）之觀點。「武士」（The Knights）為對雅典民主黨領袖**克雷翁**（Cleon）的公開攻擊。

在**阿里斯多芬尼斯**最著名，或許也是最好的劇，「天空」（The Clouds），**蘇格拉底**和哲人學派皆被嘲笑和譏諷。**蘇格拉底**開一家用心可疑的「思想工廠」（thought factory）：他的兩個學生希望學到如何能改進騙術。此劇或許故意要破壞**蘇格拉底**的名譽，**蘇格拉底**自己就是如此想的。

「里西斯特拉希亞」（Lysistratia）為一著名的故事。故事中的希臘婦女決定以拒絕與丈夫行房為手段，迫使他們談和，以及結束戰爭。在「依克雷西亞朱希」（Ecclesiazusae），婦女接管政府，建立共產式制度。

三、歷史學

古希臘大約有一千餘人寫歷史，而且幾乎全都寫有關希臘和有關當代的歷史。因此，希臘人被認為善於描寫其當代，但很少去整理過去。**莫米格里安諾**（Arnaldo Momigliano）曾說，任何傻瓜都能寫當前的歷史，一位史家的考驗在於其對古代的興趣及其處理它的能力。**希羅多德**就是如此。**希羅多德**的《歷史》（*Histories*）一書為希臘人論東方歷史最

廣泛的一部著作⓲。

有「歷史之父」之稱的**希羅多德**所留下有關波希戰爭之記載，不僅是首部「歷史」的眞正作品，而且爲最早的希臘散文。較早傳達消息的工具爲詩。

希羅多德來自小亞細亞的哈里卡那色斯（Halicarnassus）。他或許爲一旅行演說家，其作品的某部份似乎原爲演講材料。然而作品經合併和整理後，已具有文學性和嚴格的歷史性。他的寫作有趣、輕快，有時會被認爲是傳說、神祕或荒唐。但是他絕非容易被欺騙，因爲他常提到，某些事情別人是如此說，可是他却不相信。

他的興趣廣泛：包括地理的、社會的、經濟的、宗敎的、心理學和政治的資料。許多我們所知有關**希羅多德**前幾十年的波斯和埃及，就是從他的敍述得來的。他盡量保持客觀，甚至對此時希臘最主要的敵人也是如此。後來有些批評家認爲他偏袒雅典。

希羅多德《歷史》一書的成功，使後來的作者不敢重述波希戰爭的故事，因爲有關此一題目所有能夠寫的，現在皆已寫下。然而，其著作之成功也鼓勵他人去練習歷史，以及發現和描述尙未成爲文字紀錄的一部分之重大事件⓳。

修西的底斯爲上古最偉大的史學家，也是古今最偉大的史學家之一。他是雅典人，於伯里克里斯時代在雅典受敎育，且在伯羅奔尼撒戰爭初期，出任將軍。由於一次戰役之失敗而被迫流亡，他就寫下這次戰爭的歷史。他的作品（延至西元前 411 年）顯示出懷疑的哲人學派之影響，其結構亦受大劇作家所採取的形式之影響。他所寫下的爲一兄弟相殘的大

⓲　Robert Drews, *The Greek Account of Eastern History*（Cambridge,
　　Mass.：Harvard University Press, 1973）, pp. 1-2.

⓳　*Ibid.*, p.135.

悲劇。

　　與**希羅多德**不同的是，**修西的底斯**幾乎不受宗敎、神諭、或神的干
預之影響；他的方法完全是理性的。他檢討戰爭的遠因和近因，就像現
代史學家一般，尋求基本的影響。閱讀他的作品可感覺到其客觀、理性、
講方法和可信。

　　修西的底斯最大的錯誤，就是經常在很少的證據支持下，就做結論。
有人懷疑，像他那極端聰明的人，或許會以表面的客觀來傳達一點都不
客觀的印象。

　　希臘另一位史學家**贊諾芬**，雖身爲**蘇格拉底**之門生，但是就如同其
作品顯示出，並非有深度。他十分有影響力，因爲他寫得好，且讀得多。
他最重要的作品爲《阿那巴西斯》(*The Anabasis*)，敍述被**居魯士**雇用
進入波斯內部的一萬名希臘士兵行軍的故事。**贊諾芬**自己在撤退至黑海
前，被選爲指揮官之一。《阿那巴西斯》特別提到大帝國的脆弱性。

　　波力比阿斯(Polybias, 201-120 B.C.)的「歷史」──《羅馬史》，
使之成爲希臘著名史家之一。

四、醫學

　　古時候，祭司藉神之名治病。隨着經驗之累積，他們也能知道如何
治癒病人。醫生也因這些臨床實驗而獲益，他們自成學派，而且自第四
世紀末起，波斯王不斷在宮中招待希臘醫生。

　　克羅頓學派(School of Croton)的一位成員或許敢於進行人體解
剖；無論如何，他瞭解大腦可能爲感覺和思想的中心。臨近小亞細亞的
一個愛琴海島嶼的寇斯學派(School of Cos)，出了一位名醫**希波克拉
底**(Hippocrates, 460？-377？ B.C.)。

　　希波克拉底出生於自稱爲神之後裔的家庭，但還是創立了眞正的醫

學，完全以理性原則應用於醫學。他排除哲學性投機和迷信，宣稱任何疾病不會有超自然的原因。他有「醫學之父」之稱 ❷。可惜，他的求眞精神，似乎後繼無人。

五、藝術

在古希臘，各種不同的文學類別、哲學派別，以及主要藝術傾向，皆與個人結合在一起。甚至在手工藝方面，個人的色彩也很突出。在西元前第六和第五世紀，雅典生產的精緻陶器，大約出自五百位不同的師傅，其中有許多在其作品上簽字❷。

上古的作家很少談到陶器，但陶器術較其他藝術尤爲我們所熟知，因爲廟宇與彫像，已先後傾圮毀滅，而希臘陶器家之成績則保存在墳墓之中，至今已發現者達兩萬件以上。

就陶器來說，第五世紀爲非常偉大的時代，而雅典無疑地還是首屈一指。雅典的商業，尤其是油和酒的輸出，對陶器技術的發展裨益匪淺。液體的運輸，需要陶器工業的配合。本來粗陋的陶器已夠應用，然而較精緻的成品銷路較佳，於是技術逐漸進步，好的成品越來越多。

雅典的傑作，外銷到遠方，如義大利中部和克里米亞。第五世紀，雅典的產品在西地中海和黑海沿岸流通。第四世紀，雅典在西方的角色漸衰，但俄羅斯南部的部落首領還是其一般顧客。希臘的陶器分成兩種：

1. 油漆花瓶像，或黑或紅，大小形狀不一；
2. 煉土製成的小像，包括兒童和婦女。

---

❷　有關**希波克拉底**的論著，可參閱 G.E.R. Lloyd, *Science, Folklore and Ideology* (Cambridge : Cambridge University Press, 1983), pp.62-86.

❷　C.M. Bowra, *Classical Greece* (Time-Life International, 1975), p.7.

對於希臘的繪畫，後人仍然毫無所知，其作品並無流傳至今。有人說，欲知希臘繪圖如何，最好去參觀第一世紀義大利龐貝（Pompei）房屋之壁畫。事實上，希臘的繪畫是以不同形式存在着，從紀念物，尤其是柱廊或廟宇的大水彩畫，到繪在木頭上的小圖畫。

希臘有名的畫家，有第五世紀的**波力諾塔斯**（Polygnotus）、**浙希斯**（Zeuxis）和**帕哈秀斯**（Parrhasius），第四世紀的**阿伯勒斯**（Apelles）。**阿伯勒斯**和**利希普斯**（Lysippus），受**亞歷山大**大帝之寵幸。

第五世紀初，繪畫技術仍然非常原始，後來才慢慢改善。**波力諾塔斯**忽視透視、蔭影和色彩漸減等技術，這些技術直到第五世紀後半才被發現。**浙希斯**已能表現深度，以及描繪更實際的景色。據說，**浙希斯**曾繪葡萄，而小鳥居然飛下來啄❷。

古希臘彫刻方法富於變化。無疑地，宗教仍是藝術家最大的啓發者。在彫像或浮彫，宗教經常是重要的主題。宗教性紀念物或廟宇爲這些藝術品之歸所。有時，世俗的主題也會出現，例如政治人物或軍事領袖的生前情形。

在埃及與亞述，彫刻只不過是建築物之一種附屬裝飾品，希臘人則視彫刻爲主要藝術。希臘人最古之彫像多僵硬而粗野，日後逐漸變爲優美精緻。最偉大的作品爲第五世紀的**菲狄亞斯**（Phidias）和第四世紀的**蒲拉克西蒂利**（Praxiteles）。後者之作品愈見秀雅，但不如前者之高貴有力。

古希臘彫刻家喜歡彫刻高貴寧靜之美麗人體。他們在競技場、軍隊或宗教性舞蹈中，觀察姿勢美妙之人體，詳加研究，再表現出來。通常希臘之彫像面部小而無表情。他們不求表現面部，喜歡線條美。因此，

---

❷ Chester G. Starr, *A History of the Ancient World*（New York：Oxford University Press, 1974）, pp.388-389.

希臘的全身彫像皆相當美觀。

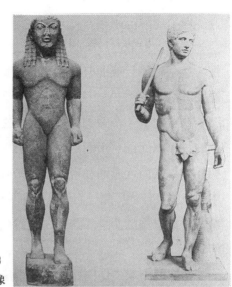

圖 7-3
希臘雕像

　　古希臘的建築根本不關心人的住宅。城市的世俗需要也幾乎不在

意。僭主們只建造一些有立即功效的建築物，如城牆、兵工廠、公共商店等，毫無裝飾方面之考慮。城市只在服務或榮耀其神時，方貢獻其資源，做為虔誠之證明。

希臘人最效力於神的住宅，亦即廟宇之建築，其中以雅典最具代表性。為宗教節日或慶典之需要的建築物也不完全忽視，其重要性僅次於廟宇。

初視之下，希臘神廟乃一簡樸之建築物；只不過是一個安置在岩石上的長木箱而已。正面為一正方形，上面建一三角牆。遠看，只見直線與圓柱；然而近看則發現無一線是直柱居中，直線微偏向中央，橫線近中央處微突出。凡此一切皆甚精細，必須正確測量，方能知其建築計劃。希臘建築以為欲使全部調和，須避免僵直之幾何線，而注意透視法上之幻象。

希臘藝術家工作極為謹慎，因為他們為神工作。因此，希臘紀念物各部分都極為精緻，即尋常不易窺見之部分亦復如此，而且建築至為堅固。

希臘宗教性紀念物中最令人驚奇的並非體積（巴特農神殿 Parthenon，長只有六十八公尺，寬只有三十公尺），也非裝飾的華麗，而是線條的單純和比例上的和諧。建築學上很少有如此完美的作品。這些將改進透視的效果。巴特農神殿的兩根邊柱略為粗大，在視覺效果上，以顯示它們與其他柱子類似。地基並非水平，這是為了不使中央部分在重壓下屈曲，同時也為不使積水。

第七章　參考書目：

1. C. M. Bowra, *Classical Greece* (Time-Life International, 1975).

2. Maria Brouskari, *The Acropolis* (Athens : Art & Civilization, 1978).

3. G. Lowes Dickinson, *The Greek View of Life* (Ann Arbor : The University of Michigan Press, 1967).

4. E. R. Dodds, *The Greeks and the Irrational* (Berkeley : University of California Press, 1951).

5. Robert Drews, *The Greek Accounts of Eastern History* (Cambridge Mass : Harvard University Press, 1973).

6. A. R. Burn & J. M. B. Edwards, *Greece and Rome 750 B.C./A. D. 565* (Glenview, Illinois : Scott, Foreman, 1970).

7. T. R. Glover, *The Challenge of the Greek and the Other Essays* (Cambridge : Cambridge at the University Press, 1943).

8. N. G. L. Hammond, *A History of Greece to 322 B.C.* (Oxford : Clarendon Press, 1986).

9. G. E. R. Lloyd, *Science, Folklore and Ideology, Studies in the Life Sciences in Ancient Greece* (Cambridge : Cambridge University Press, 1983).

10. Arnold Toynbee, *The Greeks and Their Heritages* (Oxford : Oxford University Press, 1981).

第八章
亞歷山大帝國與希臘化世界

第一節　亞歷山大帝國

一、腓力二世

　　腓力二世(Philip II, 359-336 B.C.)使馬其頓成爲希臘半島的主要強國。他在二十三歲成爲國家元首。**腓力**在底比斯當人質的兩年期間，對其生涯之改變有決定性的影響。他在**艾帕米農達斯**家中所學到的軍事，甚至比哲學還多。他瞭解馬其頓眞正需要的是一支較好的軍隊。

　　馬其頓的敵人很多，她是一個較偏向農業的國家，部落的影響力仍然很大。馬其頓事實上在第五世紀後期方統一，但爲一君主國，而非城邦。西邊的伊利里亞人(Illyrians)，北邊和東邊的色雷斯人，南邊的希沙利人(Thessalians)，以及對整個北愛琴海地區有強烈興趣的雅典人，所有這些皆反對馬其頓成爲強大的國家。

　　西元前 359 年**腓力**即位時，馬其頓是一個既貧窮又分裂的國家。二十一年之後，他已是整個巴爾幹半島的主人。**腓力二世**擊敗敵人的利器

有二：其一爲外交；另一則爲軍事。他的外交所費不貲，他爲了把握時間，從不以賄賂敵人爲恥，因而成功地擊垮專爲對付他的每一個聯盟❶。

在軍事方面，**腓力二世**致力於馬其頓軍隊的整編。當時，所有希臘城邦非常依賴傭兵，尤其是弓箭手、投擲手和其他輕武裝的專家。**腓力二世**也雇用他們，然而在一個希臘人愈來愈少用其公民於軍中的時代裏，**腓力二世**却能使馬其頓人成爲方陣之核心，而且使他們服一年兵役。新近獲得的金礦和銀礦❷足於供應此種沉重軍事費用。爲逐漸灌輸集體的忠誠，軍事單位以部落組成。比南方城邦使用的還長的長槍，使其方陣更具威力。此外，**腓力二世**還從**艾帕米農達斯**處學到，發展一支非常強大的騎兵，以衝破敵人陣線，使之發生混亂。

以這支軍隊，**腓力二世**迅速擊敗伊利里亞人和色雷斯人。他向東擴展，攻下安非波利斯(Amphipolis)，易名爲腓力比(Philippi)。此城附近，有豐富的金礦和銀礦。隨後，他又往南擴展至希沙利。

西元前 338 年，馬其頓軍隊在夏洛尼(Chaeronea)一役中，擊垮雅典、底比斯及其他城邦之聯軍。馬其頓隨之實際上支配著全希臘。

除了底比斯之外，希臘各城邦很幸運只被強迫當個馬其頓的盟邦而已。馬其頓國王強迫希臘各城邦加入科林斯聯盟(Corinthian League)，其會員國仍保留自主權，有一個聯盟會議，一支聯盟軍隊，但無中央稅捐。**腓力二世**爲此一聯盟的政治結構和軍隊的雙重領袖。

馬其頓衛兵駐紮在希臘重要據點：科林斯、底比斯、恰爾希斯(Chalcis)和舍磨辟雷。此聯盟除了可療希臘人之創傷外，尚可以之做爲在**腓力二世**領導下，一個統一的希臘東征的工具。從波斯的桎梏中解放在小亞

---

❶ A.R. Burn, *Greece and Rome 750 B.C. / A.D.565* (Glenview, Illinois：Scott, Foresman & Co., 1970) ,p.68.

❷ 如 Philippi 金礦。

細亞的希臘是頗孚眾望的一件事。可惜，西元前 336 年，他遇刺身亡❸，只好由其年輕的兒子和繼承人**亞歷山大**去完成其未竟之志。

二、亞歷山大

亞歷山大登基時，已年弱冠。儘管某些皇親國戚和馬其頓貴族被處決，還有底比斯和伊利里亞的叛變，他的繼承王位尚稱順利❹。**亞歷山大**所處的時代，頗具革命性，舊有的城邦制度開始衰頹，一種新的制度亟待產生。

圖 8-1
亞歷山大

孩童之時，**亞歷山大**讀過**荷馬**的作品，《伊里亞德》就是他一生中最珍視的一部著作。十三歲時，**腓力二世**曾聘請**亞里斯多德**教導**亞歷山大**，

---

❸　**腓力二世**在其女兒婚禮中遇刺。詳情請參閱 Robin Lane Fox, *Alexander the Great* (London : Allen Lane, 1974, Second reprint), pp.17-25.

❹　Simon Hornblower, *The Greek World 479-323 B.C.* (New York: Methuen, 1983), pp.260-263.

達三年之久。那時，**亞里斯多德**尚未在雅典設立學校，但已在**柏拉圖**門下有二十年，而且花費不少時間在小亞細亞研究海洋生物。

336 年，**亞歷山大**即王位，繼承一個統一的王國，一支訓練有素的軍隊，以及控制整個希臘本土。他同時也繼承一項主要政策，亦即侵略波斯帝國。401-400 年著名的「萬人之征」（The Ten Thousands），顯示出波斯人可以被擊敗。

在希臘分裂時期，波斯國王利用外交和黃金，以維持有利的地位；其實，帝國在第四世紀已逐漸衰微。朝廷因宮內的陰謀而分裂。336 年，最後一次的陰謀選出**大流士三世**（Darius III）為新國王。印度邊界、伊朗貴族和埃及，已逐漸脫離波斯的掌握。波斯的統治者逐漸依賴希臘的傭兵，並以之為步兵的主幹。

圖 8-2　亞歷山大追趕大流士三世

然而，波斯帝國相當廣泛，其海軍在希臘海軍將領**曼儂**（Memnon）指揮下，控制着大海。此外，侵略亞洲之前，**亞歷山大**還須面對其反對者在希臘本身可能挑起的反叛。

334 年春，安內工作大致就緒，**亞歷山大**率領三萬步兵和五千騎兵，渡過黑勒斯彭海峽。他計劃在最初三年，以取下波斯在小亞細亞和埃及之所有港口，摧毀其海軍。在格雷尼克斯河（The Granicus River），他遭遇在小亞細亞的波斯省長所率領的地方軍隊之抵抗。**亞歷山大**身先士卒，勇敢渡河，並贏得壓倒性勝利。

333 年，**亞歷山大**揮軍直入敍利亞，在伊蘇斯（Issus）大破**大流士三世**率領的波斯軍主力，虜獲**大流士**的母親、妻子和女兒，但是波斯王却逃走。

隨之，他以七個月的圍攻，取下亞述人圍困十三年之久，無功而退的泰爾（Tyre）。埃及人視**亞歷山大**爲拯救者，其軍隊在埃及渡過332-331 年之冬天。他還建一新城——亞歷山卓（Alexandria）。至此，波斯艦隊全部落入馬其頓人手中。

331 年春，**亞歷山大**開始追擊**大流士**。在阿伯拉（Arbela）一役，**大流士**再敗而逃。330 年，**大流士**爲其部屬所弒，**亞歷山大**成爲波斯帝國的主人。

亞歷山大原擬擴大帝國之版圖，超過古代帝王最遠之領域，而入侵印度，與好戰之土著一決雌雄。326 年 7 月，其軍隊在亥菲希斯河（The Hyphasis R.）拒絕再往前進。最後不得已只好於 324 年返回巴比倫。323 年 6 月 10 日，**亞歷山大**忽然因熱疾去世，時年三十三。

亞歷山大在其一生中從**亞里斯多德**和他的父親，學會了兩個具有無窮價值的教訓。第一個是完全錯誤的，那就是**亞里斯多德**的思想，把人類分成主人和奴隸兩類，並假定所有的人，除了希臘人以外，都是屬於後者。第二個教訓則是絕對正確，那就是**腓力二世**認清了在戰爭中，軍

事力量並非一位將軍的唯一兵器，甚至也不是最有效力的❺。

亞歷山大在征服波斯帝國的過程中，對敵人所顯示的寬大仁慈，根本並非學自亞里斯多德。亞歷山大願意以平等對待亞洲人，也樂於尊重亞洲人的宗教和當地習俗，而且還尊重表現合作的波斯帝國的各省省長。假如他具有亞里斯多德對亞洲人的偏見，他的征服在空間方面可能無法如實際發生的那麼大。寬大與容忍將演變成為一種融合各種族，成為一個新的歐亞民族的政策❻。

雖然偶然的，亞歷山大對其敵人也會過份的野蠻，但他却未犯過輕視敵人的錯誤。他承認他們也是人類，儘管在文化方面是不同的，但他們也像希臘人和馬其頓人一樣，具有相同的美德和惡行。假使要想獲得比暫時性成功較多的任何事物，也就必須要有此種認識。雖然他一定明瞭其父親所慣用的「馬其維利式」（Machiavellian）的手段，也能獲得高利，但是他同時却更認清了這是一種不安全的投資，因為這種手段雖能獲得勝利，但在敵人的心靈中却會產生一種惡劣的印象，他們會感覺到他們的失敗是非戰之罪也，所以對勝利者也絕不會心悅誠服。此外，在夏洛尼之後，他自己在雅典所受到的歡迎，也產生一種不可磨滅的印象。此時，他一定充分的認清，其父親對於雅典人的寬大態度，所能產生的效果是任何殘酷或陰險的手段所不能比擬的。

亞歷山大不但是一位傑出的軍事家，也是一位偉大的政治家。他以政治的手腕，配合其軍事的表現，去完成其征服和統治一個空前大帝國的心願。

他的個人地位異常複雜。在馬其頓，他是專制帝王而非立憲制度的

❺ J.F.C. Fuller 著，**紐先鍾**譯，〈亞歷山大的治道與將道〉，出自**王任光、黃俊傑**編，《古代希臘史研究論集》，（臺北：成文出版社，民國 68 年），頁 357。

❻ Frank Lipsius, *Alexander the Great* (London：Weidenfeld & Nicolson, 1974), p.46.

國王；在埃及，他是專制帝王和天神；在亞洲，他是皇帝而非天神；在希臘，他是天神而非皇帝；在印度，則是一個封建的大君。

對**亞歷山大**一生之評價，差距甚大。某些人認爲他只不過是個軍事冒險家；其他人則覺得**亞歷山大**開創一個新紀元。在一般人民的想像中，**亞歷山大**立刻變成一位大英雄，一些最奇異的地方性傳說的主題。

他的軍事才能在歷史上幾乎無出其右。在十一年的戰鬥中，他踏遍二萬二千英里，且未吃過一次敗仗，通常他比當地人更瞭解地形；他以身體的勇敢和道德的勇氣，領導軍隊。在戰略和戰術方面，他表現出正確和迅速的判斷，且徹底執行其良好的計劃。

在其他方面，**亞歷山大**也有大膽的構想。經濟上，他計劃利用大的新建港口，如埃及的亞歷山卓港、印度河口的拍塔拉(Patala)，以統一其帝國。他重整波斯帝國的稅制，劃分獨立於省區的新稅區。利用波斯王室庫存的貴重金屬，於腓力比、巴比倫和其他地方的鑄幣廠，發行一種以亞提加爲標準的錢幣，使之成爲全帝國的交易媒介。

政治上和文化上，他有一個其任何繼承者所不敢嘗試的結合其大帝國之浪漫式夢想，他自己成爲主宰。在希臘，他於 324 年下令自己成爲神，因此超越各城邦之上。在**大流士**死後，他對其軍隊和助手，採用波斯宮廷制度，但成效不大。在他專制的控制下，馬其頓人、希臘人、波斯人和其他民族必須一起服務。

亞歷山大計劃結合東方和西方爲一個世界。他曾以馬其頓—希臘式，訓練波斯人成爲其軍隊之成員。他和許多屬下官兵，娶波斯婦女爲妻，但無證據顯示，波斯貴族獲得馬其頓妻子。他非常注意希臘文化的擴展。他的七十個軍事殖民地，大部份在中亞，被建成如同希臘城市。在希臘化世界的經濟發展，如坎達哈(Kandahar)和赫瑞(Herat)繼續散播希臘影響力，有一段很長的時間。

在離開希臘之時，**亞歷山大**深受**亞里斯多德**和**伊索格拉底**(Isocrates)兩人之影響。**亞里斯多德**教他，希臘人本身具有完整和眞實的人性；外國人，未開化之民（barbaroi），天生爲奴隸，而一個奴隸是一個具有生命的工具。

伊索格拉底曾呼籲希臘的統一，且瞭解在這個充滿罪惡的世界中，統一是最容易達成以對抗一個共同的敵人。**伊索格拉底**希望達成希臘的統一，以重新對抗敵人。當希臘城邦無意於此時，他則寄望於個人，如**腓力**或**亞歷山大**，來領導十字軍。

亞歷山大在征服波斯的過程中，發現希臘人會讓他沮喪，亞洲人則是可敬的對手，或可信任的行政官員。實際經驗導致他排斥**亞里斯多德**和**伊索格拉底**，並因而造成一種「融合政策」（policy of fusion）。這就是他和八十位軍官正式娶波斯女子爲妻，他的一萬士兵也步其後塵之原因❼。

事實上，**亞歷山大**的種族融合政策亦受下列客觀因素之影響：

1.旅行趨於頻繁 —— 在第五世紀，日趨頻繁的旅行，增進對其他地區的瞭解，**希羅多德**就是最好的例子。

2.閒暇時間增多 —— 閒暇導致教育的需求，也使哲人學派學者打破藩籬，到處講學。

3.個人主義興起 —— 個人主義引起對人之研究，人的研究引導學生分辨實際和根深蒂固的天生信念，以及表面和傳統的偏見。

4.傭兵制度盛行 —— 長年的戰爭導致職業性傭兵階級的創立，傭兵不論國籍，也因而有助於融合障礙的消除。

---

❼　John Ferguson, *The Heritage of Hellenism, The Greek World from 323 to 31 B.C.* (Harcourt Brace Jovanovich, Inc., 1973), pp.7-8.

第二節　希臘化世界

亞歷山大經常被視爲歷史上的偉人之一，因爲他領導馬其頓人和希臘人征服整個波斯帝國。一個歷史的新紀元於焉開始。

然而，亞歷山大的豐功偉業並非全由他一人完成，其隨後發生之改變亦非僅是亞歷山大的部屬之產物。從較廣的角度來看，亞歷山大流星式的征服，實爲希臘世界的爆發。早在第四世紀，波斯貌似強大，而希臘(Hella)則衰弱；但此一肇因於希臘分裂的情況，目前已完全不同。腓力迫使希臘結爲一體，其子就可迅速往外擴展。

儘管亞歷山大英年早逝，其元帥們在近東維持馬其頓─希臘之優勢，吸收希臘移民爲官吏、商人、士兵和學者。此一新世界稱爲希臘化世界(The Hellenistic World)，有別於早先的希臘時期(Hellenic era)。

希臘化時期可從 323 年亞歷山大去世開始，至西元前 30 年最後的主要希臘化統治者埃及的克里歐佩特拉(Cleopatra of Egypt)自殺爲止。

亞歷山大死後，部將爭權，四十餘年的混戰，帝國呈現四分五裂的局面 ❽。除了一些次要王國、獨立的城邦和城邦聯盟外，主要的強國有三：壽命最長的爲埃及的托勒密王朝(the Ptolemies)，包括大部份第三世紀的希雷尼、南敍利亞和巴勒斯坦、小亞細亞南岸，以及許多愛琴海島嶼；在許多方面，塞琉希德王朝(the Seleucid dynasty)最爲重要，

---

❽　參閱 M.M. Austin, *The Hellenistic World from Alexander to the Roman Conquest, A selection of ancient sources in translation* (Cambridge: Cambridge University Press, 1981), pp.86-92.

因爲它控制着從小亞細亞內陸穿過敍利亞和美索不達米亞到伊朗的橋樑；第三個強國爲馬其頓的安提哥尼王朝(the Antigonids)，其勢力包括希臘。

整個亞歷山大帝國領域約有二百萬平方公里。塞琉希德王國的疆域最廣，極盛時曾佔帝國的三分之二，甚至在被迫大幅度萎縮時，也是比其他王國大。

塞琉希德王國的人口約三千萬，埃及是人口最密集的土地，舊政權估計人口超過八百萬，最保守的估計也不會低於六百萬。然而，**伯里克里斯**的亞提加總人口，包括成人男女和兒童，奴隸和自由人，當地人和移民，不超過三十萬❾。

亞歷山大去世後，其手下大將在巴比倫瓜分帝國時，**拉格斯**(Lagus)之子，**托勒密**(Ptolemy)被任命去統治埃及、利比亞和那些鄰近埃及的阿拉伯人之土地。原爲**亞歷山大**所任命擔任此一省區的省長**克里歐曼勒斯**(Cleomenes)則成爲其部屬。

在**亞歷山大**和早期的托勒密王朝的國王，引進埃及的新要素，就是一個希臘人和馬其頓人的統治階級。預備隊的士兵分散到全國各地鄉間，因爲托勒密王朝國王不似塞琉希德王朝國王，並不鼓勵城市的發展。因此，埃及的城市就很少。亞歷山卓這個大都會，自然成爲托勒密王朝的行政中心。該城的人口中，有大量的希臘人、馬其頓人、猶太人和當地的埃及人。

塞琉希德王朝的創始人爲**塞琉克斯**(Seleucus)。他所建立的王國最像**亞歷山大**的帝國。他也是**亞歷山大**的將領中最成功的一位。**塞琉克斯**的成功，並不太依賴其軍事才能，而是其政治手腕。他被認爲是**亞歷山大**「最應當」的繼承人。在政治的敏銳方面，他與**安提哥那斯**(Antigonus)

---

❾　John Ferguson, *op, cit.*,pp.16-17.

最近似**亞歷山大**，他的政府採用**亞歷山大**的兩項指導原則：馬其頓在亞洲的征服，其維持只能依賴與當地人的妥協，以及依賴在他們之間建立希臘殖民地❿。

馬其頓王國爲**腓力二世**和**亞歷山大**之家鄉，它是希臘化世界中唯一不受文化衝擊之影響。該王國自 276 年至 168 年被羅馬人解散爲止，一直被安提哥尼王朝所統治。在三個大區域之中，馬其頓是最後一個納入正常的朝代繼承。自 316 至 297 年，它受**卡珊德**（Cassander）之控制，他約在 305 年開始使用國王的頭銜。往後的二十年，王國在**德米翠厄斯**（Demetrius）、**利希馬丘斯**（Lysimachus）、**塞琉克斯**和**托勒密**（Ptolemy Ceraunus）的鬥爭下，顯得動盪不安。276 年，**安提哥那斯**才使局勢穩定下來。

一、政治

不管政治上四分五裂，希臘化世界還是形成一個社會的、經濟的和文化的單位。甚至政治上，其制度亦有一共同特徵，它是近東和希臘的混合體。以武力和計謀贏得其王國的較偉大的國王，皆是像兩千多年前巴比倫的**薩貢**（Sargon of Babylon, 2350 B.C.）或埃及的**杜德摩西**（Thutmose）那麼專制；事實上，由於他們是由外地進入近東，因此所受的傳統拘束較小。當地的貴族階級已經消失，或被擺在一邊。希臘的貴族階級又未隨國王進入近東做爲一種制衡。

爲保持其廣大王國之完整，這些國王有精神的、行政的和軍事的三種主要計劃。精神上，國王不能建立愛國主義的情操，也不敢冒險追隨**亞歷山大**那結合土著和希臘人的大膽計劃。因此，在各方面他們主要依

❿　M. Cary, *A History of the Greek World from 323 to 146 B.C.* (London : Methuen, reprinted 1968), p.57.

賴希臘人積極的支持。此外，如托勒密王朝和塞琉希德王朝還神化其統治者，使之成爲世俗的施惠者和救主。

地方政府結構大致悉依舊制，然而却順利建立一個完善的官僚階級。希臘人將希臘理性的思考帶入近東的傳統社會。此一行政，利用希臘語言、日曆和法律原則；國家財政受了亞提加標準的幣制之指導，只有在埃及採用腓尼基標準，以使其國內經濟制度與外界隔絕。國王們非常關心經濟的發展。國家對工商業的控制，遠超出希臘早期盛行的相當自由的原則。

軍事上，這些國家依賴希臘人和馬其頓人。每一位**亞歷山大**的繼承者，盡可能地誘騙大批**亞歷山大**的老部下爲他們服務。此後，統治者設法建立一支以希臘—馬其頓爲基礎的武力。在埃及，軍事屯墾區遍佈全國；塞琉希德國王更依賴能隨時徵召作戰的屯墾士兵。兩者皆設法召募愛琴海世界之傭兵。惟恐發生政變，以及語言的問題，土著很少被徵募。在軍事和政治方面，希臘化世界，雖在專制君主的控制下，還是依照希臘方式治理；而且在這兩方面，組織比以前更具技術化和專業化。

古希臘的城邦，通常只授公民權給雙親皆爲公民的小孩。在希臘化時期，此一制度仍然存在，只是解釋較從寬，例如米勒特斯合併了佩得沙(Pedesa)，也同意佩得沙的公民爲米勒特斯的公民。羅德(Rhodes)對在小亞細亞取得的市鎮也採取類似的政策。此外，相互賦予公民權也屢見不鮮，例如米勒特斯及其鄰近城邦即存有此類條約。

內部政治體制一般說來是民主的。委員會(Council)以控制國民會議，來控制民主的運作。委員會爲一代表之團體，其成員有一定任期，通常是一年。行政官員一般也是經選舉產生，任期大多數是一年，有些甚至只有半年或四個月。

在公眾生活方面，希臘人和馬其頓人形成統治階級。他們構成一個閉鎖的小圈子，當地人只能逐漸打進，而且人數非常少。隨後，這少數

人通常以困難的方法，使自己在文化方面轉變爲希臘人。此一統治階級的創造，直接來自亞歷山大的軍隊和將領們之決定。他們在亞歷山大死後，堅決排斥其種族融合政策，並且很快地將米提人和波斯人逐出權力機構。據估計，甚至在文化衝突最嚴重的塞琉希德王國，經過兩代之後，當地人在政府機構中任職的不超過百分之二點五，其中大部份爲指揮地方部隊的軍官 ❶。這種情形，並非由於當地人不願參與或無法勝任，而是因希臘人和馬其頓人要獨享勝利果實的堅定決心。

二、經濟

緊接着亞歷山大去世後的那個世紀，希臘化世界似乎相當繁榮。亞歷山大將波斯國庫儲存的大量金銀流通市面，因此直到西元前 270 年，物價上漲幅度很大。對希臘移民和希臘產品的需求，大爲減輕第四世紀愛琴海世界所遭遇的嚴重困擾。新興的希臘化城市在最初幾十年迅速發展。商隊和地方性貿易支持着許多內陸城市。亞歷山卓港、塞琉希亞港（Seleucia-on-the-Orontes），以及其他港口，成長快速。銀行業擴展很廣。貿易商品包括從落後地區來的奴隸，大都在敍利亞和埃及的工場製造的陶器、香料、玻璃、藝術品和珠寶，來自愛琴海地區的葡萄酒和橄欖油，以及來自黑海、埃及和西西里的小麥。

探險和貿易遠至歐亞大陸的偏僻角落。在西方，勇敢的匹希亞斯（Pytheas of Massilia）約在西元前 300 年，繞着英國航行，在那兒觀察漫長的夏日，也聽到遠方有一個稱爲疏勒（Thule）的島嶼（可能爲今日的冰島或挪威）。迦太基的冒險家抵達維德角（Cape Verde）群島。在東方，塞琉希德王朝的官員拍特羅克（Patrocle）於 285 年左右到裏海探險；一位塞

---

❶　F.W. Walbank, *The Hellenistic World* (Cambridge, Mass. : Harvard University Press, 1982), p.65.

琉克斯一世（Seleucus Ⅰ）的大使麥加珊那（Megasthenes）在印度簽訂一項條約。香料、珠寶和其他奢侈品的貿易逐漸在印度和西方之間成長。與中國的貿易始於西元前第二世紀。

在經濟活動中，國家扮演的角色非常重要，尤其在埃及更是如此。馬路加以改善；新作物和動物被引入；鐵器的利用開始趨於普遍。一切的生產都由政府計劃和控制，但亦全爲埃及王室之利益。

亞歷山大的戰役和塞琉希德王朝的殖民，其結果之一就是貨幣經濟擴展到亞洲的城市。亞歷山大的征服從東方的寶庫中取出大量的金銀，降低金銀的價值和增加流通銀幣的數量。然而，此一錢幣的利用，並未對鄉村的土著之生活發生影響。

希臘化時期一項顯著的經濟轉變，即是貿易道路的擴展。此時，首次與中國貿易，而且與東非、阿拉伯和印度的貿易也大幅度擴展。埃及的貿易，主要透過海運，紅海的倍瑞尼斯港（Berenice），地位相當重要。在陸路方面，塞琉希德王國最爲發達。與中國的貿易要經陸路，亞歷山大所建立的赫瑞特斯（Heratus）爲一重鎮。從中國輸入的商品，包括絲和其他紡織品、竹和鐵；輸出商品爲樹木和植物，包括葡萄樹、毛織品、橄欖、葡萄酒和各種藝術品。

地中海盆地間的貿易最爲基本，且以金屬爲主。許多舊礦脈如羅里翁的銀礦，已告枯竭。現在白銀主要來自西班牙，銅來自塞浦路斯，鐵產地較廣，但品質最佳者來自黑海南岸，後來也從中國輸入鐵。錫來自孔渥（Cornwall）。食品爲次重要的商品。玉米來自埃及、北非和克里米亞，或許也來自巴比倫。地方性葡萄酒各地皆有，高品質的則來自敍利亞和小亞細亞。雅典以橄欖和蜜爲特產。拜占庭產魚，傑里丘（Jericho）產棗，大馬士革產李。紡織品貿易居第三：埃及的亞麻和米勒特斯等地的毛爲主要的原料。木材來自馬其頓的北部地區；塞琉希德王國有小亞細亞的森林；埃及則從黎巴嫩得到供應。大理石建材來自派羅斯

(Paros)和雅典，花崗石來自埃及。較遠的貿易以奢侈品爲主，如印度和撒哈拉以南非洲的象牙，來自阿拉伯和印度的寶石和香料。

三、社會

除了國王、行政官員和士兵外，在大多數的希臘化國家尚有一大批其他的希臘人。他們領導這個世界的文化，支配其社會和經濟制度。這些希臘人大都自願來當商人、手工業者、學者或從事其他行業，以尋求這新的「殖民」世界的經濟利益。對他們，國王皆表熱誠歡迎。

塞琉希德王朝特別設法在其廣大領域上，建立一個牢固的希臘架構，竭力贊助設立希臘城市，如安提阿（Antioch）就是一個新的中心。在小亞細亞，由各王朝建立的殖民地有八十個左右；在敍利亞，建立一個密集的希臘城市網。托勒密王朝較不願意攪亂其所繼承的生活型態，埃及只有三個希臘城市，亞歷山卓最爲著名。因此，在埃及，希臘人較爲分散，但在宗敎、社會和敎育方面，還是以地方性的體育館（gymnasia）爲基礎，形成一個集團。

體育館在希臘社會的主要角色，與希臘人長久以來對運動的熱愛相輔相成，各種年齡的運動員在希臘世界到處旅行。如果能在國際競賽中贏得錦標，也爲自己的城市帶回無限的榮耀。

希臘化世界的城市，至少與國王同樣重要，且比重要王朝延續更久。對國王來說，城市的忠誠是必須的，因其爲經濟的中心，且對王庫提供可觀的收入。國王爲報答其支持，除了保護它免受外敵之侵擾外，還維持其地方上特權地位。

土地的耕作對於新的希臘城市，或對該處的當地人民皆同等重要。城市不僅是希臘的文化中心，而且在經濟方面，它們仿照希臘的城邦，由一群特定的公民擁有土地，並在奴隸的協助下耕作。城市的外國居民

參與社會、文化和經濟生活，但未參與政府。

在民族的融合方面，以埃及爲例，一旦新的統治階級完全由新來者所組成，埃及人就居劣勢。政府高級官員、希臘敎士、受領征服得來土地的公民(the cleruchs)、國王所賜土地的持有者、亞歷山卓和其他城市的希臘人、以及國王的「朋友」，形成單一的階級，排斥所有當地埃及人。

然而在鄉間，兩個民族的接觸甚爲密切。

四、文化和宗教

希臘化世界代表着希臘和中東兩種主要文化的結合。在許多細節方面，征服者希臘人和馬其頓人，由於進入中東而受到影響。例如他們有較廣泛的地理知識，以及比伯里克里斯時代更多的財富；他們現在受到專制君主政治的控制。但是希臘人從其臣民直接所得的相當有限。

希臘化的文明並非兩種不同情況的混合，而是它依附希臘式的生活，尤其是此種生活方式已在西元前第四世紀相當發展。

希臘化世界的宮廷，在藝術和詩等方面舉足輕重，但希臘化文化的主要動力却爲城市和學校。城市爲希臘式，少數的希臘人決定着城市裏軟體和硬體建設的動向。學校敎育有兩項主要功能：使年輕人學到其祖先的希臘文化，以及適應一個較爲不固定和個人主義的世界之文化需要。敎育差不多全是私人性質。從七～十四歲，兒童學習讀、寫和算；體育爲一重要科目。初等敎育完成後，有餘力者，則從十四～十八歲進入文法學校(grammatikos)，學習文法、散文寫作、幾何、樂理和其他科目。希望成爲專家者，在正規敎育之後，尚可追隨傑出的哲學家、修辭學家、醫生等等學習。

希臘化時代中學術的研究，以科學的研究最有成就，後來被史家稱爲「科學的第一個偉大時代」(The First Great Age of Science)。歐

幾里德(Euclid, 323-285 B.C.)將過去埃及、西亞、希臘等地學者，在幾何學上業已證明的原理定律，收編爲《幾何學原理》(*Elements of Geometry*)。**阿基米德**(Archimedes, 287-212 B.C.)生於西西里島，後來到亞歷山卓求學。他除了在數學上計算出圓周率的數值，發明計算橢圓形、球形面積等方法外，還創立比重原理，利用槓桿、滑輪等製造機械，奠定機械學的基礎，而且發明了起重機。

亞歷山卓控制着希臘化世界的知識生活，尤其是在前三位托勒密君王的統治時期(323-221 B.C.)。當然這應歸功於著名的博物館和圖書館。

大量金錢花在買書和吸引學者到該城；圖書館收藏五十萬卷書。與圖書館密切聯繫的博物館，實際上爲一研究機構。亞歷山卓特別鼓勵語言學的有系統研究。**齊諾多特斯**(Zenodotus of Ephesus)、**亞里斯多芬**(Aristophanes of Byzantium)和**亞里斯塔丘斯**(Aristarchus of Samothrace)等學者，將**荷馬**的作品詳細分析。他們的評論以及對原文內容和語言的研究，奠下文藝復興和現代學識的基礎。托勒密王室金錢的獎勵，也吸引了許多詩人來到該城市。

在宗教方面，繼承**亞歷山大**的新國王，在某方面來說皆爲篡位者，因此必須尋求宗教的支持，以幫助其要求的合法化，且強化其新王朝的地位。

所有新王室的一致特徵，就是從奧林匹亞諸神中，尋找一位特別的保護神。馬其頓的安提哥尼王室宣稱爲**赫克力斯**的後裔，且將其棍棒做爲錢幣的標記。塞琉希德王室以**阿波羅**爲其特別保護神。**塞琉克斯爲阿波羅**之子，且有**阿波羅**的象徵，一個船錨，爲其臂部的胎記。托勒密王室則特別熱衷**戴奧尼索斯**。

從第五世紀起，奧林匹亞的信仰已受到攻擊。哲人學派運動已引起對多數被接受的信仰產生懷疑，而同時許多外國的祭祀在希臘城市生

圖 8-3　亞歷山卓港

根。傳統神明通常與抽象的友誼、和平、財富或民主有關連。

　　此外，神與人的差別已部份消失，因爲人們開始對傑出的人祭祀。
一些哲學家還認爲，藉着理性的協助，人可以像神一樣的生活。

第八章　參考書目

1. M. M. Austin, *The Hellenistic World from Alexander to the Roman Conquest, A Selection of Ancient Sources in Translation* (Combridge: Camlridge Lniaersity Press, 1981).

2. André Aymard et Jeannine Anboyer, *L'Orient et la Grèce Antique* (Paris: PUF, 1967).

3. John Fergnson, *The Heritage of Hellenism, The Greek World from 323 to 31 B.C.* (Harcourt B. Jovanovich, 1973).

4. M. Cary, *A History of the Greek World from 323 to 146 B.C.* (London: Methuen, 1968).

5. A. R. Burn, *Greece and Rome. 750 B.C.-A.D. 565* (Glenview, Illinois: Scot, Foreman & Co., 1970).

6. Robin L. Fox, *Alexander the Great* (London: Allen Lane, 1974).

7. Simon Hornblower, *The Greek World 479-323 B.C.* (N. Y.: Methuen, 1983).

8. Frank Lipsins, *Alexander the Great* (London: Weidenfeld & Nicolson, 1974).

9. F. W. Walbank, *The Hellenistic World* (Cambridge, Mass.: Harvard University Press, 1982).

第九章

共和時期的羅馬(一)
——起源和向外擴展

第一節 早期的義大利

一、地理條件

義大利分成兩個不同的部份：大陸的義大利和半島的義大利。大陸的義大利，包括北部的波河流域(The Po Valley)，北自阿爾卑斯山，南至亞平寧山(The Apennines)，東西三二〇英里，南北七〇英里。此區域與歐洲的一般氣候相似，且在河流和良田方面，條件還更佳。但因它遠在地中海東邊，所以在上古時期仍然落後。

半島的義大利，長六五〇英里，但寬却不足一五〇英里，有個多岩石的亞平寧山脈，北從亞得里亞海(The Adriatic)，南下至東海岸，羅馬南邊的一點，再橫越半島，直到西西里。支脈到處皆有，因此半島的義大利被分割成許多區域。儘管此地區山地佔四分之三，但是平原還是比希臘廣潤，且經常維持大量的農業人口，成為後來羅馬向外擴展的最重要資源之一。

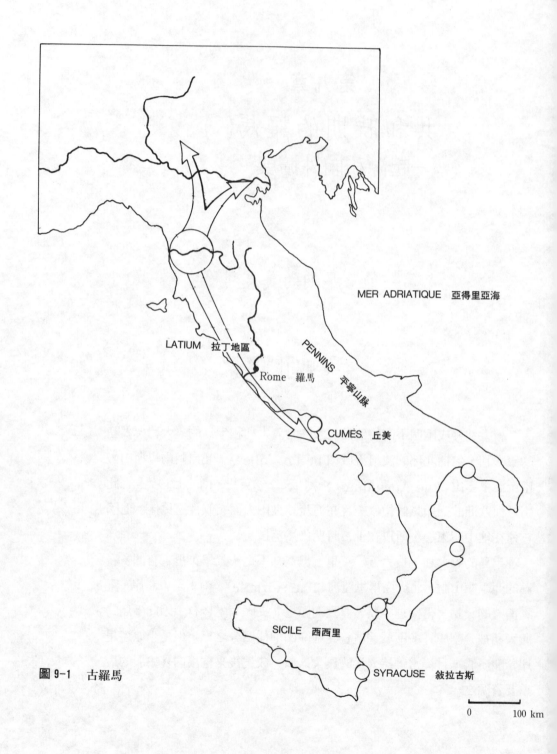

MER ADRIATIQUE 亞得里亞海

LATIUM 拉丁地區

PENNINS 平寧山脈

Rome 羅馬

CUMES 丘美

SICILE 西西里

SYRACUSE 敍拉古斯

0   100 km

圖 9-1　古羅馬

　　義大利的雨量也比希臘較規律、較豐沛，特別是在西海岸地區如伊特魯里亞(Etruria)、拉丁(Latium)和坎帕尼亞(Campania)。這些地區有史前火山留下的肥沃土壤。亞平寧山脈東邊的阿布里亞平原(Apulia)，雨量較少，自古以來即為牧場。半島本身的河流短促，夏季經常乾枯。

　　古代的義大利，最好的港口在南部海岸和那不勒斯灣(The bay of Naples)❶。

　　羅馬城會在整個義大利半島中脫穎而出，牛津史學教授**威爾斯**(J. Wells)認為地理上有下列三個有利之處：

　　1.一個自然堡壘 —— 羅馬的七座小山為其自然堡壘，其中堅尼克倫(Janiculum)扼住泰伯河(The Tiber)之通道，阻攔最有可能經由此一通道的來襲。此外，羅馬位於一個肥沃的平原上，有充分的空間可發展。在這些方面，羅馬的位置可與雅典相比擬。

　　2.利於商業 —— 羅馬控制義大利主要河川 —— 泰伯河，水運還算發達，而且離海有十五英里，可免海盜之侵犯。除了此一自然的優點外，羅馬還因是一個城市而地位突出。德國羅馬史專家**孟仁**(Thoeodor Mommsen, 1817-1903)曾說，「她非似迦太基或科林斯為一商業城鎮，但是在其公民和一般拉丁人之間的區別，很顯然為城市人和鄉巴佬之區別。」她是拉丁地區的自然商業中心。

　　3.為義大利和世界之中心 —— 沒有一個城市能比羅馬更有利於義大利的征服。位於半島的中央，羅馬能隔離南北兩方的敵人，而且在戰鬥時，能利用最短的路線移動。事實上，羅馬為義大利的自然首都。

　　羅馬的中心位置也有利其對世界的征服。在當時，文明環繞在地

---

❶ Chester G. Starr, *A History of the Ancient World* (New York : Oxford University Press, 1974), pp.440-441.

中海四周，而羅馬位居劃分地中海爲東西兩部的半島之中央❷。

二、早期的義大利文化

舊石器時代的文化遺迹顯示出，至少在西元前 3,0000 年，義大利的平原上就已有居民了。在西元前 10,000 至 6,000 年之間，又有新石器文化出現：一般稱「利古里人」（Liguri）及「西塞利人」（Siceli）的人種，用磨光的石頭作工具和武器，還懂得馴養家畜、打獵、捕魚及埋葬死者。

雖然在舊石器時代，義大利就有人類的存在，但是人口却是隨著農業的來臨而增加。農耕最初沿着南海岸出現。早期的農人通常住在洞穴；後來內陸的獵人也從事農業。約在西元前 3,000 年，大部分義大利平原居民主要以務農爲生。在西元前第二個千年裏，愛琴海文化的發展，首先在克里特產生米諾亞文化，隨之在南希臘產生邁錫尼文化，這些對於鄰近的西方半島有潛在的影響，尤其是南義大利和西西里所受的影響最大。

在波河流域，約在西元前 1,700 年，已出現農村型態。居民有馬匹，製造粗糙的黑色和灰色陶器，並精於青銅器。這地區的人受中歐潮流之影響，而且其觀念也傳至義大利東岸。沿着中央山脊，爲另一種形式的文化，或稱爲亞平寧文化，其居民依賴打獵和畜牧爲生。蓬車的利用開始在義大利出現。青銅大量應用於武器和工具上❸。

在西元前第 2,000 年末期，整個歐亞大陸發生廣泛的民族大遷徙，使小亞細亞和愛琴海地區受到打擊而變成野蠻。近東文明的老家也受到影

❷ J. Welles, *A Short History of Rome to the Death of Augutus* (London : Methuen, 1986), pp.1-2.

❸ Chester G. Starr, *op.cit.,* pp.441-444.

響。此時歐洲尙未開化，義大利也有受到摧毀的痕跡。此後，義大利和中歐存在着少許關係，此一情況，約延續達五個世紀之久。

直到西元前 1,000 年，義大利仍爲一未開化地區，與東地中海或阿奎丹（Aquitaine）和西班牙等文化歷史悠久地區，成明顯對比。唯有薩丁尼亞、科西嘉和西西里，受到這兩大文明之影響❹。

西元前 1,000 年以後，西地中海和歐洲的發展加快脚步。語言和文化似已發生，義大利民族也獲得與文明的東方接觸之利。印歐語此時佔優勢，義大利的文化發展比中歐快速。在西元前第八世紀，義大利已發展到足以吸收開始來臨的東方文化。

西元前 800 年，經過銅器時代末期侵略和內部不安的震撼之後，近東已恢復其力量。腓尼基人、希臘人和伊特魯斯坎人（Etruscans）將東方的成就帶到西方。腓尼基人未在義大利本土定居，且其定居地區主要爲貿易據點，因此影響不大。約在西元前 750 年，希臘人在丘美（Cumae）建立第一個永久殖民地。隨之，一連串的殖民地出現在南義海岸、西西里和高盧 ❺。這些全是不滿母國的希臘人所建立的農業區，但也帶來希臘文化的影響。

曾統治羅馬的伊特魯斯坎人並非印歐語族，且與東方習俗有非比尋常的密切關連。他們似乎從小亞細亞往西移，約在西元前 800 年，定居在伊特魯里亞的火山高原上，在山上建立許多城邦。十二個城邦聯合組成一個宗教聯盟，此外，各城邦絕對獨立。他們應用重盔甲和靑銅戰車，軍事技術很優越。最初由國王，後來由貴族領導，伊特魯斯坎人的勢力迅速擴大。

---

❹ André Piganiol, *La conquête romaine*（Paris：PUF, 1967），p.21.

❺ 西元前 600 年，希臘人在南高盧建立馬西里亞（Massilia）殖民地，亦即以後所謂的馬賽（Marseilles）。

圖 9–2
伊特魯斯坎戰士

　　隨着征服，他們進入拉丁地區。普雷聶士特(Praeneste)和羅馬被伊
特魯斯坎人統治過一段時期。伊特魯斯坎人的首領甚至南進至坎帕尼
亞，以及抵達龐貝(Pompeii)。其他人則在西元前第六世紀推進到富庶的
波河流域。

　　伊特魯斯坎人的內部分裂，和當地義大利民族的興起，使他們失去
早期的霸權。約在西元前 500 年，羅馬人和拉丁人恢復其獨立。羅馬人
勢力的興起，逐步吞併其他城邦。從第三世紀起，伊特魯斯坎人在義大
利歷史中的角色已微不足道。

第二節　羅馬的征服

一、王國時期

　　根據傳統說法，羅馬城邦於西元前 753 年建立 ❻。現在的史學家認爲此一說法有點太早些。在西元前第八世紀中葉，人們居住在鄰近泰伯河下游的巴拉丁丘陵(Palatine Hill)的斜坡上，這裏可防河水氾濫和外患侵襲。在第七世紀，羅馬村莊的人口漸增，有些人只好往下移，在公衆集會地(The Forum)一帶建造房屋。大約西元前 600 年前，羅馬結合成一個眞正的城市。停止在公衆集會地埋葬，此一地區經過整理之後，成爲政治和經濟的活動中心。街道逐漸規律化，廟宇和其他建築也相當可觀，在大部份的第六世紀，羅馬受到伊特魯斯坎人的控制。

　　有關王國時期的一切，羅馬人自己也無法瞭解。羅馬史家認爲，在西元前 509 年「共和」建立之前，王國應該延續二百四十五年之久 ❼。

　　羅慕勒斯(Romulus)建立王國 ❽，但是最後的國王却是伊特魯斯坎

---

❻　Cyril E. Robinson, *A History of Rome from 753 B.C. to A.D.410* （臺北：新月圖書公司，民國 53 年重印），p.8.

❼　Frank G. Moore, *The Roman World* （New York：Columbia University Press, 1936）, p.9.

❽　有關羅馬的建立者，羅馬史家和希臘史家說法不同。羅馬史家認爲是 Romulus；希臘的一些史家則認爲是 Aeneas。參考 H.H. Scullard, *A History of the Roman World 753 to 146 B.C.* （London & New York：Methuen, 4 th ed. 1980）, pp.46-49.

人。伊特魯斯坎國王及其貴族支持者，給予羅馬一項軍事擴張的傳統，使之成為義大利西部最強的城邦之一。軍隊以軍團(Legion)為基礎，集合成方陣隊形，由重武裝戰士組成。

國王基本上為一戰爭領袖，經由選舉產生。他不但是軍事領袖，亦為宗教首腦。戰時，他課稅和徵兵，且持有生殺大權。這些權力是羅馬最高行政權概念之根源。

國王身側有一顧問機構 —— 元老院(The Senate)，由他延攬的權力人士組成。早期羅馬政治體制的第三部份為自由人大會，分三十組投票，只討論國王提交的議案，也只有被指定的人才有發言權。

羅馬有三十個部落為課稅和徵兵之單位。貴族家族社會勢力強大，且彼此聯姻，以操縱政治。貴族(patricians)和平民(plebians)在經濟、社會和政治立場上涇渭分明。只有貴族能進入元老院或擔任祭司。家庭全部以父權至上，母親在法律上只是附屬品。

羅馬王國的文化擴展也同樣重要。除了與希臘等外界的貿易外，地方性的手工藝和貿易也在成長。在王國時期，泰伯河上興建一座橋，便利交通。在橋的末端有個「伊特魯斯坎區」(Etruscan quarter)。伊特魯斯坎的影響，主要在於刺激當地的進步。在文化和宗教方面，羅馬在形式上部份源自伊特魯斯坎和希臘的典範，但在實質上卻進展迅速。拉丁字母，起先有二十一個，可能源自伊特魯斯坎人所採用的希臘字母。羅馬的命名法似乎也源自伊特魯斯坎人，十二個月的日曆亦是。軍事的擴展和經濟的繁榮，使王國增加十四～十五個公眾宗教建築物，比往後幾個世紀無國王時期還多。

根據羅馬傳說，貴族在**布魯托**(Brutus)的領導下，於509年驅逐最後一位國王，建立共和國。伊特魯斯坎勢力的衰微，為羅馬能發生改變的基本原因。拉丁人(Latins)不久之後，在一次戰役中曾擊垮伊特魯斯坎人。西元前474年，伊特魯斯坎海軍也在丘美附近海面為希臘人摧毀。

西元前 507 年顯示羅馬政治制度的大變動，將國家的控制權置於貴族手中。爲減少領導者可能再篡奪王位之危險，王權交給權威相等的兩個執政官（consuls），他們經選舉產生，一年一任。然而，新共和很快失去其在義大利中部的政治權。因它與八個主要拉丁人的城邦組成的聯盟作戰，不幸失敗。

二、征服義大利

自西元前 509 年至 264 年，此一時期，羅馬人的文化處於停滯狀態，但其政治和軍事才能却發揮得淋漓盡緻。他們從共和初期的崩潰恢復過來，且繼續征服整個半島。內政方面，他們經過嘗試與錯誤，逐漸重組其政治制度，使之能在最後產生較理想的民主。直到西元前 340 年，戰事都在義大利西部狹長地帶發生。在西元前 390 年，羅馬軍隊在羅馬城北迎戰從中歐來犯的未開化民族 —— 高盧人，可是戰事失利，羅馬城本身幾遭全毀。

不屈不撓的羅馬人很快東山再起，成立一支新軍隊，並在西元前 378 年構築一道長達五‧五英里的大石牆。以抵抗高盧人入侵的中部義大利防衛者的姿態，羅馬獲得廣泛的支持。在西元前 350 年，它已取得其鄰近地區的控制權。從 340 年到 264 年，羅馬人征服了義大利半島的其餘地區。

羅馬征服義大利，並非羅馬人刻意計劃去完成，而是在兩個世紀期間的一連串偶然行動所造成的。如果說羅馬人如此繼續的戰鬥，局勢不穩爲其原因之一。此時義大利的平地人和山地人之間不斷的衝突，爲高盧人打開入侵之路；希臘人彼此間的爭執，引起其義大利鄰居的干預。羅馬的結盟制度，使羅馬有責任幫助每一盟友，也因而捲入愈來愈糾纏不清的外界糾紛。

羅馬本身存在着向外擴展的潛在力量。羅馬人憶起其王國時期的偉大時光，其領導者尋求軍事光榮，可以提昇自己家庭之榮譽和帶來戰利品；此外，羅馬的人口似乎增加很快。除了從戰敗者手中掠奪動產之外，羅馬人通常取得三分之一被征服的土地，供羅馬和拉丁農民建立殖民地。

羅馬人以下列這句話解釋其勝利之因，「我們曾征服世界上所有民族，因為我們瞭解世界是受衆神的指導和統治 ❾。」宗教的支持對於將士的作戰有相當的激勵作用，但更多世俗的因素也有助於贏得勝利和維持羅馬的統治。

在戰略和戰術方面，羅馬人盡力去尋找較具彈性的組織和行動原則。他們的大部份敵人，屬於未開化民族，易於被羅馬的集中力量個個擊破。就是最善戰的敵人，面對着羅馬充裕的人力和羅馬領導階層的頑強不屈，也只能贏得戰役，而非戰爭。

最初，羅馬人將其軍團組成密集方陣，但在薩姆尼戰爭(Samnite Wars)❿ 期間，他們發展出一種更周密的軍團區分法。每一軍團分成若干隊，每隊一百二十人稱為「曼尼波」（maniple），以乾草一束為旗幟。每隊排成三排，並各與其鄰隊保持相當距離以便迴旋。每隊第一排士兵擲槍握劍，開始作戰。若被拒，即由空隙處退至後方，由第二排出戰。若第二排仍被拒，則亦退至後方成為第三排。原來之第三排為軍團中之精英，備有長槍，可與他排士兵相與衝入敵陣。

羅馬人盡可能在自己選擇的地形和已完成準備的時間作戰。羅馬軍隊的指揮官通常是經驗豐富的老兵，而且他們也是國家的主要官員，平

---

❾ Chester G. Starr, *op. cit.*, pp. 405-406.

❿ 薩姆尼人為一居住在義大利中南部山區的民族，為擴展領域而與羅馬人在西元前第四世紀中葉至第三世紀初長達半世紀期間，發生了三次戰爭。在 198-290 年的第三次戰爭失敗後，被迫成為羅馬人的盟邦。

常可自行決定何時和如何作戰。

　　羅馬於尚未完全臣服之地區設置小警備隊。此種小警備隊卽創立城市作爲堡壘。堡壘四周之地則分成若干份，賜給士兵，此卽「警備區域」(colony)，亦卽以後所謂的殖民地。

　　警備區域之士兵仍係羅馬公民，服從羅馬的一切命令。爲保持此類警備區域及派遣軍隊分防各地起見，羅馬人開始建築軍用道路，連接首都及其他地區。西元前 312 年，羅馬監察官**克勞迪**(Appius Claudius Caecus)，建造第一條羅馬大道——阿庇亞大道(the Via Appia)，通往加卜亞(Capua)。

三、迦太基戰爭

　　在西元前 264 年至 133 年期間，羅馬人步出義大利，走向廣大的地中海世界。首先羅馬人與迦太基人打了兩次大戰 ❶，在 201 年取得西地中海的控制權。200 年以後，羅馬人再往東發展，此時希臘化世界政治結構四分五裂。**亞歷山大**之後，各王朝的戰爭腐蝕了其力量。在希臘官僚階級和城市居民的剝削下，下層階級日漸不安。一個伊朗高原的新王朝——巴夏(Parthia)，由陸地擴展至美索不達米亞；從西邊，羅馬順利地控制希臘化世界的沿海地區。133 年，羅馬實際上已支配整個地中海世界。

　　迦太基的人口約三百萬，與羅馬的義大利接近。在羅馬共和初期，迦太基與羅馬締結條約，禁止羅馬商人到迦太基沿岸地區，而迦太基則同意不干預羅馬在拉丁地區的利益範圍。在兩國的利益之間，有些希臘城邦如馬西里亞等做爲緩衝。然而，這些城邦也成爲爆發兩國決定性鬥

❶　羅馬人與迦太基人的戰爭稱爲 Punic Wars,前後共有三次。

爭的原因。

第一次戰爭的火花由敍拉古斯國王**希葉羅**(Hiero)攻擊西西里東北端的美沙邢(Messana)而點燃。迦太基和羅馬先後應邀派兵援助，最後形成兩國軍隊的衝突，啓開羅馬海外帝國之先聲。

戰爭初起，羅馬軍隊在西西里大捷，因爲迦太基沒有鄰近海軍基地以阻止羅馬部隊渡過西西里海峽。瞭解自己的海軍勢力薄弱，羅馬在西元前261年大肆建造戰船，訓練水手，並設計一種跳板，可以迅速登上敵船。260年，羅馬艦隊在執政官**杜伊留斯**(C. Duilius)率領下，在邁雷(Mylae)贏得壓倒性勝利。迦太基只控制西西里西部的利里巴姆(Lily-baeum)基地。

西元前256年，羅馬軍隊由**雷格勒斯**(M.Atilius Regulus)和**維爾索**(L.Manlius Vulso)兩人指揮，入侵迦太基。羅馬軍先勝後敗，**雷格勒斯**被俘。隨之，羅馬的六百艘戰船和一千艘運輸船，遇到暴風雨，都在海難中沉沒。羅馬國庫幾乎山窮水盡。244年，元老院發行公債，再造兩百艘戰船，去圍困利里巴姆，並在241年擊敗迦太基的救援艦隊。

迦太基也不堪長期戰爭之負苛而求和。她讓出西西里給羅馬，並在十年內賠償三千二百泰連 ❷。後來羅馬利用迦太基在非洲、薩丁尼亞和科西嘉傭兵未領薪而反叛的機會，於238年出兵干預，從迦太基手中取得薩丁尼亞和科西嘉，以及一千二百泰連的賠償。

第二次羅馬與迦太基戰爭，產生了**漢尼拔**(Hannibal Barca, 245-183 B.C.)這位英雄，他指揮的軍隊幾乎佔領羅馬。**漢尼拔**的父親**哈美卡**(Hamilcar Barca, 270？-228 B.C.)曾於第一次迦太基戰爭期間，指揮一支陸軍。日後，他奉命征服西班牙。此時**漢尼拔**尚年幼，但其父帶他同上戰場。他生長在軍中，擅長騎馬射箭。戰爭乃其人生唯一

---

❷ 賠償談判情形，參閱 H.H. Scullard, *op. cit.*, p.177.

目的，故其唯一需要爲馬匹與武器。繼承其父之職位的姊夫**哈士德魯巴**（Hasdrubal,？-221 B.C.）去世時，**漢尼拔**已深得軍心，衆將士不得迦太基元老院之命令，卽奉之爲帥。故**漢尼拔**年甫二十一，卽掌一軍，而部下無不從命。他不問迦太基元老院之意如何，卽進攻與羅馬聯盟之希臘殖民地薩袞坦（Sagumtum）。此卽 218 年 3 月開始的第二次迦太基戰爭之導火線。

圖 9-3
漢尼拔

　　漢尼拔不待羅馬人來襲而膽敢直入義大利。由於缺乏艦隊，他由陸地進攻。經庇里牛斯山（The Pyrenees），渡隆河（The Rhône），而越阿爾卑斯山。他於 10 月❸抵阿爾卑斯山，不顧風雪與山民之襲擊，冒險登山，多數人馬掉落岩下而死。歷經九日始登山巔，由山巔而下，則更困難，抵達平原之時，將士只剩一半，大約兩萬人，馬匹六千。

　　漢尼拔前後遭遇羅馬軍隊三次，其軍隊行愈遠，收留之士兵也愈多。

❸　另有一說爲 9 月。

　　西元前 216 年 8 月，他以四萬五千士兵，於羅馬城外阿部里亞（Apulia）
地方佈陣，而羅馬軍隊亦卽於此地迎敵。他的軍隊人數只有羅馬人的一
半，但有非洲騎士馳馬驅前。**漢尼拔**於坎內（Cannae）平原上列陣以待，
太陽直射羅馬人之臉，而灰塵亦吹向羅馬人。羅馬軍隊被困，幾乎全被
消滅。大家以爲他將直驅羅馬，但他覺得軍力不足。迦太基元老院不遣
援兵，**漢尼拔**勉強攻下那不勒斯，而令其盟友 —— 年輕的馬其頓王**腓力
五世**（Philip V）進攻羅馬，但也只能攻下羅馬附近的市鎮。

圖 9-4

迦太基之象隊

　　漢尼拔在義大利南部逗留九年之久。最後其弟**哈士德魯巴**（Has-
drubal Barca, ? -207 B.C.）率西班牙軍隊來援，幾達義大利中部。兩
支迦太基軍隊當卽聯合作戰，而每軍各與羅馬執政官所統率之部隊對
抗。後來**哈士德魯巴**被殺，其頭顱被擲入**漢尼拔**帳中。**漢尼拔**此時只剩

本部軍隊，但猶居卡拉布里亞（Calabria）五年。後來，羅馬軍直撲非洲，他不得不於西元前 203 年棄義大利而返迦太基。202 年，羅馬大將**西庇阿**（P. Cornelius Scipio Africanus Major）利用騎兵之優勢，以及用**漢尼拔**之戰略攻擊他。最後在扎瑪（Zama）之役贏得決定性勝利。迦太基不得不求和，盡棄非洲以外所有土地，將西班牙讓與羅馬。迦太基也願獻其戰船和戰象；在未來五十年內賠款一萬泰連；且承諾此後非得羅馬同意不再作戰，這種下了最後導致迦太基完全毀滅之根源。

　　漢尼拔終告失敗。他的軍事天才無法征服羅馬人堅強的個性和羅馬的義大利臣民基本的忠誠。然而，他的戰略和戰術的天才，以及使一支雜牌軍隊在敵人境內停留十五年仍然紀律嚴明的才華，幾乎史上少見。在戰後，他成為迦太基的領導者，且嘗試要使之更為民主和統一。羅馬人的猜疑迫使他流亡東方，最後於西元前 183 年自殺，以免落入羅馬人手中。

　　非洲問題在羅馬元老院仍然爭論不休。**卡托**（M. Porcius Cato）極力主張要讓迦太基「停止存在」（cease to exist）；**西庇阿・那西卡**（P. Cornelins Scipio Nasica）則持相反意見。在雙方意見相持不下之時，西元前 151 年，迦太基進攻馬西尼沙（Masinissa），給予羅馬鷹派以迦太基破壞扎瑪條約做為侵略的藉口。

　　不理會迦太基的委曲求全，羅馬的三員大將❶指揮海陸軍逼進迦太基。經過數年之圍攻，迦太基城終於在 146 年春淪陷，五萬名迦太基男女被俘為奴，城市也在十餘日之大火焚燒下，夷為平地。迦太基已完全被毀。

---

❶　M. Manilius; L. Marcius Censorinus; P. Cornelius Scipio Aemilianus.

四、征服希臘化世界

在西元前 201 年迦太基和約之後，羅馬面臨重重難題。受到戰火破壞的大部份義大利需要重建；波河流域高盧人的實質上獨立；羅馬所控制的西班牙沿岸地區很不穩定。國內的財政情況很差，羅馬人民久戰生厭。在這種情況下，領導者理應設法鼓舞民心士氣。然而，羅馬人立刻轉向東方。在十二年內，羅馬實際上控制着希臘化世界。

政府制度的牢固和迦太基戰爭中軍事結構的改善，以及相對的，希臘化世界各王朝日趨衰微，使羅馬人的進展十分快速。在希臘人眼中，羅馬人仍是半野蠻，但甚至文化程度最高的希臘，也不得不佩服羅馬的決心和毅力。

西元前 201 年，羅德島，東方主要城邦和波加曼（Pergamum），一個小亞細亞西北部小王國之國王**阿塔勒斯一世**（Attalus Ⅰ）聯合籲請羅馬出兵干預**腓力五世**征服愛琴海地區小國家，這是第二次馬其頓戰爭的近因。本來這兩個希臘小國並非羅馬的真正盟友，只是自 205 年結束的第一次馬其頓戰爭之後，羅馬人對馬其頓國王還是不友善，再加上求援使者的巧言煽動，西元前 200 年，羅馬正式向馬其頓宣戰。197 年，西諾斯法雷（Cynoscephalae）之役，羅馬軍獲勝，**腓力**王求和，答應退出希臘，賠款一千泰連，以及交出戰船。

腓力五世的失敗，使敍利亞王**安提歐丘三世**（Antiochus Ⅲ）進入小亞細亞西部的權力空虛地帶，甚至重獲色雷斯的橋頭堡。些舉引起希臘小國請求羅馬出兵干預。192 年戰事發生。羅馬軍將**安提歐丘三世**的小規模遠征軍逐出希臘。實際上，在**西庇阿**指揮下的大軍，大舉開往小亞細亞。羅馬的海陸兩軍皆獲勝。根據 188 年的阿帕米亞和約（Peace of Apamea），**安提歐丘三世**交出其戰船和戰象，放棄整個小亞細亞，並賠

償一萬二千泰連❶。此後，地中海世界再無重要國家可對抗羅馬的控制。地中海因而成爲羅馬的內海。

五、羅馬征服之原因

羅馬發動一連串戰爭，每一次戰爭的起因會因人、因時和因地而有別。可是這種長期、持久的對外擴展，似乎應有其共同的潛在因素。羅馬的人口成長還不致於構成爭取生存空間的理由；在這五個世紀的大部份時間，又無經濟問題或社會問題，須從征服中尋求解決；沒有政治或社會制度，利於塑造好戰的階級；最後，也無絲毫意識形態十字軍的痕跡，羅馬不以武力強迫他人改變政治組織或宗教信仰。

羅馬征服的潛因有二：一爲貪婪，羅馬爲一農業民族，渴求更多肥沃或更有價值的鄰居土地，渴求更容易獲得某些原料；另一爲基於保持本身獨立的憂慮，勢必摧毀他人的獨立。疆域愈擴張，衝突的機會愈多，防衛的義務也隨之增加❶。

自西元前第二世紀開始，羅馬的征服尚帶有一些次要因素。首先是羅馬人的傲性。在迦太基戰爭時期，此一傲性對於疆域的擴張尚無直接的推動力，但對於抵抗**漢尼拔**或高盧人之堅忍毅力之激發，却有相當貢獻。後來，隨著勝利接踵而來，羅馬人對其國家之命運充滿無比的信心，也充滿無比的優越感，如同上古的以色列人自認爲上帝的選民一般。他們深信，任何其他民族不能、也不應抵抗羅馬。

其次爲對黃金的渴求。征服帶來經濟和社會的轉變。貪多無厭的商

---

❶ Livy,*Rome and the Mediterranean*,translated by Henry Bettenson (Middlesex：Penguin Book, 1983),pp.369-363.

❶ André Aymard & Jeannine Auboyer, *Rome et Son Empire* （Paris：(PUF, 1967 5th ed.）,pp.87-89.

人希望新的領域去剝削，士兵則希望新的戰爭帶來戰利品和報酬。敵人財富的沒收，被征服者戰爭的賠款，盟國的禮物和各省所繳的年貢，這些帝國主義的獲益，充實了羅馬的國庫，且有助於國內困難的解決。

最後為個人野心的激奮。統帥大捷，元老院為褒獎起見，准許他舉行凱旋典禮，亦卽遊行至天神廟（Temple of Jupiter）。長官與元老院議員前導，其次為滿載戰利品的戰車、鐵索鄉鎖之俘虜，最後統帥戴桂冠、坐四馬金車徐徐前進。所部士兵隨後步行，唱凱旋歌。全部遊行隊伍身穿節日衣服，繞城一周，最後到天神廟。此時統帥脫下桂冠，將它置於天神之膝，並謝其協助。似此，戰爭既可帶來利，又可帶來名，勢必對羅馬之征服有相當推波助瀾之作用。

六、羅馬的軍事

羅馬在征服初期，遭遇不少嚴重軍事挫折，**漢尼拔**就是一個最顯著的例子。例如坎內之役，羅馬八萬六千官兵中，七萬二千人死亡，一萬人被俘，何況這還是**漢尼拔**在不到兩年期間的第四次大捷。最可佩的是，除了堅忍精神外，羅馬在軍事方面具有彈性，能隨時勢變化，不斷加以調整和適應，且善於吸收他人之長處，例如仿造迦太基的戰船，學習希臘人和迦太基人雇傭兵作戰。羅馬人甚至還能在模仿中有所創新。

西元前 218 年，**漢尼拔**在坎內之役擊垮羅馬軍，獲一萬名戰俘 **⑰**。他准許他們推選十名代表回羅馬向元老院請求贖回這些戰俘。羅馬元老院瞭解**漢尼拔**如此做的雙重目的：立刻得到一大筆錢；同時，打擊羅馬軍的士氣，使他們認為甚至戰敗尚有希望返家。因此，元老院拒絕給予包括自己親友在內的人所有憐憫，不關心這些人未來的服務。元老院的

---

⑰ Erich S. Gruen 在其 *The Image of Rome*（Englenood Cliffs, N.J.Prentice-Hall, 1969）, pp.17-18 中提到戰俘人數為八千人，似有誤。

此一決定，爲羅馬軍隊樹立規範：旣然在戰敗之後，無安全返家之希望，他們必須戰勝或戰死沙場。

　　羅馬軍團主要的優點就是具有彈性，但不損其整體性。由於整個羅馬軍隊，人數不多，較易運用，此爲有彈性的第一個原因；第二爲內部的富變化。軍團由一支能獨立作戰的小軍隊組成，其中以步兵爲主力，兼配有少數的騎兵。軍團的士兵，每人皆能主動出擊，爲大我而犧牲小我，然而這種精神並不能永遠維持。

　　在西元前107年當選爲執政官後，**馬留斯**(Gaius Marius, ? 155-86 B.C.)完成一項非常重要的軍事改革，允許招募無產階級者爲士兵。他出身騎士階級，被視爲平民黨領袖。他的改革其實亦非突然和出人意料之外：自共和初期，徵兵的對象來自的階級愈來愈窮，而且在第二世紀，徵募的困難變得很嚴重；另一方面，羅馬需要一支常備軍以贏得各省區土著之尊敬，並且保護他們。

　　窮人軍隊就這樣繼承農民軍隊，且自成一個階級，依賴戰爭維生，爲戰利品而戰鬥，對將軍之忠誠高過於國家。對所有的軍團，**馬留斯**給予長久以來屬於富者特權的完整裝備。軍團人數爲六千二百人，分成十個營，以取代以前之「隊」，而爲新戰術單位。舊制三個戰鬥排仍然保存，但其重要性逐漸褪色。此一新的軍隊比以前的軍團規模較大，但較乏彈性。在共和末期，已約有二十軍團的常備軍**⓲**。

⓲　有關共和時期的常備軍，參閱 Emilio　Gabba, translated　by　P.J.Cuff, *Republican Rome, the Army　and　the Allies*（Berkeley & Los Angeles：University of California Press, 1976), pp.20-22.

第九章　參考書目：

1. A. Alfold, *Early Rome and the Latins* (Ann Abor：The University of Michigan Press, 1971).

2. E. Badian, *Roman Imperialism in the Late Republic* (New York：Cornell University Press, 1968).

3. Michel Crawford, *The Roman Republic* (New Jersey：The Harvester Press, 1978).

4. Emilio Gabba, *Republican Rome, the Army and the Allies,* Translated by P.J. Cuff (Berkeley & Los Angeles：University of California Press).

5. Erich S. Gruen ,*The Image of Rome* (Englewood Cliffs, N.J.：Prentice-Hall, 1969).

6. W.E. Heitland, *The Roman Republic* (New York：Greenwood Press, 1969).

7. Frank G. Moore, *The Roman World* (New York：Columbia University Press, 1936).

8. Raymond Bloch, *Les Origines de Rome* (Paris：PUF. 1985).

9. J. Van Ooteghem, *Les Caecilii Metelli de la République* (Brussel：Paleis Der Academiën, 1967).

第十章

共和時期的羅馬(二)
──政治、經濟和社會

第一節　政　治

一、公民權

　　希臘城邦對公民權的限制很嚴，只有希臘公民的兒子（有時母親爲外國人也不行）方得爲其公民。然羅馬則自西元前第四世紀起，在行政長官的名冊上已出現佛爾西（Volsci）的伊特魯斯坎人和坎帕尼亞人等。

　　至少在高盧人入侵之後，將拉丁地區城邦之人民登記爲羅馬公民，變成羅馬人用以增加其人力的方式之一。西元前 389 年，羅馬賦與放棄其家邦而與其併肩作戰的維伊（Veii）的伊特魯斯坎人，以及法利斯坎人（Faliscans）和加本納特人（Capenates）公民權和土地分配權。

　　西元前 338 年，臣服於羅馬的非拉丁民族也獲得羅馬的公民權，但並無參與羅馬政治生活的權利。此一差別待遇或許有助於減輕拉丁人失去自主權之痛楚感❶。

　　羅馬的社會下層階級未被忽視：新部落的創立，使之變成三十五

個。西元前第三世紀中葉，十七歲以上的公民有三十萬人；第二世紀末有四十萬人；第一世紀初，「社會戰爭」(Social War)迫使羅馬對所有義大利大開門戶。在西元前 70 年，羅馬公民數達九十一萬❷。

羅馬增加其人口資源並非因爲慷慨，而是爲其自身利益著想：其軍團的徵募和殖民地的建立。

羅馬的制度並未隨人口增加而有更新。**亞里斯多德**理想中的城市不得超過十萬公民。羅馬的公民遠超過此數，其制度歷經五個世紀而未更動，問題將愈來愈嚴重。

二、政治制度

羅馬人能夠征服和控制義大利的一項非常重要因素，就是他們重組西元前 509 年開始實施的共和城邦的原始形式。他們創造一種政治制度和公民精神，以結合國家的所有要素，支持其軍事擴張。

一直到西元前 264 年，兩位每年改選的執政官，仍然在內政爲最高行政長官，在外則爲將軍。執政官在平時召集元老院及百人團民會(comitia centuriata)開會，擔任主席，開始立法，處理司法案件，以及全面執行法律。在戰時，他們召集軍隊，籌集軍費。每位執政官通常各自指揮兩個羅馬軍團，以及配合的盟邦單位。

在緊急情況下，兩位執政官將權力讓給一位他們所指定的獨裁者(dictator)❸，期限爲六個月。此一職位自第三世紀末起就已廢除。兩位

❶ A. Alfoldi, *Early Rome and the Latins* (Ann Arbor: The University of Michigan Prees, 1971), pp.416-417.

❷ André Aymard & Jeannine Auboyer, *Rome et Son Empire* (Paris: PUF, 1976 5ed.) ,pp.103-104.

執政官如在任內同時死亡或被俘，元老院就宣佈「懸缺」（interregnum），並任命一位爲期五天的「監國」（interrex），同時準備新的選舉。由於兩位執政官權力相等而彼此制衡，並要受元老院的牽制，而保民官（Tribune）又有否決權。因此，執政官的權力是頗受限制。

在西元前366年，增加一位副執政（Praetor）。他能指揮一支軍隊；然而通常負責司法事務，以及兩位執政官不在時，治理城邦。離職的行政官員可以地方長官（proconsuls 或 propraetors）名義，繼續擔任將軍。這種使有才幹的將軍留任的方式，自薩姆尼戰爭開始採用。往後，羅馬的軍事需要使每年改變的指揮官無法應付時，更廣泛應用。

在西元前264年，有八位財政官（quaestors），在元老院與執政官指揮監督下，掌管國家經費的收支，並協助副執政執行犯罪的防止與調查；四位市政官（aediles）負責和監督建築、溝渠、街道、市場、劇院、妓館、餐廳、違警法庭及公共運動場；十二位保民官，保護下層階級；十位自由的法官，審理有關法律上的自由之訴訟。國家還沒有宗教官員，監督公衆祭祀和慶典。

最後還有兩位監察官（censors），從德高望重的貴族選出，每五年調查人口一次，做爲課稅和徵兵之用。所有人民皆於監察官之前，發誓，宣佈其姓名、子女及奴隸之數目、財產之數目，然後登記於簿册上。監察官也編製元老院議員名單、騎士名單和公民名單；可選充或削除元老院議員。議員有不當之奢侈、不道德或無能等事實時，得驅逐之。

元老院繼續爲顧問機構，由執政官或副執政負責召集，議員人數三百，是終身職。它是不死的主權者，必然支配只有短暫權力的人。關於外交關係之指導、結盟與締約、從事戰爭、殖民地及各省區之統治、公

---

❸　「獨裁者」的起源，參閱 H.H. Scullard, *A History of the Roman World, 753 to 146 B.C.* (London & New York : Methuen, 1980), p.80.

地的管理與分配、財政及其支付之控制等等，全是元老院的專屬職掌，且擁有很大的權力，是行政、立法、司法三者兼管之機關。

羅馬政府自稱爲共和國，稱爲國民之全體公民即爲國家絕對之主人。選舉行政官員、宣戰媾和及制訂法律者，皆是這些公民。所有公民皆須親自到羅馬行使政權。這種會議稱爲「民會」(comitia)。

副執政召集公民而爲民會主席。有時，公民聞號角聲，知爲召集會議，即相聚於校場，各依其所攜之旗幟，分隊站立，此即爲百人團民會。有時公民集合於市場，排成三十三組 (241 年開始爲三十五組) 稱爲部落，每一部落輪流入場投票，此即爲部落民會(comitia tributa)。召集會議之副執政，宣示選民所應議決之案件。案件既經議決，會即解散。

三、平民與貴族之爭

在共和初期，貴族曾控制政府的每一方面。惟有他們能被選爲政府官員或擔任祭司；而且透過元老院議員權威(patrum auctoritas)之原則，任何立法必須獲得他們的贊同。雖然最多是全人口的十分之一，但事實上，五十餘個貴族家族透過其黨徒操縱民會投票。據說費比安(The Fabians)這一個家族，曾經召募一支軍隊，獨自對維伊城(羅馬的鄰邦) 發動戰爭。

平民，不再受國王保護，在共和初期過着暗淡的日子，經濟和政治上受到極大的壓迫。貴族與平民間所造成的鬥爭，牽涉到許多問題。負債的平民，變成實質的農奴，甚至被賣爲奴；兩個階級間之通婚，實際上被禁止；而且法庭的控制權落入貴族手中。然而，爭執的焦點，主要爲平民要盡力爭取政治的發言權。歷經兩世紀之奮鬥，平民終獲勝利。

平民勝利的基本原因，就是羅馬在逐漸擴大的戰爭中，需要他們。爲爭取政治和社會的平等，在西元前 494 年，爲數頗衆的平民退出羅馬，

移到城外三英里的阿尼歐河(The Anio)河畔之聖山(Sacred Mount)發表宣告，除非他們的要求獲准，他們不再替政府打仗或工作。元老院用盡種種外交與宗教的策略，去引誘那些平民歸來；他們害怕在外敵入侵時，內部亦將叛變，便同意取消或減輕債務，並設立兩位保民官和三位市政官，作為民選的平民保護者。

在共和初期，每年為戰爭所徵召的正常人數為三千人，到了 366 年則增至八千四百人，以後甚至還膨脹得更快❹。此外，自從在共和初期，克勞迪家族和其他一小部分變成貴族之後，貴族不再准許任何新家庭加入他們的行列。隨著戰爭的發展，羅馬併吞的土地給予平民有愈來愈多獲得經濟獨立的機會。

另一重要因素為平民取得領導地位的才幹。他們之中，有些為城內之工商業者，有些則為富農。

雙方鬥爭的曲折頗為著名。平民的初步進展為部落民會之創立，以及保民官之選舉。西元前 367 年之後，在戰時選舉十四位軍事保民官，以領導各部落；在平時則以十位平民保民官代表他們。這十個人是神聖不可侵犯，除非在一位合法的「獨裁者」統治下，否則對他施暴便是犯了瀆神或死罪。他們的職掌是保護人民對抗政府，無論何時，只要其中一人認為必要，只要用「veto」一字，就可否決任何不公平的政府行動，阻止行政機關的作為。

其次，在西元前 451-450 年，國家法律書於十二平版(Twelves Tables)上。在這第一個羅馬法典中，列舉所有自由公民在國家之內擁有的權利和應盡的義務。在遺囑和契約方面，十二平版法對於個人之決定和經濟活動相當重視。妻和子有擺脫父親權力的合法方式。

---

❹　Chester G. Starr, *A History of the Ancient World* (New York : Oxford University Press, 1974, 2 nd ed.),pp.470-473.

此後，平民繼續爭取國家的行政權。在367年，**利希紐斯**（C.Lici-nius）和**塞克秀斯**（L.Sextius）兩位保民官，迫使貴族進行廣泛的政治和組濟改革，增加一位副執政和兩位市政官。第二年，**塞克秀斯**自己被選為執政官，而且不久之後，遂有一項不成文規定，執政官有一位是平民。351年，一位平民為監察官，337年為副執政；300年，歐古尼安法（The Ogulnian Law）打開平民擔任高級祭司之路。287年的一次激烈鬥爭，部落民會的平民取得全權。此後，羅馬技術上成為真正的民主政治。

四、133年改革的失敗

在地中海歷史上，133年為一顯著的轉捩點。在前一時期，亦即264-133年，羅馬征服未開化的西海岸和文明的東海岸，但是統治者和被統治者雙方，皆未能對此一結合的複雜性做一全盤之調整。在這逐漸強大中，羅馬的貴族階級變成自大，且思以希臘文明之優雅外衣，來掩飾其粗魯的本質。然而，帝國的社會、經濟和知識的影響是需要較大的改變。

從西元前133年到西元14年，這一個半世紀裏，地中海世界在忍受著古代未曾有過最廣泛戰爭之折磨。臣民盡力設法擺脫其剝削者之統治；羅馬的將軍們魯莽地為自己的榮耀和利益，不斷擴展羅馬的霸權。在國內，羅馬共和這種政治制度則搖搖欲墜。

在西元前第三世紀，某些改革似乎有助於平民權力的進展，但迦太基戰爭使此一民主之演進宣告中斷。第二世紀中葉以後，一些慷慨的貴族，見到平民的不幸，有意要繼續前一世紀之改革，可惜為時已晚。羅馬的平民已因過於漫長的戰爭而疲憊不堪。**格拉古**兄弟（Gracchus brothers）及其繼承者之嘗試，註定要失敗。

提伯里厄・格拉古（Tiberius S.Gracchus）出自一個平民貴族家

庭。伊特魯里亞的人口衰微，而由外國奴隸群取代；肆虐西西里的奴隸戰爭，有蔓延到義大利和東方之勢。這些驚人事實，使他試圖從事一項改革。他於 134 年 12 月以二十八歲之齡出任保民官，並提出限制地主土地面積的土地改革法案，但在國有地方面擁有大筆地產的保民官**歐大維**(Octavius)卻加以否決，爭論和衝突於焉爆發。鄉村平民支持他，但卻遭到貴族的食客(clients)、羅馬城的平民之仇視，以及元老院之反對，最後導致他於 133 年被殺，屍體被拋入泰伯河。

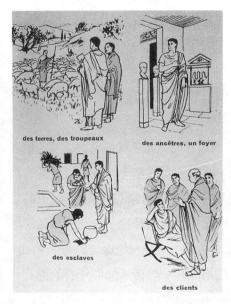

圖 10-1

(左上) 貴族與羊群
(左下) 奴隸
(右上) 祖先
(右下) 食客

西元前 124 年，其弟**蓋伊·格拉古**(Cains Gracchus)，時年二十九，也被選為保民官，繼續農業法和司法之改革。翌年，再度連任，使其聲勢如日中天，但受到的責難也多。122 年落選。121 年為防衛自己的政策，被迫與其敵人對抗。失敗後自殺，黨徒三千人一併被殺。**蓋伊**死後，保守的反動非常激烈，貴族勢力似又恢復❺。

　　格拉古兄弟的改革雖然失敗，但卻留下深遠的影響。這些改革給予騎士階級較大的內聚力和自我覺醒 ❻。他們屬於非元老院階級的士紳，自西元前第二世紀前期透過其金融業務，已逐漸獲得前所未有之影響力。這些措施，導致統治階級的重要裂痕。

　　當然，通常並非一種元老院階級和騎士階級之間單純的壁壘分明，而是癱瘓性分裂的可能性大為增加。上層階級結合的新裂痕，造成往後的暴動。整個格拉古事件，動搖了羅馬社會、政治和經濟的基礎。特別是，羅馬開始形成一個新型的黨派 —— 民黨（popularis），它顯然是羨慕**格拉古**兄弟，但缺乏其理想。口頭上宣稱為鄉村或城市窮人的利益，其實是欲以其本身那種寡頭政治派系，取代當權派的寡頭政治❼。

五、前三雄

　　西元前88年，在**蘇拉**（Sulla）為執政官時，元老院能掌握大權。他在擔任**馬留斯**的副手時，即顯露才華，其對元老院之忠誠是無可置疑。然而，元老院的領導權不久就受到挑戰；外有**潘特斯**（Pontus）國王的侵犯；內有騎士階級的爭權。已率軍向亞洲出發的**蘇拉**，先回兵羅馬，屠殺騎士階級的領袖們，穩定元老院的控制權。這是一位保守勢力的領袖，首次利用軍隊的力量，解決羅馬的政治問題。然後，於87年春天進兵希臘，擊敗**米斯拉達茲六世**（Mithradates VI）的軍隊，迫使他簽訂和約❽。

---

❺　André Piganiol, *La conquête romaine* （Paris : PUF, 1967）, pp.419-435.

❻　**格拉古**兄弟提倡的司法改革，主張法官除了元老院議員外，還要加入騎士。

❼　Michael Grant, *The World of Rome* （London : Sphere Books Ltd., 1974）, pp.39-40.

　　87 年，民主勢力再度控制羅馬。83 年，發生第一次內戰。**蘇拉**在羅馬的「丘陵門」（The Colline Gate）一場激烈戰鬥獲勝後，騎士、平民領袖等被屠殺者達五千人，他們的財產被充公，子孫被剝奪公民權**❾**。

　　蘇拉大權在握，全力整頓內政。此時有議員六百名的元老院，完全控制帝國的行政。他在 79 年退休，翌年去世。

　　蘇拉之後，新興一批領導人物，如**龐培**（Pompey）、**克拉蘇**（Crassus）、**西塞祿**（Cicero）、**卡托**、**凱撒**（Julius Caesar）和**卡里丁**（Calitine），其中以**龐培**最為出色。他曾為**蘇拉**之能幹副手。

　　儘管愛慕虛榮，講究排場，他卻是一位傑出領袖，一位注重榮譽的紳士，因而贏得年輕的**西塞祿**和**凱撒**之欽羨。**龐培**在年輕時曾徵募一支軍隊，在一次內戰中支持**蘇拉**。雖然不曾擔任公職，他還是被派至西西里和非洲擔任地方長官。在**蘇拉**死後，他又派到西班牙擔任類似職位。經過數年的戰鬥（西元前 78-71 年），後因獨霸一方的駐西班牙總督**色托里厄**（Sertorius）被其部屬刺死。**龐培**方得將西班牙收歸羅馬。

　　在**史巴搭克**（Spartacus）所領導的奴隸戰爭中，他於西元前 71 年，從西班牙返回時，殺了五千個奴隸，因而與**克拉蘇**爭功。在這一年，兩人本是水火不容，但因元老院拒絕他們的勝利遊行，也不願他們擔任 70 年的執政官，於是攜手合作，以武力威脅贏得選舉。

　　克拉蘇亦為**蘇拉**之副手，曾以非常低廉的價格購進大批充公的地產而致富。**史巴搭克**的叛亂，使他有機會與**龐培**一爭長短。西元前 73 年，**史巴搭克**，一位色雷斯的格鬥者，領導一群奴隸，爭取自由。72 年，兩

---

❽　MithradatesVI 曾入侵羅馬的亞洲省，屠殺八萬名羅馬人。參閱 Michael Crawford, *The Roman Republic*（Sussex：The Harvester Press, 1978）, pp. 145-146.

❾　Caldwell & Gyles, *The Ancient World,* pp.445-447.

位執政官所率領的軍隊皆吃敗仗。**克拉蘇**臨危受命，在第二年順利擊敗**史巴搭克**，而且殺死他。以此戰功，他聯合**龐培**，用強硬手段當上了 70 年的執政官。

凱撒於西元前 69 年，在其姑母**朱麗葉**(Julia)，亦即**馬留斯**的寡婦的葬禮上，發表一篇演說，表明自己支持**馬留斯**的改革理想，以及被剝奪公民權者和民黨之立場。他因而進入政治舞台。**凱撒**於 65 年出任市政官，後來全力爭取羅馬宗教領袖的地位。

西元前 62 年，**龐培**打贏第二次米斯拉達茲戰爭（西元前 74-63 年），返回羅馬。他為遵守法律，也太自信自己的威望，因而將軍隊解散。此舉使他無法利用既有之優勢，變成獨裁者，甚至元老院也不承認他在東方之戰功。在同一時期，元老院在**卡托**的勸告下，拒絕再給予**克拉蘇**所領導的企業集團，一項向欠稅者收稅的契約。因此，**龐培**和**克拉蘇**再一次被迫結合。

離開西班牙總督職位返回羅馬的**凱撒**，需要**龐培**和**克拉蘇**的支持，以求能當選執政官，因此加入這政治聯盟，形成所謂「前三雄」(the first triumvirate)。這是一項對抗法律的天才、地位和資本的結合。透過此一結合，三人皆能達到其立即的目的：**龐培**獲得威望，他的戰士獲得土地；**克拉蘇**得到財政的保護和政治的支持；**凱撒**得到仕途的高昇，當選執政官。

三人的結合，導致**龐培**和**克拉蘇**在西元 55 年第二度出任執政官。**凱撒**重新取得在高盧的另五年任期，而**龐培**和**克拉蘇**也取得省區的指揮權。**龐培**取得西班牙，但卻以副手去治理。

在**凱撒**的高盧總督第二任期將告屆滿之時，他希望能直接出任執政官，以及取得另一省區之指揮權。遭到**龐培**和**小卡托**領導的強硬派核心分子之拒絕，**凱撒**不願冒恢復平民生活和面臨迫害之危險，他於西元前 49 年率軍越過義大利和高盧邊界的盧比康阿（The Rubicon），一場長

達十九年的內戰，於焉爆發。

在地中海世界，經過一連串血腥戰鬥，**龐培**於 48 年在法沙勒（Phar-salus）戰敗，不久在埃及被暗殺。**龐培**的繼承人和**凱撒**的戰爭持續下去。直到西元前 45 年，再無其他軍隊可與**凱撒**對抗❿。

44年，**凱撒**被殺，羅馬世界再回到混亂時期。43年，**雷比達**（M. Lepidus）、**安東尼**（M.Antonius）和**屋大維**（C. Julius Caesar Octa-vianus）三分天下⓫，直到**雷比達**被迫隱退，而後二者一直纏鬥不休。

第二節　經濟革命

一、資本集中在義大利

羅馬很早就從其勝利中獲取物質利益。它維持其累積財富、自然資源和人力資源的有限度開發。它在義大利實施一種對大家有利的經濟合作政策，亦即注意其商業關係之維持。

羅馬很遲才開始鑄造真正的錢幣：約在西元前第四世紀中期之後，才有銅幣。第三世紀初，在坎帕尼亞開始鑄造銀幣，而羅馬則從西元前268 年開始。約在西元前第三世紀和第二世紀初，羅馬貨幣制度方告穩定，其銀幣重約四克，約等於馬其頓國王所採用的雅典的「德拉馬」（drachma）。金幣只在特殊的情況下鑄造。

---

❿　Michael Crawford, *op. cit.,* pp.180-185.
⓫　**雷比達**、**安東尼**和**屋大維**，史稱「後三雄」（The Second Triumvirate）。

　　羅馬對於義大利以外所有民族和所有疆域，包括西西里，所採取的
政策與義大利半島的不同。戰爭結束，和平重建，但官方或非官方的掠
奪卻繼續着。

　　西元前第二世紀前半期，愛琴海沿岸和非洲迦太基的征服，使征服
者發現在古文明地區無數代累積的財富。他們無法抗拒這些誘惑，大肆
搜刮各種財富，運回義大利半島。原分散在地中海地區的資金，因而集
中起來。

　　羅馬搜刮被征服者的方式，主要有四：戰利品、賠款、貢金和公有
地。戰利品由戰勝的將軍在凱旋典禮後，轉繳國庫。從西元前 194-166
年，只有從希臘半島戰爭獲得的金銀幣達七千萬鎊，約等於 1914 年同等
數額的法國法郎。在和約簽訂後，戰敗國常須付出一筆爲數可觀的戰爭
賠償，例如在扎瑪之戰後，迦太基在五十年內賠償一萬泰連；188 年之
後，敍利亞王朝在十二年內賠款一萬五千泰連❶。

　　戰爭賠款只向戰後仍保存司法系統的國家要求，其他國家則須付年
貢金。在 186 年皮得那(Pydna)之戰後❸，羅馬要馬其頓地區的四個共
和國共同付貢金六十萬鎊。然而在建立行省，擁有主權的地區，則不要
求貢金，改用課稅。最後，在吞併時，羅馬變成國家或君王財產的所有
人。這些財產幾乎都是大地產，包括重要礦場、森林、採石場和鹽田。
在西元前第二世紀中葉，某些鄰近迦太基的西班牙銀礦，雇用四萬個工
人，每天產量約值二十五萬鎊。

---

❶　根據 André Aymard & Jeannine Auboyer, *op. cit.,* pp.147-148.迦太基
　　的賠款爲一百二十萬鎊，敍利亞王朝的賠款爲六百萬鎊。此與 Chester　G.
　　Starr 之說法，不但單位不一，就是折算結果，也不相同。

❸　J. Van Doteghem, *Les Caecilli Metelli de la Répulique* (Brussel : Paleis
　　Der Academiém, 1967), Avant-propos.

二、經濟的影響

在羅馬人到達之前，經濟演變已達高水準的東方，遭受搜刮的打擊最大。最初由於其工業技術之先進，而獲得少許之補償；義大利猶如一個金錢充裕，且急於滿足新需求，尤其是奢侈品的市場。提洛斯島在西元前 167 年和 88 年間，呈現空前之繁榮。但是除了繼續維持獨立的埃及，能阻止最壞命運的發生外，羅馬的統治，自西元前第一世紀起開始帶來災難。繁重的稅負和無盡的剝削，再加上當地貴族的毀滅，使地方性的顧客受到限制，東方生產者的遭遇，非常不幸。整個東方，在內戰前夕，面臨可能無法彌補的經濟衰退。

落後的西方受害較少。西方，包括大部分的新地區，羅馬開始投下資本，進行開發工作。某些地區也開始在地中海世界的一般經濟，佔有一席之地。

義大利本身也在轉變。

農業需要調整。半島的小麥無法與進口的穀類競爭。在西元前 203 年和 201 年，賣到羅馬的小麥價格只有正常價格的四分之一；在 200 年，只有八分之一。在義大利生產小麥出售，已無利可圖。農業生產者改為發展牧業，因為活的牲畜不易由海運長途運送，也因為擁有奴隸可當牧童。在市郊經營菜園和種植果樹。他們擁有資金，能從事必須的投資。義大利從希臘和迦太基的農業經驗和知識，獲益良多。

這些努力產生的效果，似乎很可觀。義大利油的輸出，遠至提洛斯島。在整個西元前第一世紀，獨立的高盧購買由半島進口的葡萄酒。

在工業方面，情況並無顯著不同。義大利沒有任何真正的發明，他們如同希臘人，未曾考慮到機器的利用。手工業生產的，並非奢侈品，而是日常用品。大量生產，價格低廉，以便易於輸出。產品以陶器和青

銅器為主。

　　義大利勤於生產和忙於交易，而羅馬卻完全不同。鉅額的財富，鼓勵羅馬公民日益流於嬉樂。一個由奴隸和外國人構成的無產階級從事手工業，尤其是低賤的行業，但並非為出口而生產。羅馬只有輸入：為養活其不斷在增加的人口，相當可觀數量的糧食從愈來愈遠的地區輸入；製造品和所有各色各樣的產品，也是如此。

　　羅馬扮演一種金融中心的基本角色，事實上是唯一的資本市場。這種角色，可說史無前例，羅馬必須在創新和調整過程中去適應和進步。資本的組合為主要的創新之一。有時元老院議員亦為股份公司的幕後大老闆。整個義大利的富有階級，如元老院議員、騎士和其他，其資金的流動相當頻繁。他們不斷追求投機性的高度利潤。

三、社會的影響

　　經濟的轉變所造成的社會影響卻是慘不忍睹。大部分的鄉村只有成群的奴隸。他們晚上被監禁在牢裏，遭受無情的剝削，至死而後已。西元前的一次奴隸大叛變，仍在西西里有死灰復燃之勢，且當共和政治結構惡化之際，在義大利本身有較嚴重的情況發生。

　　羅馬軍事系統的骨幹，為擁有土地的農民，但自西元前 154 年西班牙叛變再度爆發之後，徵兵制已經不能補足在西班牙、非洲和東方作戰的羅馬軍隊兵力之不足。

　　羅馬城也未因人口成長的結果而有所改觀。貧富之間的差距愈來愈大。貴族階級愈加炫耀其財富，且在法律上享有利用劇院特區的權利。貧民只能勞苦一生，死後求有一葬身之地，因而逐漸不滿。奴隸和窮苦的自由人，在宗教感情方面逐漸成長。他們信奉酒神(Bacchus或Dionysus)。元老院認為這是罪惡和不安之源，因此加以禁止。

西元前 139 年，羅馬驅逐星相學家和猶太人，以及以後的彩虹女神 (Iris)的信徒，限制能造成群眾不安的外國祭祀之宗教政策已建立，以後還會應用在基督徒身上。

經濟的發展導致義大利城鎮的成長和經濟的專門化，如龐貝；但擴張最快的是帝國首都本身。各省的奴隸和財富追求者，湧入羅馬；鄉下的公民，也有一小部分，從農田走入城市。在西元前第二世紀，兩個新水管，使羅馬水的供應倍增；而**卡托**在西元前 184 年擔任監察官時，徹底重建羅馬的下水道系統。

下層階級的生活條件不佳。公共慶典可給群眾某種消遣，因此從西元前 204 年的一個慶典，增至 133 年的六個慶典。然而秩序的維持僅由市政官指揮的一支小武力負責，效果不彰。

第三節　社會結構

一、領導階級

原始的羅馬為農民的城市。羅馬的商業活動也很古老，甚至在城市人口之成長，使之變為迫切之前，就已存在。在很早時期，除農民外，城市居民的勤勞也不忽視，只是其生活方式不同而已。

自西元前第五世紀初，貴族階級主要為大地主，平民階級則較複雜，其中有小自由農、中自由農、手工業者和商人。無論如何，如果說經濟的特殊化為此一分類之起源，其他的差異也已出現，且較重要。

圖 10-2

羅馬的商人和手工業者

　　事實上，貴族是唯一以大家庭組成，其成員全帶有大家庭之姓。除了貴族的直系後裔或收養的子孫，家庭尚有其「被保護者」，亦即聽從主人言詞的人們，世襲的附屬者。在他們之中，也有一些脫離奴籍者；但是尚無擁有許多奴隸的貴族。有些貴族家族近乎壟斷羅馬的高級行政職位，如凱西里‧梅特里族(The Caecilli Metelli)在 80-68 年間，出現三位執政官，其兩位親戚也在同一時期擔任執政官(同注⓭)。

　　此時，某些大家族的成員甚多：在西元前 479 年，費比安家族，除了 306 位貴族外，尚有四、五千被保護者。以這種人多勢眾，再加上財富和教育使之扮演的軍事角色，當然很容易對付中、下層社會階級，並壟斷政權。然而，儘管貴族的努力，被保護者還是要脫離與貴族的關係，投入平民的陣營。

　　平民與貴族長期 (西元前 494-300 年) 且有時很艱鉅的鬥爭，隨著征服的

進展，最後獲得社會和政治的平等，這當然會導致特權階級的衰微。

　　貴族維持非常稀罕的敎士功能之壟斷，或特別強調其宗敎角色。西元前第四世紀，平民獲得兩個執政官和兩個監察官職位中各一席的保障，到了第三世紀中葉，還有權同時佔有兩個席位。然而事實上，平民在西元前 172 年才首次擔任執政官；四十年後，方有平民擔任監察官。

　　隨著通婚的頻繁，被保護者關係的鬆懈，貴族地產的分割，其他社會組成分子的致富，自西元前第三世紀起，羅馬城漸有新貴族家庭出現。在共和末期，在全部三十餘個貴族家庭中，有十四個爲新興的❶。

　　舊的貴族階級（patriciat）的衰微，另一種新貴族階級（nobilitas）已經形成。家長屬於元老院者則爲貴族，因此，包括平民家庭和貴族家庭。原則上，這是向所有人開放，只要能當選爲行政官員即可。實際上，他們閉門自成一個階級。因爲元老院議員之子，可站着參與元老院會議，並在選舉時得到貴族之支持，新人當選的機會就大爲減少。

　　在西元前 200-146 年期間，只有四個新人當選執政官；自西元前 108 年**馬留斯**之後，在西元前第一世紀，亦即 63 年，**西塞祿**爲新當選的第一人。國家尚未正式承認，但是貴族階級仍然獲得傳統習俗的一些好處，以別於其他階級。貴族階級失去了金環的壟斷，它現已擴展到騎士，但仍享有披紫袍，穿紅鞋，據寶座、專屬劇院，並請人畫像。所畫之像，多爲小像，始用蠟，繼用銀，並置於龕內如偶像一般受子孫之膜拜。

　　依賴威望、賄賂、食物和娛樂的提供，以及一大群被保護者之滿足，貴族長期習於誘使羅馬的民會，選舉他們出任國家主要職位 —— 執政官。在**格拉古**兄弟之前一個世紀，兩百位執政官中的一五九位，出自二十五個家族。十個家族產生九十九位。西庇阿家族的柯內利（Cornelii）一

---

❶　André Aymard & Jeannine Auboyer, *op. cit.,* p.138.

姓就產生了二十三位執政官，這是當時大家族中最成功最有影響力的⑮。

領導階級中地位次於貴族的騎士，並未具原始軍事意義。元老院議員及其子曾爲「騎士」，後來在西元前第三世紀，此名詞被賦與新含義。事實上，它是指不屬於元老院的富有公民：其財富至少須滿四十萬謝士特斯(sesterces)。

這些騎士與其他公民有外在的不同：自第三世紀末起，他們可以佩戴金環，披騎士的紫袍；**蓋厄・格拉古**的一項法律，使他們得以在劇院的貴族座後預留席次。但是他們擁有一項無限寶貴的實際特權：不同於元老院議員，他們能運用其資金致富。他們仇視元老院的自我主義，但更仇視造成社會混亂的敵人。騎士支持能便於他們致富的黨派。

元老院議員和騎士組成羅馬社會的精英，他們直接或間接參與權力。某些人，尤其在元老院議員中，終能累積鉅額財富。最富者之一，**克拉蘇**，其祖先數代以下，帶有別號「代富」(Dives)，其意爲富者。他繼承七百二十萬謝士特斯之遺產；但是種種的投機，使其財產增至兩億以上。自西元前第二世紀起，在這兩個領導階級，成爲億萬富翁，就愈來愈不稀奇。事實上，政權已是財閥政治。

鉅額財富，專製造醜聞。死者甚至能以此爲榮。羅馬精神，經常以繁榮之路爲美德，盡量去防衛和擴展經濟。

財富帶來奢侈，爲一不可避免之事實，尤其是曾與物質生活相當考究的東方有所接觸者。政府的法令無法過止這種奢侈的趨勢。然而，自西元前第一世紀起，奢侈就變成某社會圈中的正常現象。**西塞祿**取笑其友人，騎士**阿提克**(Atticus)過分節儉。他們在羅馬有寬廣華麗的官邸，在義大利各地還有別墅。家中有成群的奴隸、秘書、馬車夫和僕人。**龐**

---

⑮ Michael Grant, *op. cit.,* p.39.

培在逃亡時，必須自己解開鞋帶，這似乎是不幸之極。**西塞祿**在西元前
44 年的五個月內，爲私人花費了二十萬謝士特斯。

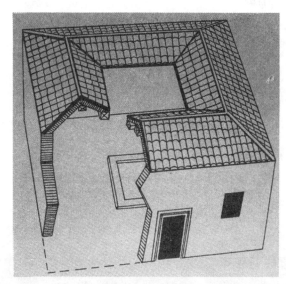

圖 10-3
住宅

這種新社會風氣的感染，有時眞的會損及國家。根本不必談縱慾、
通姦和第一世紀領導階級非常頻繁的離婚：古羅馬人一點都不關心男女
性貞操，再加上婦女的解放，顯現出甚至今日人們亦不敢苟同的結果。
金錢的利用，使一個正步入衰微的政權，不受人信任。人們盡量花錢，
以求得行政官員之職，然後再利用其職權大肆搜刮財富。儘管有嚴刑峻
法，但每次選舉依然賄賂叢生，而且在法律訴訟案件方面，亦有收買陪
審團之事發生。

許多人空有鉅額財產，但還是入不敷出。他們要以其地產，或以其
未來政治前途爲抵押，貸款以供揮霍。**西塞祿**很少爲金錢問題操心，但
是，其三千萬謝士特斯之財富，終其一生，還是時時缺錢。**凱撒**於 62 年
副執政任滿，將轉任西班牙一省總督的出發前夕，承認所負債務超出其

資產達二千五百萬之多。他的債權人反對他離開羅馬，幸好**克拉蘇**為這多餘之數提出擔保，**凱撒**方能成行。鉅額債務，加上不動產行情下跌，毀了一大部份的貴族階級。

二、下層階級

羅馬是一個貴族的社會，但也是奴隸的社會。

奴隸人數的增加，為羅馬勝利最嚴重的後果之一，因為新奴隸大致上從戰俘中取得。戰爭的勝利和不斷湧進的財富，立即帶給義大利無數的奴隸。所有參戰者採用的戰爭權，以戰場上的戰俘和攻陷城市的殘餘人口，供應奴隸市場。

圖 10-4 奴隸鍛工

凱撒征服高盧後，或許曾出售一百萬高盧人為奴。除上述來源外，尚有搶掠、賣身和未開化地區的輸出，但為數並不多。當羅馬連戰皆捷時，奴隸的供應不虞匱乏。在義大利這個地中海最富裕的地區，奴隸的人數最眾，至少在體格、智慧和美貌方面，最為優越。當然，有關這方面的統計數字尚付闕如，但是大略估計，湧入義大利半島的奴隸，一定

有好幾百萬。

　　奴隸制度的極盛期約在西元前第二世紀末。儘管奴隸人數的增加，一個奴隸的平均價格，在第三世紀和第二世紀間，約在兩百至五百鎊❶。

　　習慣上，奴隸能以自己的儲蓄贖回自由。自西元前 375 年起，政府對每一解放法案，課稅五分，存入爲國家緊急之用的特別帳戶。在西元前 209 年，該帳戶基金已累積到四千萬鎊黃金，由此來推測每年解放的奴隸平均約爲一、三五〇人 ❶。這些人在某些方面，其自由並非完整，他們對舊主人仍有相當的義務存在，例如死後，無遺囑或繼承人，則其財產仍歸其舊主人。

　　奴隸被利用來從事所有的工作：華麗的奴隸，只供主人消遣和滿足其虛榮心；熟知禮儀的家僕；擔任秘書或心腹的知識份子；以及技術工人等等。來自希臘或東方的奴隸，對羅馬社會有相當影響力，如**龐培**的海軍上將**梅諾多羅**(Menodoros)即爲一脫離奴籍者。

　　小企業老闆且利用他們爲工人，尤其是在城市，熟悉其行業者，往往能從主人手中獲得司法自由。這些舊奴隸，很快會與城市人口融合，且對其習俗有深刻的影響。

　　然而尚有許多命運較差的奴隸：首先爲格鬥者(gladiators)。他們吃得好，還接受特別訓練，但卻成爲羅馬人血腥消遣的犧牲品；其次爲在公共工程和礦場工作的大企業工人，工作條件痛苦不堪；最後爲農村的奴隸，人數最衆，過着牛馬般的生活。不能脫離奴籍，對未來毫無希望，且心靈更須遭受無窮盡的折磨。

　　難怪**邁可・格蘭特**(Maechel Grant)會說：

---

❶ André Piganiol, *op.cit.,* p.394.

❶ Michael Grant, *op. cit.,* p.120.

在共和時期，許多羅馬人對其奴隸的待遇，很恐怖，也非語言所能加以形容。在上古時期，羅馬人對待奴隸之殘酷，只有亞述人可相比擬。其平均死亡年齡約為二十一歲 [18] 。

圖 10-5
格鬥士

命運悲慘的奴隸，其內心或許存在着，或在群體生活中由其同伴所挑起的，人格的意識。他們之中，以希臘化東方人最具有革命理念。最危險的奴隸叛變，發生於希臘影響很深的西西里和南義大利，也就不足為奇。三次大叛變，每次約間隔三十年，須要以真正的軍事行動來鎮壓。每次叛變，通常群聚數萬人，以一位領袖為首，並加以組織，且採用某種戰略。叛奴的紀律，源自復仇的原始本性。

前兩次奴隸戰爭，在西西里爆發。首領和叛軍為東方人後裔，只佔據南義大利的幾個據點。在叛變和鎮壓的過程中，西西里受害最慘。第

[18] *Ibid.*, p.139.

三次戰爭最爲著名。色雷斯的**史巴搭克**於西元前 73 年帶領卡卜亞的格鬥者學校的七十位同伴開始行動。隨之，叛變者逐漸增至六萬人以上。他不以搶刼爲主，只想將反叛的奴隸帶往北部的家鄉，以便重獲自由。後來不知何故，在北義大利獲勝後，又折返南部。最後被**克拉蘇**的十個軍團於 71 年消滅。**克拉蘇**命令樹立六千個十字架做爲刑具。

除了奴隸外，同屬羅馬社會下層階級的尙有農民和城市無產階級。

羅馬的自由農人數日漸減少。奴隸的競爭，並非唯一或主要原因，而是戰爭造成災難性的影響。**漢尼拔**橫掃義大利的十五年期間，軍隊蹂躪了鄉間。經常的動員，長期的海外征戰，使農民離開其田地。如果說他們帶回戰利品，但也染上了不利於粗重和持久工作的習慣。然而，所有這些原因均不如義大利農業經濟演進的影響之大。

農民種植穀類無利可圖，而須改經營畜牧業或種果樹，這些皆須鉅額資本。戰爭獲益者的富有階級，逐漸將地產集中，原有的小地主，只好移到城市，或變成拿工資的農業工人，因而只好面臨奴隸的競爭。

在義大利，公地制度的實施，更加深農民的不幸。公地是由羅馬在征服，或鎮壓叛變後取得。國家財產的管理權由元老院負責，不准將公地分給農民。因此，自由農在大農地和公地雙面夾攻下，生活條件很差。

農民的生活條件差，城市無產階級的命運同樣可憐。

羅馬爲義大利唯一的城市，其無產階級的數目，根據**凱撒**掌權時，登記在免費分配小麥名册上的公民，約有三十二萬人。另外根據西元前第二世紀末的一位保民官所說，在羅馬「擁有某些東西的人，不超過兩千。」貧富者之人數，差距甚大。

無產階級人數大增，並非由於出生率的關係。嬰兒死亡率高，如果家庭中有第三個小孩，已相當不錯。城市人口的增加來自移民，其原因有三：

　1.羅馬政治和經濟角色的增加；

2.義大利農民的湧入；

3.奴隸脫離奴籍的日多，這些奴隸可享有其舊主人之司法地位。

在一個人口如此衆多的城市裏，社會和物質生活水準的差別相當大。這個無產階級，當然有些人勤勞工作，奮鬥不懈，並因而提昇其生活水準，甚至融入資產階級。

但是無產階級中最蠢蠢欲動者，就是那些最遊手好閒之輩。由於其人數之衆，其存在就足以對整個社會的生活，甚至於城市的命運，構成壓力。

遊手好閒本身，也是一種誘因。不願從事工作，或正常工作不易維持其生活的人，皆被吸引到羅馬。羅馬遊手好閒的無產階級，因而不斷壯大。供應他們生活的人，也覺得逐漸無法挑起此一負擔。

遊手好閒，事實上造成寄生。

根據古老的「食客制度」（被保護者），「老闆」的道德和司法保護，現已走樣。老闆的選擇，變成獨立於家庭傳統之外，且通常可隨心所欲。有錢有勢的「老闆」，就得保障其食客之物質生活。最初，給予一籃子食物，隨之變成幾個銅板。有善心的富者，施捨的對象通常不限於自己的食客。如此善舉，帶來社會和政治的影響。有機會致富的人，理應以其財富，造福那些較未被神眷顧的同胞；否則就成爲吝嗇鬼，亦即靈魂的醜陋。

國家後來也以預算支付公衆宴會的費用，讓政府官員自由舉辦此類宴會。西元前 123 年，**蓋厄‧格拉古**的一項法律，規定國家依永不更易的價格，出售特定數量的穀類，給每一公民。58 年的克勞廸法，規定免費分配。在西元前 46 年，免費分配穀類的名冊上有三十二萬人，年耗七千七百萬謝士特斯（約等於 1914 年的一千九百萬法郎以上）。這項負擔十分沉重。這項負擔由被羅馬征服的地區來承受。

如何填飽這些遊手好閒之徒的肚子，羅馬政府用盡心思；如何讓他

們打發時間，而不造反，也讓羅馬政府費盡苦心。

　　以往，在勝利之時的競技和格鬥者之打鬥，含有宗教信仰成功；後來，其虔誠意味逐漸消失。遊手好閒的公民覺得無聊，國家就得讓他們有所消遣。娛樂活動大量增加，且須富於變化和創新。活動的時間一天天增加，自西元前 205 年起已連續七天。節目的內容：遊行、體育活動、舞蹈、戲劇、熱帶動物的展覽和屠殺，最後是格鬥者的打鬥。**蘇拉**曾使一百頭獅子被殺；**龐培**增加到三二五頭；**凱撒**則達四百頭。

　　消遣當然不虞匱乏。假如家庭人口不多，勉強也可過日子，偶而尚可找到零工，賺一點錢，但是不足於應付開支。

　　羅馬人口增加過速，住的問題最難解決。人們擠在集體的大房子裏，毫無舒適可言。房租甚貴，法律不利於房客。窮人的債務問題嚴重。

第十章　參考書目：

1. Frank F. Abbott, *A History and Description of Roman Political Institution* (New York : Biblo & Tannen, 1963).

2. Frank F. Abbott, *Society and Politics in Ancient Rome Essay and Sketches* (New York : Biblo and Tannen, 1963).

3. Emilio Gabba, *Republican Rome, the Army and the Allies* (Berkeley & Los Angeles : University of California Press).

4. Michael Grant, *The Twelves Caesars* (London : Weidenfeld & Nicolson, 1975).

5. W.E. Heitland, *The Roman Republic* (New York : Greenwood Press, 1969).

6. R.W. Moore, *The Roman Commonwelth* (London : Hodder & Stoughton, 1942).

7. Cyril E. Robinson, *A History of Rome, from 753 B.C. to A.D. 410* (1964).

8. J. Weels, *A Short History of Rome to the Death of Angustus* (London : Methuen, 1910).

9. L.P. Wilkinson, *The Roman Experience* (London : Paul Elek, 1975).

第十一章

共和時期的羅馬(三)

──文化與宗教

第一節 文 化

一、希臘的影響

　　長達幾個世紀，羅馬人沒有文學、哲學或歷史，而且希臘化世界科學成就，也未爲所知。在王國時期，透過與伊特魯斯坎人和坎帕尼亞人之接觸，他們見到某些希臘藝術。南意大利的征服，使之有機會瀏覽希臘世界。一位希臘劇作家**安德羅尼克**（Livius Andronicus），從塔蘭頓（Tarentum）被帶到羅馬，並在那兒翻譯《奧得塞》和其他希臘戲劇。

　　隨之，第一次迦太基戰爭打開希臘文化的水門。在西西里作戰經年的羅馬士兵，見過希葉羅的奢侈宮廷生活，以及希臘城市之樂事。他們在劇院觀賞希臘戲劇，還學會一些語言，使後來羅馬作家在其作品所用的雙關語或俚語，也能爲大衆所接受❶。

　　羅馬的上層階級比以前對希臘化文化更感興趣。像**西庇阿·艾米里亞勒**（Scipio Aemilianus）是一位真正有教養的紳士，但他的許多同僚，

從東方所得到的只是表面，特別是肉體的享樂和其漸增的個人主義自我肯定的哲學理論基礎❷。

在西元前 200 年以後，羅馬和希臘世界的密切接觸，導致一些文化之發展。羅馬的精英向希臘世界所學的，促其產生文化的高度覺醒❸。

希臘文化對羅馬的文學、藝術、哲學和宗教等等之直接影響，後面將陸續討論。現在我們來看看，希臘文化對羅馬的社會和生活，是否有較不良之影響？

西元前第二世紀，羅馬的社會和生活的病態，僅管不能全歸咎於希臘人，但絕大部分是間接來自羅馬對希臘化世界的征服，以及其道德水準的降低。在此一時期，家庭生活沒落。統計數字顯示，不健康的情形微增。早在西元前 234 年，就有人抱怨獨身者越來越多。大家族的小孩人數遞減，因而經常爲預防香火中斷，必須採用收養的方式。離婚變成更爲常見。女孩早婚，經常在十二歲就出嫁。老人有時娶少女；父子與兩位姐妹結婚，也不稀奇。女權高漲，婦女在家中對財產的支配權大增。

家庭生活的改變，不可避免地也影響到仍爲一項家務事的教育。父親通常較無法或不願訓練其小孩，以趕上時代的需要。因此，希臘奴隸受雇擔任豪門富族的家庭教師。對於一個成長中的男孩，一個奴隸的影響，就如此取代其父親之教導。受過教育的羅馬人，在很早就會說希臘話，例如**格拉古**兄弟之父，就是優秀的希臘語演說家。在西元前三世紀末，羅馬的史學家以希臘文寫歷史，在下一世紀，或許大多數羅馬貴族已能說兩種語言。

❶　H.H. Scullard, *A History of the Roman World, 753-146 B.C.,* pp. 361-362.

❷　Chester G. Starr, *A History of the Ancient World,* pp.508-509.

❸　Michael Crawford, *The Roman Republic,* p.193.

二、文學

文學正式來到羅馬，約在西元前 272 年，是由希臘奴隸**安德羅尼克**帶進來的。他除了在羅馬將荷馬史詩《奧得塞》譯成爲拉丁文的農神詩（Saturian Verse）之外，還教其主人和他人的孩子們學拉丁文和希臘文。西元前 240 年，倣照希臘的形式，完成一部悲劇和一部喜劇。

自西元前第二世紀後期起，羅馬的借用，導致較矯揉造作的文化表現，甚至造成較有創意性的成就。**呂希留**（C.Lucilius, c.180-102 B.C.）爲諷刺文的創始者，這是羅馬自己創造的一種文學形式。

泰倫斯（Terence, c.195-159 B.C.）爲羅馬文學史初期著名的作家之一，北非人，擅長喜劇，爲迦太基征服者，**西庇阿‧艾米里亞勒**的食客。他在希臘的精緻之中，加上完美的拉丁要素。

在雙語言時代，**西塞祿**和**塞內加**（Seneca），將大部分從希臘文中所學到的，化成爲拉丁文。他們的成就，顯現出拉丁文學與其他文學有很大差別。就如同**維吉爾**（Virgil）所瞭解的，羅馬世界的視覺藝術，未在羅馬人手中充分表現出來。**維吉爾**告訴羅馬，以統治去取代，他說這是他們的工作。但是他們在文學藝術，也相當優秀。他本人在世時已是最優秀的大師。如同英國人，羅馬人在其他藝術方面的表現是二流的。然而，他們在寫作方面，尤其是詩，卻非常傑出。此一傑出部分，仍基於拉丁文的特殊優點。

西塞祿使拉丁文的散文寫作，達到高峰。他來自亞庇能（Arpinum），原本非屬於羅馬的統治階級。後來他獲准加入那個階級，並達到最高榮譽 —— 擔任過執政官。因爲，對一個受到在元老院、民會和法庭辯論所支配的社會，有雄辯天分者，等於擁有進入該階級的工具。

西塞祿的成功，證明他是有史以來最能令人信服的雄辯家之一。他

的演講，曾以無數的方式，影響到西方社會的行為。他給人類最大的禮物，就是擅於利用拉丁語言。關於雄辯的原理和技術，**西塞祿**將之寫在一連串的論文中，尤其是《雄辯術》（*De oratore*）和《布魯托》（*Brutus*）兩本著作。

談到詩的寫作，**西塞祿**儘管缺乏此一方面的天分，他對新羅馬的詩學，也有不小的貢獻。如同當時的一些詩人，他以翻譯希臘的作品，做為起點。後來，他寫創作性的英雄詩，其中最重要的是談及他的執政官工作和他所處的時代；其他則以**馬留斯**和**凱撒**征服之光榮事蹟為主題。

除**西塞祿**外，其他較有名的羅馬詩人尚有**魯克雷秀**（Lucretius, 96-55 B.C.）、**卡特勒**（Catullus）、**聶波**（Cornelius Nepos）、**薄留**（C. Asinius Pollio, 76 B.C.–5A.D.）等等。

魯克雷秀的生平鮮為人知。據說他出身奴隸階級，晚年精神異常。其詩中顯現出個性強烈，精神高傲，而且是在平常作家的經驗所無法想像的艱難中工作。他的主要作品為六卷以「物之本質」（Nature of Things）為主題的詩集。

卡特勒是維洛那（Verona）的公民，善於揭露一個個人激烈的親密新世界。他是一位愛情詩人，並以此贏得名聲。

聶波為**卡特勒**和**西塞祿**之朋友，為一多產作家。他遺留下來最重要的作品，就是其《阿提克的生活》。他以其本身知識，表現在作品中。

薄留的著作大部分是在共和崩潰之後寫成。因為親身經歷，故其內戰的故事，相當受人重視。他年輕時受到**卡特勒**之賞識；年齡漸長時，與**西塞祿**通過信。他還是**維吉爾**和**賀雷斯**（Horace）之贊助人，因此對於帝國時期的文學風格影響不小。可惜，其詩集全部遺失。

三、科學

除基本的算術，以及利用幾何劃定農地或籌建寺廟外，在羅馬市民的教育或訓練中，科學迄未擔任要角。羅馬人的幾何學，在建築及工程方面都應用得很好。然而，對於希臘人已有圓滿成就的幾何學定理，羅馬人未嘗增加一條。羅馬人也無天文學，只有占星學。

迄至第三世紀，羅馬的醫學大都限於家庭草藥、巫術和祈禱等，只有神能治病。爲使治病確實有效，每一種病皆有一個特定的神。西元前219 年，羅馬出現第一個新自由民醫生，是希臘伯羅奔尼撒人**阿恰加色**（Archagachus）。此後，希臘醫生紛紛前往羅馬，使羅馬行醫成爲希臘人的專利。

四、法律

在十二平板法❹制訂以前，羅馬的法律一向是一種混合體，包含有部落的習慣、王室的詔書、以及祭司的支配。十二平板法引起法律的雙重革命，亦即羅馬法的公佈和世俗化。正如西元前五、六世紀中的其他各國法典如梭倫法典等，代表著從不確定與不成文的習慣法，轉變爲明確的與成文的法律。

刊載在十二平板法上的「民法」（ius civile），自神的法律中解放出來，羅馬遂非「神權政治」。

部分透過希臘化思想的刺激，部分因爲十二平板法不再能適合帝國的需要，羅馬的私法或民法，逐漸發展爲更有系統和更有思想。約從西

---

❹　十二平板法，有人譯爲十二銅表法。

元前 200 年起，羅馬法開始「古典」時期。依照第二世紀中葉的艾伯提安法（Aebutian law），副執政基本上擺脫「十二平板法」之限制，同意每一提出的案件爲一個「套語」（formula）。這包括相關法律問題和懲罰方式之決定。儘管原告草擬「套語」（如同被告加以修正一般），他還須找一位專門的律師做準備工作。「副執政之敕令」（The Praetor's Edict），每年重新再版，就包括這些漸增的套語。

除了副執政之外，其他懂門道的貴族，對正在處理中的案件，以其特別觀點，提供意見給原告，勸告總督或副執政。後來還發展成一個日漸職業化的法律評論團體。

經由立法程序，副執政的公告，以及後來皇帝的命令，十二平板法雖曾一再補充，然而經過九個世紀，始終還是羅馬的基本法。

五、藝術

羅馬鄰近燦爛文明中心 —— 伊特魯里亞，因而早期的藝術頗受其影響。伊特魯里亞國王，給予羅馬城最初的制度，同時也給予最初的紀念性建築物，例如天神**朱彼特**（Jupiter）的廟，雖經數次的重建或改建，一直還是官方宗教的主要殿堂。甚至在推翻異族統治，獲得獨立後，羅馬仍然與其昔日主人的地區，維持文化上的聯繫。羅馬逐漸加以征服，且不會忘記掠奪其藝術品。最初的藝術因此可以說是來自伊特魯斯坎人。

自西元前第五世紀，羅馬建造不少廟宇。這是伊特魯斯坎式，爲羅馬宗教建築的特微。原始的廟宇爲木造。爲保護，也爲了裝飾，多顏色的燒土，大量被利用。此一作法傳播很廣，從伊特魯里亞到坎帕尼亞和中義大利。

繪畫提供另一種裝飾，其風格襲自伊特魯斯坎人、坎帕尼亞人和拉

圖 11-1

龐貝廢墟之畫像

丁人，而且延續很久。它用於廟宇內部、地下墳墓的內壁、公共建築和私人住宅的牆壁。留下的繪畫，無一具有宗教性質；有些以歷史爲主題，如戰鬥和談判。

在第一次迦太基戰爭初期，**梅沙拉**（M.Valerius Maximus Messala）叫人在元老院會議廳牆上，繪一幅戰爭勝利圖。就如同後來的偉大的彫刻般，這些歷史性質的繪畫，顯然加以誇張，以造成一種崇高的印象。

在外交和羅馬軍團對於希臘化世界心臟地帶干預之前，如同宗教一般，羅馬在藝術和知識方面，已開始受到希臘的影響，甚至比宗教方面受希臘之賜更多。

自羅馬直接控制義大利南部開始，其希臘化的程度加速。在這方面，古代史學家認爲，西元前 272 年羅馬取下大蘭多（Taranto），有其顯著的重要性。此後使羅馬獲得一大群希臘或希臘化的俘虜，以及一大批裝飾此一希臘城市的彫像、圖畫和其他稀珍奇寶。身爲奴隸的希臘俘虜，以其語言和產品，敎育羅馬人，給了羅馬傑出的藝術作品。

第二節　宗　敎

一、羅馬人的神

早期羅馬人神化了生命力量、神秘能力和支配行動的力量。他們承認無數的「力量」（Numina）和意志，並給予尊敬的表示、或幾句祈禱詞。

　　但是羅馬人還得承認義大利當地最古老民族的信仰，有關孕育之神和死者的祭祀。

　　印歐族的信仰以天神爲代表：**朱彼特**，光明和暴風雨之神，其名字即採「**宙斯**」（Zeus）之名，只是加上「pater」^{（亦即 père, father）}之稱呼，使之變長而已。家神之祭祀也有同樣起源❺。

　　本地的、外地的、新的、舊的，羅馬人的神實在太多。信徒們或許畏懼這些神秘和含糊的力量，但很難喜歡祂們。事實上，毫無感情成份的問題：一切皆成爲一種細節確定的儀式。「虔誠」只不過是對於神的公道而已，亦即盡可能正確無誤地執行自己對神應盡之義務。人們瞭解，必須討神之歡心，以便能完成對神所期待之事。

　　古羅馬的正常生活，爲一種農民的生活。家族內的祭祀，勢必再加上有益莊園的祭祀，以便五穀豐收、六畜興旺。在這方面，**卡托**（Marcus Porcius Cato. 234-149 B.C.）的《談農業》（*De agriculture*），對於慶典的犧牲、禱告詞和動物環繞莊園之遊行等，皆提供多而詳盡的細節。

　　農業生活的每一動作，必須伴隨一種宗教的動作，以慶賀成功，或設法安撫地方神祇的不悅。在收成前，供奉一隻母豬的內臟和葡萄酒給土地婆**謝蕊**（Ceres）；香和各種不同的蛋糕給門神**簡努**（Janus）和天神**朱彼特**。在開墾林地前，則以一隻豬爲犧牲。祭祀由私人來做，但如此做，卻有助於共同之繁榮。**卡托**認爲，當一個人完成其身爲好地主的義務時，則亦爲一位好公民。

　　家庭是羅馬宗教的中心與來源，其財產的每一部份，其存在的每一方面，皆與神明密切結合在一起。羅馬人有爐火女神**威士達**（Vesta）、土地公**拉爾**（Lar）、穀倉神**潘那特**（Penates）、門神**簡努**和生育之神**朱**

---

❺　André Aymard & Jeannine Auboyer, *Rome et Son Empire*, pp. 177-178.

諾（Juno）。

大地本身就是一個神。在農場上，每一件工作或每一個地點，都有一個神幫助，如果樹、牲畜、收刈等，皆有神管理。

羅馬人也像希臘人一樣，並不認爲諸神具有人形，有時稱爲精靈或力量（Numina），有時只是一些抽象的觀念，如健康……。從未有別的宗教，有那麼多神。根據**瓦羅**（Caius Terentius Varro）的推算，羅馬約有三萬個神。

在諸神中，最受人喜愛的爲**朱彼特**，其他還有戰神**馬斯**（Mars）、智慧女神**米勒華**（Minerva）、月神**黛安娜**（Diana）、愛神**邱比特**（Cupid）、酒神**戴奧尼索斯**（Dionysus）、財神**墨克利**（Mercury）、太陽神**阿波羅**等等。

二、羅馬人的祭祀

爲求神的幫助，羅馬人借重祭司。羅馬神祇的正式祭祀，必須以國家之名行之。如同在希臘城邦，此一工作大部份由行政官吏來擔任。希臘很少永久性的祭司，而且也只在某些廟宇才有。羅馬卻擁有人數相當多的祭司，但還不足於像埃及般構成一個祭司階級。

羅馬的祭司團，彼此獨立。祭司爲一終身職，然而卻能同時過著一般公民的正常生活，也能不必中斷其政治生涯，例如遠離羅馬或率領軍隊遠征。他們通常扮演政府中宗教行政官員或顧問的角色。

守望爐火女神**威士達**的處女們，也是一個祭司團，扮演一項女祭司的角色。她們的主要工作爲負責聖火，城市生命之象徵，之能永不熄滅。她們來自貴族家庭，自孩童之時，即入一個任何一個男人皆不能進入的廟宇。必須宣誓守貞，如有違背誓言，則將被活埋；如守望聖火時，讓其熄滅，則將被鞭打。但在滿三十歲時，就可結婚，恢復常人生活。

羅馬的祭司人數衆，種類多，且其中某些人在羅馬城的組織中，地位重要。這些在希臘城邦中幾乎全被忽視。然而此一制度亦非羅馬的創新，其中部份可能源自伊特魯里亞或義大利。較可能屬於羅馬的，就是羅馬城准許其在生活中扮演的角色，以及所帶來的威望。

直至共和末期，這些祭司長期以來，實具有一種眞正的吸引力。難怪**凱撒**在西元前 63 年，尚未十分成名時，全力爭取最高祭司團團長（pontifex maximus）之頭銜。對他來說，這非僅是一個頭銜，更是一項第一流的職位。

西塞祿頗以其祭司之頭銜爲傲。在元老院政權的黃金時代，貴族們設法取得祭司頭銜，甚至可能時，身兼數職。如同行政官員，這些職位爲「榮譽性」，但可刻在死者的碑銘上；也如同行政官員，這些職位在最初大部分保留給貴族階級。直到西元前 300 年，平民贏得一次大勝，在最高祭司團增至九個成員中，五個必須保留給平民。從西元前第二世紀末起，這些職位由公民選出。

所有這些顯示出，共和羅馬的高度宗教性。政治生活和宗教生活合而爲一，由相同的人來領導。家長負責家庭的祭祀。同樣地，一位羅馬的領袖，必須同時擁有政治和宗教的經驗，而且其法學，除了民法和公法外，還須涉及到宗教法。

最理想的境界，就是與神和平相處（pax deum）。如因人們無意間所犯之錯，破壞此一均衡，神會以「預兆」，表示其不滿。雷電、洪水、冰雹、怪物的產生、廟宇中神像的出汗或移動、牛登上屋頂……等等，皆顯示出神怒。元老院即集體商議此類預兆，如果力猶未逮，則委之共和國最高祭司團，根據《神諭集》（*Sibyline Book*），來討論其吉凶，以及如舉行儀式，以息神怒。

首先以祭品，亦即供奉神的食物。無疑地，在早期有以人爲祭品。在西元前 216 年，坎內之役的災難，經過參考《神諭集》之後，一對希

臘人和一對高盧人被活埋。做為供品的動物之選擇，通常非常謹慎。事
實上，每位神祇各有所好；每種儀式，亦各有其傳統，如戰神**馬斯**喜歡
的祭品，包括一隻豬、一隻綿羊和一隻水牛。有時國家會以麵或臘做成
的動物，再配上花、麵粉、蛋糕、奶、蜜、酒……等為祭品。

圖 11-2
田野祭祀

　　供奉神的方法，不以食物饗神為已足。羅馬神祇講究形式，要求一
切儀式皆按古禮進行。若以任何部份之禮節有虧，則獻祭亦屬徒然，而
必須從頭做起。

　　隨之為節慶。羅馬日曆上的節日有四十五個，國家皆須參與。節日
慶祝儀式各自不同。

　　競技為主要，甚至有時為唯一的節目。起初，有遊行、啞舞、體操
等節目；後來又增加賽跑和摔角。自第三世紀起，直接受到希臘的影響，
拳擊、合唱、喜劇和悲劇，開始出現。格鬥士之格鬥，自西元前第二世
紀末也加入公共競技的節目。競技最後失去其宗教性，觀眾只視之為純
粹的娛樂節目。

　　家族宗教為一私人的信仰。儘管國家未加諸任何教條，卻仍擁有控
制權。為禁止它認為有危險性的祭祀，國家在往後偶而也加以利用。

圖 11-3
祖先雕像

　　這個宗教限於各家院牆之內，祭祀也不公開。舉行祭祀時，只允許
族人參加。與祭祀有關的聖火，也是每族私有。聖火者，家中之神。其
祭祀很簡單，最重要的是，祭臺上要有永遠燃燒著的炭。其炭若熄，其
神則不存。羅馬人把聖火置於屋內，祭祀秘密進行。宗教儀式，並不一
致，每族有它獨有的儀式和禱詞歌曲。掌教的家長，獨有傳授權，傳授
只限於他的兒子。

圖 11-4
住家祖先牌位

　　死者的祭祀也是家族宗教的一部份，但每族只能祭祀與其血統有關
之鬼。定期的祭祀，亦只允許其家族參與，外人絕不得與祭❻。

---

❻　N.D. Fustel de Coulanges 著，**李宗侗**譯，〈宗教信仰在希臘羅馬古代社會史
上的重要性〉，收入**王任光**、**黃俊傑**編，《古代希臘史研究論集》（臺北：成文出版
社，民國 68 年 8 月），頁 81-85。

第十一章　參考書目：

1. Frank F. Abbott, *Society and Politics in Ancient Rome* (New York: Biblo and Tannen, 1963).

2. P.E. Easterling & B.M.W. Knox, *Philosophy, History and Oratory* (Cambridge: Cambridge University Press, 1989).

3. R.W. Moore, *The Roman Commonwealth* (London: Hodder & Stoughton, 1942).

4. H.H. Scullard, *A History of the Roman World 753 to 146 B.C.* (London & N.Y.: Methuen, 1980).

第十二章
羅馬帝國前期

第一節 奧古斯都

西元前 30 年，**安東尼**和**克里歐佩特拉**在阿克提姆（Actium）戰敗而自殺之後，**屋大維**併吞了埃及。經過幾十年的內戰，一個眞正的大一統的帝國終告出現。

一、屋大維大權獨攬

離開兩年多，**屋大維**於西元前 29 年 8 月重返羅馬。經過三天的勝利慶典 ❶，共和政體事實上也隨之宣告壽終正寢。這一年是羅馬和世界歷史的重要轉捩點 ❷。

羅馬共和之失敗，大體上由於羅馬人不願意改變其統治的方式和一般政治體制。保守和固執，無疑地爲一個民族的優良特性；然而，保守

---

❶　西元前 29 年 8 月 13-15 日，羅馬慶祝**屋大維**在東方的一連串勝利。

❷　Eugène Albertini, *L'empire Romain*（Paris：PUF, 1970), p.16.

可能轉變爲頑固不冥，而且頑固不冥只能由流血來治療。

　　羅馬共和的病態，起因於其企圖以一個城邦的政治和行政體制，來統治一個大的地中海帝國。最後整個制度宣告崩潰，在隨之而來的一片混亂中，**屋大維**盡力設法脫穎而出。現在他的問題在於解決羅馬世界的事務，以及將羅馬這個國家再度置於一個穩定的基礎上。

圖 12-1
屋大維

　　屋大維在控制全局之後，除了軍權緊抓不放之外，對於共和體制，如保民官、執政官，甚至於後三雄之一，**雷比達**的最高祭司團團長（國家宗教領袖），都加以維持。他的「大將軍」（Proconsulare Imperium）頭銜，已使他成爲國家的眞正最高仲裁者，因此，表面上將共和國重新交給元老院和羅馬公民。西元前 27 年，元老院上給他「奧古斯都」（Augustus）

榮銜。此一榮銜有點神祕和宗敎意味，至少會讓羅馬人想起建立「至尊」（augusto, augurio）之城的**羅慕勒斯**❸。在他之前，此字一向是指聖物或聖地，以及創造事物的神祇。如今用在他身上，便帶有一種神聖的榮光而使他成爲宗敎與諸神的保護者。

　　屋大維自稱「第一公民」（Princeps）❹，目的在於避免「國王」或「獨裁者」等令人憎恨的頭銜。他所成立的政府，稱爲「The Principate」，其實爲一獨裁政治體制，因爲「第一公民」擁有下列幾種權力：

　　1.「大將軍」之軍權── 此一職位使他擁有全國軍隊的指揮權。**奧古斯都**在西元前 27 年獲得此一職位，使之與各省區的總督相等，而且由於他也是執政官，因此在理論上超越各總督。在實際上，皇權無限，他還是總督的主人。

　　2.「首席保民官」（The Tribunicia potestas）之權── 「大將軍」只賦予在各省區之權威，在義大利，其權威在於保民官職位。此一職位能發揮下列四種功能：

　　　(A)使皇帝與羅馬平民的特別官員結合在一起，且使其個人神化；

　　　(B)使他有召集元老院和向他提出任何自己喜歡的措施之權利；

　　　(C)使他有否決權；

　　　(D)使他有赦免權。

　　3.締結條約和頒佈勅令之權❺。

　　至於何時爲帝國之始，則爭論不已。事實上，從西元前 27 年起，帝

---

❸　E.T. Salmon, *A History of the Roman World, 30 B.C. to A.D. 138* (London & New York : Methuen, 1980), pp. 9-10.

❹　在共和時期，**龐培**及其他偉大羅馬人，曾用過此一稱號，其義爲他是第一公民，而且是一位統治者。

❺　J. Wells, *A Short History of Rome to the Death of Augustus* (London : Methuen & Co., 1910 10 th ed.),pp.305-306.

國頭銜已出現，但在四年後，**奧古斯都**才坦白承認他在國家的地位是相當超然，且眞正擁有一個合法君主政體的正式延續性。

二、屋大維的治國之法

儘管他很關心自己在國家的未來地位，但是最先考慮的是，如何使已分崩離析的羅馬世界恢復秩序和信心。經過他兩年的努力，已有輝煌的成果。

分散公衆對於公共事務不安定的注意力，傳統的方法是滿足民衆食和樂的需要，亦即穀類的配給和大量的競技活動，**屋大維**則極力廣泛建造廟宇、聚會所、道路等公共工程，這些也有助於製造安定已恢復之印象。

利用償還自己的債務，利用對他所負國家債務之忽視，以及利用對貧困元老院議員之協助，他恢復了財政的信心。利率下降了三分之一。同時，他設法清除當時盛行的軍事氣氛，進行大規模的裁軍。在西元前30年，他統率六十個軍團，幾年之內，減至二十八個，將十萬名退伍軍人送到義大利或其他省區的警備區域。

屋大維爲保證他所要求的秩序，以及維護其權力，他嚴重的違反常規，安置六個軍團駐紮在羅馬近郊，三個駐紮在城內。這九個軍團以後成爲其禁衛軍。西元41年，就是禁衛軍擁**克羅廸**（Claudius）爲帝。政府開始受到軍隊的操縱。

在**奧古斯都**統治早期，他顯然只依賴從其自己家族或親近隨從選出的前執政官（ex-consuls）。但隨着他對前執政官的需求漸增，以及其家族成員相繼死亡，一項較廣泛的選擇變成不可避免。在西元前5年之後，他採用一種縮短執政官任期，以供應所需的方式來解決問題。

從西元2年起，執政官任期縮短，變成政治制度的一種永久性特徵。

在朱利安·克羅廸王朝（Julio-Claudian Dynasty）的皇帝時期，該職位的正常任期爲六個月。在西元 69 年之後，在同一年由三對，或有時更多，多對的執政官同時任職之事，變爲常規。如此，就可經常供應所需之「前執政官」。

圖 12-2
軍團士兵

　　縮短執政官任期，尙能更廣泛的分配此一職位，有助於減少對**奧古斯都**政權之不滿。

　　西元前 27 年，**屋大維**宣稱將權力還給元老院和公民，其「恢復共和」（restored Republic）的一項特徵爲，元老院應受珍視和鼓勵。在與自己的合作下，亦即在其指導下，在政治上扮演重要角色。具有影響力的羅馬人中，有相當大的比例，屬於六百位活躍的元老院議員，其中有五百位經常在羅馬，其餘則負有省區之職責。元老院議員之任命，有財產資格限制，每年約有二十位元老院議員之子，年約二十五歲，經**奧古斯都**

之同意，加入其陣營，以承擔未來之重責大任❻。

在成爲議員之前，先具備較次要行政官員之經歷。等到二十五歲，方可出任財政官之職位。財政官任期一年 (12月5日至翌年12月4日)。在帝國時期，有財政官二十名，其職責各自不同，但還是相當重要。他們是羅馬城行政官員在任期內得以派到義大利以外之各省區者。這是一個人顯現其行政才能的良機。在**克羅廸**皇帝以後，他們可以擔任國家財政官員或皇帝、元老院、執政官之間的聯絡官。

奧古斯都維持**蘇拉**之安排，財政官自動變成元老院議員。元老院生涯的最巔峯，就是出任執政官。

如上所述，元老院議員可透過出生取得資格，但也可經皇帝特許而成爲元老院議員。一般說來，元老院議員之子輕易進入元老院，但非自動的。騎士階級，但擁有相當資產❼，也可由皇帝特准。

帝國的眞正基礎爲皇帝的軍權，然而法律基礎爲元老院和人民之特別授權。事實上，元老院和人民之授權，只是一種形式。在法律原理上，元老院任命皇帝。因此，元老院似乎擁有非常大的權力，它管理許多省份。因它控制執政官，而在義大利有名義上的權威。它也可要求監督財政，羅馬穀物和水的供應，以及道路。

約在西元前4年，元老院成爲兩個高等法庭(High Courts)之一。它也有立法權，表面上爲兩個新法源之一，而且皇帝喜歡以「元老院法令」(Senatus Consulta)名義頒佈法律。西元14年以後，元老院還可選舉行政官員。此外，還有某些外交權，如接見外國使節。

在**屋大維**的統治下，元老院和民會繼續運作。貴族階級繼續保持其職位，而公民也繼續其投票工作。然而，一人之統治，已是一旣成事實。

---

❻ Michael Grant, *The World of Rome* (London: Sphere Books Ltd., 1974), p.43. **凱撒**當政時，元老院議員增至九百名；**屋大維**則減至六百名。

❼ 自西元前13年起，約1,000,000 sesterces 以上。

奧古斯都創造一批新的派任官員，播下初期帝國官僚階級的種籽，並且讓元老院和民會知道其願望，而適當地接受其領導。很少有人會抱怨。其他的選擇就是混亂和無政府狀態，羅馬剛有過此一經驗，而且害怕歷史重演❽。

關於省區政府的制度，奧古斯都以「大將軍」名義，指導省區政府，在皇帝的省區的總督全由奧古斯都任命，一律稱爲 propraetore。另一方面，元老院省區的總督，同樣不論其在羅馬所擔任過的官職，一律稱爲 proconsul。然而，只有前執政官方被派往亞洲和非洲。元老院省區總督的 proconsul 頭銜，似乎較皇帝省區總督的 propraetore 頭銜大，但在重要性和權威性方面卻無法相比，因爲後者負責一支軍隊的指揮，而元老院省區的總督則無。

在軍事和司法事務，皇帝省區總督由奧古斯都軍事副總督（legati augusti legionum）和奧古斯都司法副總督（legati augusti iuridici）協助。元老院省區總督則經由抽籤決定，任期一年，也有一至三位副總督（legati）協助。副總督由總督自己任命，但要經皇帝之同意。

奧古斯都在軍事制度方面，有一些改革。保衛遠處疆界的必需性，甚至在共和時期，也很難依照傳統，每年讓士兵解甲歸田，然後再徵召和組織一支新武力。因此，奧古斯都在西元前 13 年，規定徵召軍隊之固定服役年限。在西元 5 年，軍團士兵服役十二年，禁衛軍則爲十六年。另外，他還大量利用輔助部隊❾。

自西元前第二世紀起，受人民之託的行政官員，通常爲副執政，可以成立法庭，以審判較重要案件。在共和末期，判決是不能上訴。在帝

---

❽　Erich S. Gruen, *The Image of Rome*（New Jersey：Prentice-Hall, Inc., 1969),p.52.

❾　Frank Frost Abbott, *A History and Description of Roman Political Institutions*（New York: Biblo and Tannen, 1963, 3 th ed.),pp.284-286.

國時期，既然**奧古斯都**擁有至高無上的帝王權力，這當然也包括司法權。大約在西元前 30 年，他擁有某種形式的審判權。上訴程序大約在西元前 18 年開始正常化。各地的羅馬公民，皆獲得向皇帝上訴的權利。皇帝事實上已成爲一個高等法庭。

爲執行其司法權，皇帝需要一群專家來協助，這就是顧問(consilium)。

在帝國時期，元老院也是一個高等法庭。這似乎起源於以元老院爲「顧問」的執政官法庭(Court of the Consuls)。元老院省區的公民可向元老院或皇帝上訴。

另外，在共和末期的正常法庭——公共法庭(the judicia publica)到了帝國時期，仍繼續存在。其陪審團來自騎士階級，審判普通案件。重大案件，則交給皇帝或元老院法庭。

屋大維在阿克提姆海戰勝利的餘波中，擁有強大的海陸軍。他顯然要把帝國延伸到大西洋、撒哈拉、幼發拉底河、黑海、多瑙河和易北河。羅馬統治下的和平(Pax Romana)，不是用消極的防衛來維持，而是用向外侵略的政策來維持。

但是，西元 6 年，最後征服地區巴諾尼亞(Panonia)和達爾馬地亞(Dalmatia)的叛變，以及西元 9 年，**亞米尼厄**(Arminius, c. 18 B.C.-A.D.19)❿又在日耳曼地區組成一支叛軍，誘殺 **瓦勒**(Quintilius Varus)的三個軍團⓫，**奧古斯都**才將羅馬帝國邊界退縮到萊茵河。

在行政改革方面，**奧古斯都**以騎士做爲一個新的帝國文官制度(Imperial Civil Service)的核心，逐漸取代傳統的元老院議員的官員生涯。他派遣騎士到各省區爲其私人代表，在他嚴密的監督下，擔任徵

❿ **亞米尼厄**爲一領導日耳曼人反抗羅馬的傑出英雄。他原爲 Cherusei 部落的首領，後來成爲羅馬輔助軍隊的軍官以及羅馬騎士階級的公民。

⓫ 三個軍團總數約兩萬人。

稅或其他財政職務。在某些較小的省區如朱達亞（Judaea）等，擔任總
督；而且自征服埃及後，這塊富庶的地方，一直在皇帝個人的控制下，
他將之託付給一位從騎士階級選出的總監（prefect）。

　　除了雄才大略，治國有道外，**屋大維**還擅於利用宣傳，襯托自己之
偉大，甚至進而神化自己。終其一生，**屋大維**深深瞭解宣傳的價值和利
用。**安東尼**和**克里歐佩特拉**在他的緊追下，於西元前 30 年 8 月死於亞歷
山卓。在西元前 29 年，**安東尼**已不存在，而**屋大維**儘管盡力爲其黨徒奪
取勝利的果實，但他卻不以政黨領袖自居，而是自認爲是西方文明的拯
救者。他的宮廷詩，不久就故意傳播着，萬一**克里歐佩特拉**獲得勝利，
那無疑地將意味着歐洲的東方化❷。

第二節　奧古斯都的繼承人

一、奧古斯都的死

　　奧古斯都於西元 14 年 8 月在諾拉（Nola）去世。在葬禮中，**泰伯留**
（Tiberius）將皇帝比爲**赫克力斯**。9 月，他被封爲神。此後，他即是「神
化的奧古斯都」（Divus Augustus, The Deified Augustus）。

　　在**奧古斯都**死時，羅馬帝國的版圖爲三千三百四十萬平方公里，大
於美國本土，比迦太基戰爭以前的羅馬約大有一百倍之多。

　　在**奧古斯都**去世之前，他爲維持其朱利安血統之繼承，在西元前 25

---

❷　E.T. Salmon, *op. cit.,* p.2.

年，讓其外甥**馬謝勒**（Marcellus）與自己的獨生女**朱利亞**（Julia）結婚。
朱利亞當時才十四歲。西元前 23 年，**馬謝勒**死。兩年後，**屋大維**讓**朱利
亞**跟他的好友和支持者**艾格里帕**（Agrippa）結婚。在西元前 20 年，生一
子名爲**蓋伊**。再三年，又舉一男，**盧西厄**（Lucius）。西元前 12 年，**艾格
里帕**死，留下遺腹子 ── **艾格里帕**（Agrippa Postumus）。

西元前 11 年，**屋大維**強迫其繼子**泰伯留**與其愛妻**維普沙尼亞**（Vip-
sania）⓭離婚，來娶**朱利亞**。他想要借用女婿之力，來扶助其孫繼承帝
位。然而，西元 2 年和 4 年，**盧西厄**和**蓋伊**相繼去世，遺腹子**艾格里帕**
又殘暴愚蠢，因而於西元 7 年被**奧古斯都**所逐。

二、朱利安・克羅廸王朝

奧古斯都去世後，繼承者有**泰伯留**（A.D.14-37）、**卡里古拉**（Caligula,
A.D.37-41）、**克勞廸**（Claudius, A.D.41-54）、**尼祿**（Nero, A.D.54-68）
等人，均爲奧古斯都家族的後代，因而稱爲朱利安・克羅廸王朝。

泰伯留嚴肅而有才幹。在西元 14 年，繼承**奧古斯都**。在這一年，他
說服元老院將選舉政府官吏的權利，從百人民會手中接過來，元老院當
然覺得很高興。有一段時期，公民爲失去他們投票所得的收入，而大發
牢騷。現在選舉權從民會轉入軍中，就變成武裝投票。

他似乎眞的厭惡君主專政，將他自己視爲一個行政首長和元老院的
支柱。他拒絕一切有君王意味的頭銜，還曾拒絕西班牙人爲他建廟之提
議⓮。

泰伯留勤儉治國，且保持和平。在他繼位時，國庫有庫存總金額一

⓭ Vipsania 爲 Agrippa 與其前妻所生之女。

⓮ Cyril E. Robinson, *A History of Rome, from 753 B.C. to A.D.410*
（臺北：新月圖書公司，民國 53 年重印），p.276。

億謝士特斯；到他去世時，則增至總金額二十七億。他以身作則，而不以法令限制奢侈。他在位時，受到母后**利維亞**(Livia)之操縱，以及禁衛軍司令**謝雅若**(Lucius Aelius Sejanus)之挾持。西元 27 年，**利維亞**去世；31 年，**謝雅若**被處死。37 年，**泰伯留**去世。羅馬史學家**孟仁**說他是「這個帝國最有才能的統治者，但他一生幾乎歷經所有的不幸。」❺

　　繼**泰伯留**爲帝的是**蓋伊**(Gaius Caesar Germanicus)。他在孩童之時，隨雙親駐紮在日耳曼地區，由於穿着一雙迷你型的軍靴，因而被其父轄下之士兵暱稱爲「小靴子」(Caligula)❻。他個性奢侈、爽快、慈悲，但卻有點精神失常。

　　受過良好的學校教育，善於辭令，富機智，且具有肆無忌憚的幽默感。他的奢侈，不久將**泰伯留**遺留給他的全部財產，揮霍殆盡。他不用清水而用香水沐浴。其荒淫和奢侈，猶如中國的**隋煬帝**。三年後，他以恐怖統治配合其變態的尋歡心理，**蓋伊**最後的興趣是宣佈他自己爲神，與天神**朱彼特**同等。因此，天神及其他諸神的神像，均被斬首，而以皇帝的頭取而代之。

　　由於縱慾過度，或許感染梅毒，他在二十九歲就已變成一位老人。四十一歲時，被禁衛軍將領所殺。

　　蓋伊死後，禁衛軍擁**克勞迪**爲帝。他是**泰伯留**之孫，早先被認爲個性迂腐、膽小、敏感、意志薄弱。然而，繼位後，他所表現的意志、個性、學問及智慧，令每一個人驚奇。他改革行政機構，重用新自由民。這個政府太複雜，使他無法親自監督，另外是因爲他的個性太溫和，容易受他的新自由民(Freedmen)和家屬的欺騙。在西元 54 年，他被權力

❺　Will Durant 原著，幼獅翻譯中心編譯，「世界文明史」（九），《奧古斯都時代》，（臺北：幼獅出版社，民國 62 年），頁 71-78。

❻　Michael Grant, *The Twelve Caesars*(Lond: Weidenfeld and Nicolson, 1975) p.108. **泰伯留**爲**蓋伊**(或稱**卡里古拉**)的曾叔父。

薰心的第五任太太以毒洋菇毒死❶。

繼位的**尼祿**，原名爲**盧西厄**(Lucius Domitius Ahenobarbus)，靠其母**艾格里賓那**(Agrippina the younger)之計謀❶，以十七歲之齡登上帝位。其師，斯多噶派哲學家**塞內加**(Lucius Annaeus Seneca)輔佐他，使其統治初期，政治和外交皆有相當成就。

爲了轉移**尼祿**對國事之干擾，**塞內加**和擁立有功的禁衛軍司令**伯勒**(Burrus)，讓他沉迷於女色。**尼祿**因而開始墮落。他縱情於藝術、競技和文學，經常與民同樂。但另一方面，他卻逼死母親，逼其師退隱，並謀殺其妻**屋大維亞**(Octavia)❶。

現在**尼祿**本身是一位神，甚至他的一位出生後不久就夭折的女兒，亦被塑造爲神。身爲神兼藝術家，他夢想重建羅馬，因而 64 年 7 月 18 日發生毀掉三分之二城市的羅馬大火，有人認爲他是主謀。由於他的荒唐、殘忍，引起貴族階級的不滿和反抗。68 年，他被禁衛軍所棄，被迫於 6 月 9 日自殺。

三、佛拉維亞王朝(The Flavian Dynasty)

經過**加爾巴**(Servius S. Galba)、**歐索**(Marcus Otho)和**維特留**(Aulus Vitellius)，被軍隊廢立的短命皇帝，**維士帕西安**(Titus Flavius Vespasianus, A.D.70-79)在內戰中脫穎而出。他是位有見識、有能力、有榮譽的將領。即位後，全心致力於恢復這個遍受騷擾的社會秩序。他即位時，年已六十，但卻顯示下列四項意義：

1.平民登上皇位；

---

❶ **克勞迪**的第五任太太爲**卡里古拉**的姐姐 Agrippina the younger。

❶ Agrippina 引誘大她二十五歲的伯父**克勞迪**跟她結婚，並收養**尼祿**爲子。

❶ Octavia 爲**克勞迪**皇帝之女。

2.省區軍隊戰勝禁衛軍而立首領爲帝❷；

3.佛拉維亞王朝取代朱利安‧克勞廸王朝；

4.義大利中產階級的簡樸習慣與德性，代替前朝之浪費與享受。

維士帕西安革新吏治，整頓財政，且首創國家教育制度。在其勵精圖治下，整個帝國再度繁榮富庶。在未死之前，他安排其子**提特**(Titus, A.D.79-81)爲繼承人。

提特當政，爲時甚短，死時年四十二歲，仍是人們所愛的對象。時間未給他濫權和逞慾的機會。他很仁慈、慷慨，但在位時卻發生幾次嚴重的天災：79 年，一連三天的大火災，燒毀許多重要建築物；同年，維蘇威火山爆發，埋葬了整個龐貝城；一年後，羅馬又發生有史以來最嚴重的瘟疫。81 年，他死於熱病。

儘管**提特**的繼位，未受任何挑戰，但其過去紀錄和個性卻引起普遍的懷疑。幸好他能善加處理，使之煙消雲散。過度的花費，特別是羅馬競技場的完成，也是他使用的手段之一。

繼承**提特**帝位者爲其弟**多米西安**(Domitian, A.D. 81-96)。他在位前幾年，非常謹愼，也很能幹。他的統治時期爲羅馬的偉大建築時代之一。他鼓勵文學和藝術，且將帝國治理得很好。

然而，在 86 年，達西亞人(Dacians)入侵羅馬帝國之時，羅馬駐上日耳曼總督**沙特尼厄**(Antonius Saturnius)稱帝。此一反叛，爲多米西安時代之轉捩點，也是他自己好與壞的分界線。

他一向很嚴肅，現在變成殘忍。他能治理好國家，但也能成爲一個獨裁君主。他宣佈父親、兄弟姐妹及自己爲神。爲了反抗這種新發展，不僅貴族，連哲學家們，紛紛起來反叛，使他更爲畏懼別人的陰謀。最後在 96 年，年四十五歲時，死於家人和妻子的陰謀。

---

❷　Vespansianus 出身騎士階級，西元 67 年被任命爲 Judaea 總督。

四、自納爾瓦(M. Cocceius Nerva, A.D. 96-98)
至謝維勒(Septimius Severus, A.D. 193-211)

帝位世襲制，隨着**多米西安**被害而消失了一個世紀。元老院的聲威重建。**納爾瓦**以花甲之年被選爲帝，他的一切政策皆與元老院磋商。他減稅邮民，自己和政府開支很節儉。即位後第十六個月就去世。去世前三個月收養**圖拉眞**(Marcus Ulpius Trajanus, A.D. 98-117)爲義子和繼承人。

圖拉眞出生於西班牙。即位後，一切重大問題，都請教元老院。他很能幹，精力充沛，擅於理財，且是位公正的法官。**圖拉眞**好大喜功，是純粹的帝國主義者。他征服達西亞，並取回羅馬的最後一次、爲數可觀的戰利品。隨之，他又遠征至紅海，建立紅海艦隊，以控制通往印度的交通和商業。他在羅馬建造一個大會堂、一個凱旋門。圖拉眞圓柱屹立至今，柱上的浮彫，主要在於描述征服達西亞的經過。

117年，他死於征途中。

繼承帝位的**哈綴安**(Publius Aelius Hadrianus, A.D. 117-138)同樣生於西班牙。即位後，一改**圖拉眞**的帝國主義政策，盡量採用和平管理，以鞏固祖先用暴力取得的國土。他以智慧、正義、和平，治國達二十年。任用有才能之士爲官，提高政府之效率，整理舊的法令，成爲查士丁尼法典(Justinian Code)之基礎。

哈綴安關心羅馬，但也不忘其他省區，曾以數年時光，遊遍高盧、日耳曼、不列顛、北非、西班牙、小亞細亞、希臘和埃及等。曾在英國建造一道隔絕蘇格蘭人之城牆，後人稱之爲「哈綴安之牆」(Hadrian's Wall)。他還在羅馬重建萬神殿(Pantheon)。

132年自東方返回羅馬之後三年，**哈綴安**染上一種致命的慢性疾病。他忍受許多痛苦，因此138年的死，對他來說，可視爲一種快樂的解脫。

哈綴安之繼承人**安東尼奧**（Titus Aurelius Antonius, 138-161），來自尼姆（Nimes），時年五十一歲。他溫和善良，但學識不佳。對基督教寬大，盡其所能治理屬地而不親自出巡。各省區在其治理下，都很幸福。他尊重民權，以慈父般治理了二十三年，在七十四歲病逝。

繼承**安東尼奧**帝位者為其義子**奧理略**（Marcus A. Aurelius, A.D. 161-180）。他生於羅馬，深愛哲學，為一斯多噶派哲學家。即位後，勤政愛民。他也埋首**哈綴安**着手而未完成的司法革新，對弱者特別保護。在位期間，屢遇邊患，又逢瘟疫。

為解決日耳曼問題，**奧理略**征戰七年之後，於 176 年凱旋回羅馬，並讓其子**柯莫德**（Lucius A. Commodus, A.D. 161-192）輔政。世襲制度再度開始。178 年，**奧理略**再度遠征，後來死於軍中。

柯莫德的統治，不禁令人回想起朱利安王朝最後幾位皇帝。在大部份統治期間，他受其親信之影響。自 180 年至 185 年，禁衛軍司令**貝雷尼**（Perennis）取得政府的指導權，而新自由民**柯林德**（Cleander）則自**貝雷尼**失勢後取而代之，一直到 189 年為止。

貝雷尼的失勢，肇因於他企圖在軍中，以騎士取代元老院議員，出任重要的軍事指揮官。**柯林德**的下臺，則因失去眾望，以及其政敵的陰謀。完全縱情享樂的**柯莫德**，最後為他寵信的宮中倖幸所殺。

在**柯莫德**之後，**波提那**（P. Helvius Pertinax）和**朱利安勒**（Didius Julianus）這兩位短命皇帝，皆無法善終。群雄鬥爭的結果，**謝維勒**終於在 193 年夏即帝位[21]。

---

[21]　Frank F. Abbott, *op. cit.,* pp.320-321.

第三節　經濟與社會

關於羅馬世界的經濟，後人很難知道其細節，因爲旣無政府統計數字，又乏生產、貿易、職業分配、稅賦等官方紀錄。我們只能透過有限的資料，來大略瞭解這個尚未發展的羅馬經濟，以及當時的社會情況。

一、人口

奧古斯都時代的羅馬帝國總人口，約在七千萬和九千萬之間[22]，其中約有一百萬爲羅馬城的居民[23]。一百萬人口，構成相當可觀的消費群，其消費的資源，爲整個帝國一項沉重負擔。在**奧古斯都**統治時期，羅馬城每年實際消耗的小麥，約二十萬噸；小麥進口量，每年約二十萬噸到四十萬噸之間[24]。

在西元 47 年，**克勞迪**皇帝舉行一次人口調查，官方人口數爲五百九十八萬四千人。這或許代表當時羅馬公民的總數，包括妻子和至少較年長的小孩。大略估計，帝國的總人口，仍約爲七至九千萬。因此，可見公民數在全人口中所佔比例之小。

另一方面，公民及其親屬之數目，自**奧古斯都**在西元前 28 年的調查

---

[22]　Michael Grant, *the World of Rome*, p.47.

[23]　Peter Garney & Richard Saller, *The Roman Empire, Economy, Society and Culture* (Berkeley & Los Angeles : University of California Press, 1987), p.83.

[24]　*Ibid.*, pp.84-85.

之後，四分之三的世紀裏，增加了將近一百萬人❷⑤。

二、農業和工業

義大利最好的土地，已被別墅和富豪們的庭園所佔據；次佳土地，則作爲橄欖園和葡萄園；留下來耕種的，爲最差的土地，交給最低下的奴隸去耕種。土地出現集中化。**普利尼**（Pliny）提到一座莊園，有四千一百十七個奴隸，七千二百頭牛，二十五萬七千隻其他動物。

到了第一世紀末，奴隸制逐漸變成農奴制。和平時期，奴隸來源少，一些大地主便不再用奴隸經營田地，反而把田產分成小份，租給自由佃農（coloni, cultivators）。耕種方式和工具，仍沿襲幾百年前的，也採輪耕制。

義大利已學會種植許多種水果，同時又把這些水果傳入西方和北歐。

在工業方面，羅馬最初是一種自給自足式的家庭工業，隨後才出現較專業化的麵包店、鞋店等。礦業的生產，幾乎全出自奴隸或犯人之手。建築業方面，組織良好，而又專精。許多陶器業，已達工廠階段。羅馬本身有兩個大工廠 —— 造紙工廠和染色工廠。此外，尚有玻璃、磚瓦、陶器及金屬品的出現。

羅馬法律爲要求每一份子在從事工業行爲時，都必須是一個合法而負責的合夥人，因而限制了大型工廠的組織。

---

❷⑤ Michael Grant, *The World of Rome*, p.99.

三、財政

公共建設和政府業務，造成史無前例的龐大開支。公務員的薪俸、強大海陸軍的維持，紀念性的公共建築，以及用來收買人心的無數房屋之建造、糧食和娛樂之提供等等，皆需大筆經費。這些開支，須以現行稅收來應付，不能訴諸舉債。因此，**奧古斯都**很注重稅收。

他廢除了內戰時期的土地稅，而代之以百分之五的遺產稅，但是留給近親或窮人的遺產不課稅。對拍賣所得，課百分之一的稅；出賣奴隸，課百分之四；釋放奴隸，課百分之五；關稅，為百分之二點五－百分之五。

市民必須向市政府納稅。羅馬的不動產，須納土地稅。羅馬有兩處稅庫：國庫（national aerarium）；御庫（imperial fiscus）。

四、商業

在西元第一世紀後半期，義大利輸出其製造品，包括大批陶器和泥燈，到各省區；同時，也輸出葡萄酒和橄欖油。義大利的輸入品為埃及、非洲、西西里和薩丁尼亞的穀類；西班牙和不列顛的錫和鉛；西班牙、高盧和多瑙河流域的鐵；高盧的毛織品和陶器；小亞細亞和敘利亞的毛織品；埃及的夏布、紙草紙和各種製造品；敘利亞和埃及的玻璃；阿拉伯的香料；敘利亞的香水；西西里的硫磺；黑海沿岸的木材；非洲的良質木材和大理石；希臘的大理石；埃及的斑岩和花崗岩。

義大利的重要海港為蒲得歐利（Puteoli）、歐斯提亞（Ostia），以及在亞得里亞海，**克勞迪**所建的新港——阿幾里亞（Aquileia）。這些海港，以及其他許多港口，皆充滿船隻，但是屬於羅馬的卻不多。

在帝國前期，羅馬尚未與印度有直接貿易，但卻有陸路到中國和印度。義大利和印度的貿易，在克勞狄時代，受到很大的激勵，因為一位希臘水手發現利用季候風，從紅海直接航行到印度南部的祕密。此一遠洋航行技術改善的結果，使貿易量大為增加，以迎合對東方奢侈品不斷增加的需求。

貿易仍然以高價物品為主，而且仍掌握在希臘商人手中。貨品的範圍之廣，頗令人驚奇。那決非僅限於衣服、香水和個人裝飾品。珍珠的需求量已經很大，印度為其主要來源。印度還供應羅馬人刻印璽所用之合適石材；中國則輸出絲織品、皮草和皮革。

羅馬的輸入物品比輸出的，昂貴甚多，因此貿易的平衡很明顯地對羅馬不利。此一貿易失去平衡，必須以金、銀幣來彌補。羅馬的貨幣一流出，即未曾回頭。因此，在印度，尤其是印度南部，出現成千上萬的羅馬的，尤其是**奧古斯都**和**泰伯留**的貨幣，也就不足為奇❷。

五、社會階級

元老院階級仍為社會的最上層，也是最有威望的階級，**奧古斯都**開始重組元老院，以清除內戰期間趁機滲入的不適任議員，來提高其已消沉之士氣。同時還特別強調元老院議員與較低社會階級成員之間的差別。

在共和後期，元老院議員的財產資格為四十萬謝士特斯，與騎士所定的資格，完全一樣。**奧古斯都**則將元老院議員的財產資格，提高到一百萬謝士特斯。此外，帶着寬紫色鑲邊的長袍，僅限由元老院議員和他

❷　Frank Gardner Moore, *The Roman's World* (New York: Columbia University Press, 1936), pp.85-91.

們的兒子，以及擔任官職的騎士穿着。新元老院家族的產生，須經皇帝特准。**奧古斯都**不准元老院議員和新自由婦女的合法婚姻。根據西元19年的元老院法令，該院議員及其家族，不得參與公衆演出，以免損及其社會地位❷。

騎士爲另一擁有鉅額財產的階級，通常也是對皇帝相當忠誠。自**蓋伊·格拉古**的時代之後，騎士階級開始擁有一個眞正的「共同意識」（esprit de corps），經常表現在與元老院之爭執。**奧古斯都**替騎士在元老院找到一個位子，使其利益不與元老院的利益，在院中發生衝突。

爲配合國家的需要，**奧古斯都**創造新的職位。他惟恐損及共和時期貴族階級的尊嚴，不敢以他們爲其個人之臣僕。因此，轉向騎士階級，尋求人才。騎士階級在共和時期曾從包稅和其他財政工作中，獲得行政經驗。現在可在帝國的公職中，展現其才華。

元老院和騎士兩個階級，並未享有政治權力，而只是皇帝的行政職權。直到西元14年，保有選舉行政官員權力的，仍是構成社會主力的一般公民。在西元14年之後，這些選舉就落在元老院手中。

民會的立法權並未立即消失。事實上，它顯然未正式廢除，而是逐漸褪色。甚至在西元97年，**納爾瓦**皇帝還以人民法律的形式，而非以元老院的命令，公佈一項法律。當然，這並不能變更，皇帝爲新法律唯一來源之事實。

羅馬公民也形式上保存另一政治權。在一位新皇帝登基時，他們以特別會議名義集會，通過一項法律，批准元老院的選擇，以正式交給新皇帝保民官之權（Tribunician power）。

關於參加公共生活，義大利居民，甚至其他省區城市，都比羅馬的公民好。在義大利城鎮，存在着如同今日的眞正政治生活。

---

❷ Peter Garnsey & Richard Saller, *op. cit.*, pp.112-113.

除了普通的公民之外，還有所謂的「新自由民」，亦即獲得自由的奴隸。依照羅馬的法律，一位以前的奴隸，可以獲得讓他自由的人之公民權；因此，在羅馬和義大利，獲得自由的奴隸，就成為羅馬公民。

新自由民對於以前的主人，還負有某些義務，如西元 4 年的珊提亞法（Lex Aelia Sentia of A.D. 4），強迫新自由民尊敬其主人，付給主人各種小額稅，不得對主人採取法律行動，主人有權處分新自由民之財產，但主人也有保護他們的義務。

在政治方面，新自由民享有的權利比一般公民少。他們可能在法庭受刑，不能擔任任何公職❷❸、或教士、或禁衛軍、軍團等的士兵。

在社會方面，也有某些歧視，如雖然穿公民的外袍，但必須戴一種新自由民的特別帽子（pilleus）；不僅被排除於元老院和騎士階級，而且禁止與元老院階級通婚。新自由民之子，不能正常變成元老院議員，只有孫子才有希望。

然而，新自由民擁有某些好處。他畢竟是一個羅馬公民，而羅馬公民在義大利總是比其他省區的好。他們住在義大利的土地，帝國的特權地區，因此免徵人頭稅和土地稅。

許多新自由民仍留在其前主人家裏，充當秘書等工作，但也有許多各奔前程。他的職業大多數仍不高尚，有些充當手工業者或工人；官員或教士的隨從或信差；職員或雇員。少數人則在工商業有相當成就，財富因而得以累積。

皇帝利用新自由民擔任秘書。由於皇帝的公私事務難以劃分，因此，新自由民就在公務方面，成為極具影響力的人物。在**奧古斯都**之後，尤其在**克勞迪**時，皇帝的秘書就成為位高權重。

在新自由民之下，為羅馬社會結構的最低層 —— 奴隸。法律上，他

---

❷❸　但是有一些新自由民受到皇帝的特別寵幸。

們只是財產的一部分，並無個人權利，其主人可隨意處置。無疑地，某些主人濫用其合法權利，對其奴隸橫加虐待。

土生土長奴隸人數之增加，人道主義的興起，以及奴隸的多種用途，使講究實用的羅馬人漸有好感。這些因素，皆使奴隸的命運獲得改善。

羅馬皇帝後來逐漸改善奴隸的法律地位。**克勞迪**在西元 50 年，頒佈一道法令，規定：凡被主人遺棄的病奴，如痊癒後，就應獲得自由。**多米西安**在西元 90 年，禁止殘害奴隸的肢體⑳。

六、社會道德

奧古斯都很注重社會道德。長期內戰，導致道德鬆弛。爲重振社會道德，**奧古斯都**頒佈西元 18 年的朱利安法(The Julian Laws of 18)。他特別着重羅馬統治階級的道德規範。

他以前曾試圖重建國家的精神基礎，自西元前 28 年恢復義大利的傳統祭祀，建造新廟或重修舊廟。對他來說，家庭生活的重建，似乎是拯救後代的最好方式。戰爭帶來的財富，使統治階級沉迷於物質生活的追求。

男女皆追求個人的享樂，而避免婚姻的桎梏。同居之風盛行。不願結婚，當然會使出生率降低，尤其是在居少數的統治階級。爲補救計，**奧古斯都**通過有關兩性關係的法律。對結婚生育子女，有多方面的鼓勵，例如執政官選舉，同票者以子女多者爲勝。在當選後，以子女多者爲資深。

---

⑳ E.T. Salmon, *op. cit.*, pp.70-72.

第四節 宗教與文化

一、宗教

羅馬人不僅喜愛血腥式的消遣,而且對人們創造其未來的能力,感到悲觀,也充滿無力感。因此,在西元前第三和第二世紀,「命運之神」(Fortune)之祭祀,遍佈地中海世界。在西元前第一世紀,人們開始少談命運,而逐漸常常提到「宿命」(Fate)。事實上,兩者之關係,模糊不清,且變換不定。

羅馬帝國人口中,絕大多數,包括許許多多高級知識份子,相信星象,而他們對於「宿命」或「命運」之接受,也受到此一信仰很大的影響。他們相信,太陽、月亮和星星之運動,影響着人類的生和死,幸與不幸。經歷整個帝國,這種信仰是那麼具有支配力,以及那麼普遍。因此,它必定被視爲此時地中海的宗教❸。

除了自然界各種現象外,帝國時期,甚至在共和末期,羅馬人相當重視皇帝的神化。**凱撒**被謀殺後兩年,元老院尊之爲神,令全國膜拜。早在西元前 36 年,義大利的萬神殿,已設有**屋大維**的神位;到了 27 年,他的名字也加入諸神行列,在官定歌曲中,由人們歌頌;他的誕辰被定爲宗教節日和休假日;他死後,元老院諭令他的神靈,須與官定諸神同樣受人崇拜。

---

❸ Michael Grant, *The World of Rome*, p.166.

　　羅馬的國家宗教，爲愛國情操的推進器。他們在其「天神廟」，供奉天神**朱彼特**，以及**朱諾**和**米勒華**；還有家神如**威士達**、門神**簡努**等等。在西元前第二世紀，政府對其祭典和建築的重現，頗令訪問羅馬的希臘史學家**波利比亞斯**（Polybius）留下深刻印象。

　　奧古斯都善於利用傳統的羅馬宗教，以贏得人民對其政權之擁護。除了恢復舊有廟宇之外，他爲其守護神**阿波羅**建造一座華麗的新神殿。在長期失勢的**雷比達**於西元前 12 年去世之後，他除了兼任國家祭司團團長外，還逐漸讓自己被視爲神。

圖 12-3
凱撒

　　羅馬的國教，儘管仍能有效引導愛國的情緒，但卻無法塡補靈魂之空虛，撫慰隨着普遍性宿命論信仰而來的憂慮和無聊。因此，男男女女，在保留形式和參加官方祭典之餘，同時也轉移目標。某些人以聽信星相家的勸告，或以玩魔術，來設法逃避命運的法條。在這種人類心靈，對抗命定論的強力和本能的反動，許多人依賴對某些救世主的一種強烈的

信仰。這些救世主，將賜給他們力量和神聖，以忍受俗世生活之痛苦，並且給予其忠誠信徒，一個超越命運法條的快樂來生。

二、教育

從羅馬的藝術品及詩文中判斷，他們的兒童從小被愛，但溺愛不當。初期教育來自褓姆，她們多半是希臘人，常採用神話故事。小學仍屬私塾性質。

儘管在哈綴安時期，在葡萄牙南部的維巴斯加(Vipasca)設有學校，教育礦工小孩。**安東尼奧**有教育女性孤兒的計劃，而且良好家庭的女孩，有時也跟男孩一起讀書。然而，大體說來，整個教育利益還是保留給男性，而且事實上是給那些準備在未來治理帝國的男性。這些年輕的羅馬人，七歲入小學，成績好的男女學童，大約在十三歲進入中學。西元 130 年，羅馬已有中學二十所。

中學的課程有文法、希臘語、拉丁及希臘文學、天文、歷史、神話、哲學等。教師幾乎全是希臘的新自由民，因而自然就偏重希臘的文學和歷史。第二世紀結束前，羅馬文化希臘化很深。

雄辯家可以開設學校，聘請助教，招收年約十六歲的學生，收高學費，課目有演說、幾何、天文、哲學與科學。

一般羅馬人，進入中學後，一直讀到正式取得成年的地位(toga virilis)。隨之而來的是較高級的修辭學訓練。

有意深造者，則到雅典讀哲學，到亞歷山卓讀醫學，到羅德島學雄辯的最新技巧。

到此時為止，他們已接受的教育有：希臘和羅馬文學、希臘哲學、羅馬法律、公開演講和一些較膚淺的軍事和政治歷史。他們習於騎馬、獵猪和武器的利用。他們也可能從父親和父執輩，聽到一些公私業務和

軍事。

　與希臘不同的是，羅馬的教育計劃，不包括體育、音樂和舞蹈。後二者可在羅馬學到，但並非正式課程的一部分。上層階級將繪畫、彫塑和建築也包括在其訓練之內。

三、文學

　作家將其作品獻給富人，以期獲得酬禮，來資助他們往後的耕耘。新書源源出版，發展的比例前所未有。從愚人到哲學家，人人都寫詩。由於任何詩歌和大部份散文，都須高聲朗讀，於是形成各種聚會。

　各種書籍都可以分送到帝國的每一角落，或在羅馬、里昂、雅典及亞歷山卓同時印行。即使是詩人，也有私人圖書館。**奧古斯都**建立兩所公立圖書館，羅馬已成為西方世界的著作中心。

　此一時期，羅馬著名的文學家有**維吉爾**(Virgil, 70-19 B.C.)、**賀雷斯**(Horace, 65-8 B.C.)、**李維**(Livy, 59 B.C.-A.D. 17)、**奧維德**(Ovid, 43 B.C.-A.D. 17)、**塞內加**、**昆提連**(Marcus Fabius Quintilianus)等人。

　維吉爾來自義大利北部一個鄰近曼都亞(Mantua)之農莊。他盡量表現勞動階級的痛苦和希望。其早期作品，《牧人》(*The Eclogues*)，完成於西元前 43 年和 39 年之間，雖然模仿西西里的希臘作家**狄奧克里托**(Theocritus)之作品，但是也表現一種真正的義大利風味。《牧人》不僅是最早的拉丁文田園詩，也是首次歌詠義大利鄉村景色之秀麗。

　《農夫》(*The Georgics*)完成於西元前 37 年到 30 年之間，在風格方面也是義大利式。**維吉爾**的此一詩集，是以**赫西歐**為典範，但真正給予靈感的，還是義大利。在這部作品中，**維吉爾**專注於教導義大利人，如何善於利用其土地。

　　《牧人》詩集第四首，表現出在地中海和中東廣泛流傳的一種信念，亦即一位救世主即將來臨。這種說法，令基督徒相信，**維吉爾**爲其先知。

　　在《農夫》之後，**維吉爾**的作品爲總共十二冊的長篇史詩——《艾內德》（*The Aenied*）。他在西元前 19 年，可能因肺結核病去世，而無法整理這部詩集。

　　《艾內德》的前六冊，類似《奧得塞》；後六冊則類似《伊里亞德》。**維吉爾**的目的，在於產生一部描寫羅馬民族的起源和成就的民族詩章。此一作品的眞正信仰是愛國主義，其至上之神就是羅馬。由羅馬的命運，來推動它的結構。故事中所有的災難，都能在建立羅馬民族的莊重大業中找到解釋。

　　賀雷斯是**維吉爾**的密友，同樣也是桂冠詩人。他來自義大利東南部的維努西亞（Venusia），爲一奴隸之子孫。**賀雷斯**的《諷喻詩》（*Satires*），運用優雅、熟悉的詩句，且帶有一種人道和說教的語氣。此一趨向，在《書信集》（*Epistles*）中，臻於成熟。他的《詩的藝術》（*Ars Poetica*），爲對詩之札記。

　　賀雷斯在其上述早期作品，對**奧古斯都**並未留下好印象。但他不久之後，就眞誠地欣賞**奧古斯都**的政策。他瞭解，在**奧古斯都**統治下，義大利似乎能夠獲得一種幸福和自尊的感覺。到了西元前 23 年，他是皇帝的堅定支持者。在這一年出版的詩集《抒情詩》（*Odes*）❸，處處顯示出對義大利統一，尤其是秩序和紀律的恢復之欣賞。在詩的形式方面，也是很完美，這是他在詩集方面的最高成就。

　　李維的《羅馬史》（*The Roman History*），爲奧古斯都時代，惟一被認爲是對世界文學有貢獻的散文作品。他來自鄰近威尼斯的巴杜亞

---

❸　請參閱 David H. Porter, *Horace's Poetic Journey, A Reading of Odes 1-3*（N.J. : Princeton University Press, 1987）.

(Padua)❷，其代表作描述羅馬的歷史，從該城之建立，直到西元前 9 年，總共有一百四十二册，其中三十五册完整無缺的保留下來。其餘的，除二册外，皆留下摘要。**李維**以近乎一百册的篇幅，用於描述最後 150 年。除了資料較豐外，或許他對**奧古斯都**統一義大利特別感興趣。

他對資料的處理不專門，但其歷史爲一藝術品。其散文體裁，如同**奧維德**的詩的體裁，對往後的文學，有很大的影響。

奧維德生於距羅馬東方九十英里的亞平寧山脈的一個山谷裏。其父爲富有的中產階級，希望他在政壇求發展，可是**奧維德**卻執意要當一位詩人。

他在外地旅遊歸來後，參加羅馬最放蕩的階層。在《戀情》(*The Amores*)詩集中，描述漂亮妓女的猥褻對句❸。在西元前 2 年，發行《愛的藝術》(*Ars amatoria*)的調情手册。在西元 7 年，他出版了自己最偉大的作品——《蛻變》(*The Metamorphoses*)。這十五册長詩，以迷人的六音步詩句，引述無生物、動物、人類與神祇的著名變化❹。

塞內加約在西元前 4 年生於哥多華(Corduba, 今天西班牙的 Cordoba)，不久就被帶到羅馬，在那兒接受一切可能獲得的教育，包括修辭學、斯多噶哲學、畢達哥拉斯哲學和實用政治學。

繼承父親的遺產後，他放棄了法律，耽溺於寫作上。在**卡里古拉**和**克勞廸**兩帝時，他被判處死刑，後被放逐到科西嘉。西元 48 年，**艾格里賓那**把他找回，做爲**尼祿**的家庭教師，他以五年時間教導這位幼主，以另外五年的功夫引導這位皇帝和國家。

他爲敎化**尼祿**，以及爲斯多噶哲學寫注解，而完成許多論文。多年

---

❷ Padua 古稱爲 Patavium。

❸ 請參閱 L.P. Wilkson, *Ovid Recalled* (Cambridge : Cambridge at the University Press, 1955),pp.44-82.

❹ *Ibid*., pp.144-240.

來，他一直是義大利傑出的作家。當**昆提連**開始教學工作時，他發現**塞內加**這位大哲學家，是爲其學生所接受的唯一典範❸。

　　塞內加同時也是一位傑出的政治家和葡萄種植者。他善於利用其職位和學識，從事投資，以增加其世襲的財富。西元 65 年，他被**尼祿**所逐而自殺。

　　昆提連也是出生於西班牙，到羅馬學修辭，並在羅馬開修辭學校。他以古典體裁寫出《演說訓練》（*Institutio Oratoria*）。

　　他爲修辭學下的定義爲，能說善道的科學。演說家的訓練應在出生前開始，最後應出身於敎養良好的家系，才能在潛移默化中，得到正確的言談和良好的禮儀。未來的演說家，要學音樂、舞蹈、戲劇、健身術、科學、哲學，尙須有虔誠的行爲和高貴的精神，以產生演說時那種無可抗拒的誠心。

　　雄辯本身須具備五個條件：觀念、組織、格調、記憶及表達。

　　此外，著名史學家**泰西塔斯**（Tacitus）和地理作家**狄奧多魯斯**（Dio-dorus）等之敍事性散文，對羅馬的文學亦有相當貢獻。

四、科學

　　羅馬將科學排除於課程之外，它幾乎未產生任何屬於自己的科學思想家。希臘人將宗教和科學分開，方能在科學方面有大成就；羅馬政府將宗教國家化，因而對科學的興趣相當有限。對自然現象的科學性探討，似乎侵犯了神的無限權力。

　　羅馬人僅對建築有興趣，因而產生一些偉大的建築和土木工程師；

---

❸　Walter C. Summers, *Select Letters of Seneca*（London：Macmillan & Co., 1932），p. xcvi.

羅馬人對戰爭的藝術相當有研究，因此產生了不少偉大軍事工程師。如
從整個科學來看，羅馬時期的發明事實上相當少。

除了宗教國家化之外，羅馬的領導階級，不喜歡實驗室和抽象科學。
同時，羅馬對奴隸勞力的依賴，也是不利於發明。傳說**泰伯留**曾殺了一
位發明不碎玻璃的人，因爲這種發明將使皇帝擁有的金屬礦，價格下
跌❸。

圖 12-4　羅馬鬥獸場

塞內加也可說是個科學家。在他退休與去世之間那段豐富的日子
裏，曾以「自然的研究」（Naturales Quaestiones）自娛，給雨、電、雪、
風、彗星、彩虹、地震、河川及泉水等，尋求自然的解釋。

義大利科學中，最深刻、熱心、非科學的產物，就是**普利尼**於 77 年

❸　Michael Grant, *The World of Rome*, p.98.

發表的《博物學》(*Historia Naturales*)。他的書經過相當的剪裁，成
了一部個人百科全書，概述出他那時代的科學和謬誤。《博物學》一書，
是代表羅馬人愚昧的永久紀念碑。**普利尼**將迷信、預兆、戀愛符、及魔
術治病等，像任何別的事情一樣，盡量蒐集。顯然地，他對其中大部分
都相信。

　　在科學方面，羅馬人並未繼承希臘的精髓。

　　羅馬人在醫學的表現較好。醫學科學也是從希臘借來，但卻恰當地
運用在個人及公共衛生上。

　　古代的人，是用魔術和祈禱來對付疾病和瘟疫。到了西元前一世紀，
他們求諸世俗的醫藥者愈來愈多。醫學在亞歷山卓等地，進步迅速。在
這些地方的希臘醫生，大大提高了羅馬的醫術水準。醫生們逐漸獲得投
票權和免稅捐。

　　在維士帕西安當政之時，學堂(Auditoria)開辦醫學教育。合格教授
由國家支薪。教授用希臘語。到帝國時期，醫學已是高度專業化，有泌
尿科、婦產科、眼科等醫生，尚有獸醫、牙醫等。女醫生也為數不少❸❼。

五、藝術

　　在奧古斯都以前，羅馬是戰士；以後，他們是統治者。他們對政府
在秩序及安定的建立上，有較好而高尚的成就，在對美的創造及欣賞方
面卻較遜色。除了建築家外，大多數在羅馬的藝術家，都是希臘奴隸或
新自由民或傭工。希臘藝術似乎在最初，成了羅馬藝術的典範和主人。
羅馬藝術顯得單調重複。

　　然而，羅馬藝術最後終於打破希臘的窠臼，以寫實的彫刻、印象主

---

❸❼　Durant, Augustus.

義的繪畫，以及圓拱與拱形圓頂的建築，造成了革命性的古典藝術。由此種種，加之以羅馬從外界模仿而來的美，使羅馬成為西方世界藝術之都，達十八個世紀之久。

大多數羅馬的藝術贊助者，雖然不太懂藝術，但是他們知道他們所喜歡的是什麼，因而為西元前一世紀以後的彫塑家，定下一項偉大且有鼓舞作用的工作。肖像為他們最需要者。上層階級的羅馬人，其心理包含一種歷史和真實感，而且深深受到能記錄和分析個人特徵與表情之肖像所吸引。

羅馬人對肖像感興趣，有其特殊的社會原因。自古以來，貴族獲有特權，能在其家裏和家庭葬禮行列中，持有其祖先的死者面具(Death-mask)。這些面具後來已相當真實。

在共和時期最後一個世紀，塑造人像以尊崇名人的希臘習俗，也影響到羅馬人。羅馬的高級官員，變成有權在公共場所樹立彫像。

羅馬的彫塑，比希臘的逼真。彫塑家只求彫塑之真，而不計較其美。至今，歐美博物館藏有古羅馬時期的半身像，大多為皇帝、皇后等，這些半身像皆係真正的肖像。因每一帝王皆有一顯明的相貌，大抵皆極醜陋，但卻無人想掩飾。

第十二章　參考書目：

1. Frank F. Abbott, *A History and Description of Roman Political Institution* (New York: Biblo & Tannen, 1963).

2. Peter Garnsey & Richard Saller, *The Roman Empire, Economy, Society and Culture* (Berkeley & L.A.: University of California Press, 1987).

3. Cyril Bailey, *The Legacy of Rome* (Oxford: At the Clarendon Press, 1923).

4. Edward Gilbon, *The Decline and Fall of the Roman Empire* (Modern Library).

5. Michael Grant, *The Twelve Caesars* (London: Weidenfeld & Nicolson, 1975).

6. T.J. Luce, *Livy, The Composition of His History* (Princeton, N.J.: Princeton University Press, 1977).

7. *How to Recognize Roman Art* (Penguin Books, 1978).

第十三章

羅馬帝國後期

羅馬帝國前期，法國人稱之爲「上帝國」（Le Haut-Empire），通常以**謝維勒**帝統治時期爲其終點。然而，「下帝國」（Le Bas-Empire），亦即帝國後期到底到何時爲止？直到395年，最後一位獨自行使帝權而不與他人分享的皇帝去世？或者直到476年，西羅馬帝國最後一位皇帝失去其帝權？當然，還有其他的說法。現在我們所談的，是直到第五世紀，而不選擇某一確定日期。

第一節　第三世紀的危機

193年4月，巴諾尼亞軍隊擁**謝維勒**爲帝；284年9月，**戴克里先**（Diocletian, c. 245-313A.D.）即帝位。在這兩個日期之間，大約是第三世紀，帝國面臨多重危機。共同生活達數世紀之後，羅馬世界似乎分崩離析，也導致其文明之沒落。

一、軍事的無政府狀態

國內軍事的危機，構成一切動亂之根源。由**圖拉眞**開始，征服政策

已經放棄，軍隊角色的重要性已減至最低。此外，利用幾代的皇帝死後無子，而以挑選較合適的人爲養子，來繼承皇位，以便鎮服士兵，尤其是其將領。

圖 13-1
戴克里先

　　然而，甚至在**奧理略**去世前，外在敵人主動挑起幾場大戰，使軍隊重新有了眞正權力的感覺。此外，**奧理略**將帝位傳給其子**柯莫德**，毀滅了養子制度之幻想。繼承制容易使不稱職的皇帝再度出現。以此爲理由，許多陰謀也自認爲是合法。

　　柯莫德的被殺，使皇帝的挑選權再度落入軍人手中。很快地，佔盡地利的禁衛軍司令，將皇帝頭銜聽由對之有意者去競價，以能付出最高價者，方能得到他們的支持，也方能當上皇帝。隨後，各省區軍隊，在擁立自己的將領爲帝之後，彼此攻伐，而且推向首都，使之能即帝位。

　　謝維勒在第一回合的競爭中，脫穎而出，其王朝維持達二十四年之久。在其親屬中的最後一位繼承者❶於 235 年被軍隊所殺之後，開始了

❶　亦即 Alexander Severus（208?-235）。

達半個世紀之久的軍事混亂時期，軍隊廢廢立立無數的皇帝。

二、蠻族的威脅

無政府狀態使軍隊不務正業，因而有利於蠻族的蠢動，蠻族的威脅日趨嚴重。167年，瓜地人（The Quadi）、馬克曼人（The Marcomanni）❷和倫巴人（The Lombards），衝破多瑙河防線，越過阿爾卑斯山，抵達維尼西亞（Venetia）。羅馬世界的文明賴以發展的「羅馬和平」（pax romana），就此結束。

在帝國內部，不滿份子群集騷動，對行政當局有意維持的正常生活，構成威脅。在造成**謝維勒**崛起的內戰時期，不列顛軍隊首領的參與帝位競爭，以及抽調其最優秀的部隊往高盧出發，創造一種給與北方山地居民有機可乘的情況。**謝維勒**於征討途中，在葉薄拉干（Eburacum,今日之 York）死亡。

在非洲的發展也相當快速。貝布人（The Berbers）將北非的陸上交通切成兩半，並從海上騷擾西班牙。布雷米人（The Blemmyes）騷擾上埃及，而伊索利安人（The Isaurians）則入侵小亞細亞南部。

然而，上述之威脅，與來自中歐和東歐，或者與來自美索不達米亞和伊朗的新威脅相比較，則顯得微不足道。

廣泛、不顯著的民族大遷徙，事實上已開始自大平原衝擊著歐洲。在第三世紀，他們似乎自波羅的海沿岸移動，迫使哥德人南遷，直到頓河（The Don）和亞佐夫海（Azov Sea）。被迫西移，整個日耳曼世界發生騷動。他們無疑地貪婪羅馬世界的財富，而且也無力在那未好好耕耘

---

❷　瓜地人和馬克曼人皆為古日耳曼民族之一支。瓜地人於西元前 8 年定居在今日的摩拉維亞和西斯洛瓦克地區，馬克曼人為其東鄰。兩支民族經常結盟。

的土地上，養活那些好戰的民族。這些日耳曼民族中，爲帝國人民所知的有：哥德人、汪達爾人(The Vandals)、布艮第人(The Burgundians)、法蘭克人(The Franks)、阿拉曼人(The Alemanni)、盎格魯人(The Angles)和撒克遜人(The Saxons)❸。

自謝維勒去世後，帝國邊界已永無寧靜之日。撒克遜人的海盜行爲，蔓延到英倫海峽和大西洋岸。法蘭克人穿越整個高盧，直達西班牙。阿拉曼人侵略義大利，只在巴維亞(Pavia)被擊敗。哥德人好幾次越過多瑙河，有時侵略色雷斯，有時侵略莫衣西亞(Moesia)和希臘。他們還奔往黑海，侵擾博斯普魯斯海峽、馬莫拉海(Marmara Sea)、愛琴海，並搶刼沿海地區。

面對著這些威脅，羅馬皇帝一直無法應付。直到戴克里先爲止，帝國境內，鄉村人口銳減，城市居民則自行關在匆促建成的城牆之內。在第三世紀末，帝國已部份恢復平靜，但難免損失可觀的疆土。達西亞(Dacia)已被永遠放棄。帝國的防禦退至萊茵河和多瑙河。

如非同時要對付來自東方的一個更可怕的敵人，帝國的抵抗蠻族侵略，或許會更有效。在最初兩個世紀，帝國未曾冒險在前線進行許多場大戰，因爲它瞭解自己無法維持這麼多場戰爭所需之軍隊。

在幼發拉底河，帝國的敵人是巴夏。謝維勒以鉅大的軍事代價，獲得勝利，並取得美索不達米亞省，這幾乎佔巴夏王國的一半領土。不久之後，情況改變。利用阿沙西德王朝(The Arsacids)戰敗後，威信喪失，一個伊朗民族運動，支持一位自稱爲阿契曼尼王朝(The Achaemenids)❹後裔的波斯貴族之叛變。224 年，叛軍獲勝，巴夏王國消失。取而代之的是，薩珊尼王朝(The Sassanids)的波斯王國。

---

❸ 請參閱 Pierre Riché, *Les Invasions Barbares* (Paris：PUF, 1968), pp.6-7.

❹ 阿契曼尼王朝爲波斯帝國第一個王朝，其創始者爲居魯士。

　　薩珊尼王朝企圖重建自阿富汗至地中海的**大流士一世**之王國。儘管離所欲達成的目標尚遠，新的王國還是遠較原來的巴夏王國強大。眞正的中央集權，迫使貴族效忠，因而增加君王之權威。

　　羅馬人馬上體驗到此一改變的嚴重性。美索不達米亞受到不斷的攻擊；亞美尼亞被佔領；幼發拉底河防線常常阻擋不住；敍利亞遭到侵襲，而其首都安提阿則被佔領。最後，西里西亞和加巴多西亞(Cappadocia)也受到騷擾。在260年的一次戰役中，皇帝**瓦勒里安**(Valerian)及其子**加里安**(Gallian)戰敗被俘。伊朗國王**沙波爾一世**(Sapor I)叫人雕刻一幅巨大的浮雕，表示戰敗的皇帝屈膝於其勝利者之前。**瓦勒里安**在被俘時期中去世。羅馬的大災難，在東方造成長遠的影響。帝國在**戴克里先**即位前夕，才得以再度征服美索不達米亞。

三、財政和經濟危機

　　政治和軍事的動盪不安，影響到帝國及其居民的物質生活層面非常廣泛。第三世紀的經濟失序，構成一項特別重要的象徵，不僅是因爲其嚴重性和廣泛性，也因爲其某些方面的創新。

　　今日的史學家有某些理由強調通貨膨脹的起源。在此一時期，人類首次遭遇通貨膨脹。顯然地，其受害者無法分析其原因以及產生的過程，但卻能體會其影響。

　　很早，已由錢幣方面顯示其威脅性。在帝國前期，銀幣已無法維持一貫的穩定。自**謝維勒**起，軍事行動的日趨頻繁，增加政府的支出。支出不斷增加，但是賦稅收入卻逐漸減少。爲彌補收支之不足，以及因應盛產銀鑛省份的失去，只好在錢幣的變造方面大作文章。

　　一般人認爲**卡雷卡拉**(Caracalla)爲此一災難性演變的始作俑者。然而，在其父**謝維勒**統治時期，銀幣已貶值三分之一。**卡雷卡拉**減少舊

銀幣百分之十一的銀的成分，而且還發行一種新銀幣 ❺，並立即大量鑄造，最後全部取代舊銀幣。新銀幣的成色只有百分之五十，重量只有原來的一半，亦即五克許，但卻標示兩倍的面值。

錢幣的變造相當快速，尤其自 250 年起，其速度更爲驚人。金幣的成分仍然精確，但很少鑄造，而且其重量不一。至於新銀幣，其重量一直降至三克左右，其成色的減少更漫無限制。在某些**加里安**或**克勞廸二世**(Claudius II)的錢幣，其銀的成分不超過百分之一。銅本身的價格也很貴，因此逐漸以鋅、錫或鉛取代之。

物價上昂，支出款項自然隨之大增；而且每一新皇帝的管轄疆域日小，必須鑄造錢幣以得到財政資源，所謂「銀幣」的發行，自然而然倍增。錢幣鑄造工廠數目之增加相當可觀，以致於無法控制其品質。今日所發現第三世紀的這些錢幣，其粗糙顯示在鑄造時之匆促。

通貨膨脹促使物價上漲。當然，物價上漲早已開始，而且尙有其他原因，特別是產量的降低。但是錢幣的惡化卻是物價上漲的罪魁禍首。**謝維勒**在給其子的信中，勸告他們：「讓士兵發財，而不理其他。」❻這就足以說明**卡雷卡拉**爲何將軍餉提高五成。事實上，它只能彌補貨幣貶值，維持舊軍餉的購買力。物價不停地上漲，例如在 255 年和 294 年期間，穀價增加二十倍❼。

貨幣貶值鼓勵投機；通貨膨脹毀了幾個世紀來，辛辛苦苦累積一些財富的中產階級之安適生活；在一片混亂中，當國家的支出增加，通貨

---

❺ 新銀幣稱 antoninanus。

❻ André Aymard & Jeannine Auboyer, *Rome et Son Empire*, （Paris：(PUF, 1967 5th ed.）,p.469.

❼ 小麥的價格：在奧古斯都時期，3 drachmas；第一世紀，6 drachmas；第二世紀，10 drachmas；第三世紀中葉，16 drachmas；269年，24 drachmas；267 年，200 drachmas；294 年，300 drachmas。

膨脹卻損及其收入。整個社會也因而受到衝擊。

　　除了財政的災難外，帝國也出現經濟危機。侵略、內戰、搶刦和瘟疫，加速人口的銳減。勞力缺乏，尤其是在農村和礦區，隨之而來。基本物資的產量也隨之減少。最不幸者，利用此一混亂以擺脫其桎梏。在高盧、在西西里、在埃及，曾經發生多次成群結隊的逃兵，逃亡的農民和工人，肆虐鄉村地區。為應付軍隊需要所做的強制徵收，使之雪上加霜。邊境地區，情況最為嚴重。人口流光的地區，則由蠻族去定居。

　　一般說來，產品的流通中斷。事實上，已無國際貿易。城市面臨飢荒。羅馬有時會發現與埃及或非洲的交通中斷，而這些地區在平時提供給羅馬生活必需品。城市的手工業和商業活動，也告癱瘓。

四、宗教的分裂

　　多少公眾或私人的失望、困擾或不幸，引起自第二世紀以來已經顯現出的危機。

　　官式的祭祀不再是靈魂所欲寄託者。面對災難的現實，官方祭祀所給予的承諾，似乎是純粹嘲弄。個別的，或集體的，人們的痛苦只好在其他的安慰中，尋找別的保證。這就是東方的祭祀，包括基督教在內。

　　大體上，宗教迫害經常發生。這無數的皇帝中，大部份是粗人。他們覺得，道德統一之代價，以及他們的直覺，足以讓他們對付一種似乎會引導其信徒，脫離對國家之義務的信仰。然而，除了考慮這些皇帝個人性格之差異外，國內外的困難也限制其行動的自由。

　　因此，基督徒有時會得到權力容忍的好處。一位敍利亞公主，亦即**謝維勒**的姪女，將一位以前亞歷山卓基督教學校的教師請到安提阿，並與之交談。她的兒子，**謝維勒‧亞歷山大**皇帝(Severus Alexander)，將一個耶穌像，放在他的祈禱室，與**亞伯拉罕**等偉人並列。**腓力一世**

(Philip I, the Arab)或許是一位基督徒 —— 第一位基督徒皇帝,而且很可能,在某些皇帝近側,有基督教同情者。

然而,仇視更為常見,它常化為行動。**謝維勒**,最初近乎縱容,最後則禁止,且處罰改信猶太教和基督教的人。在群眾的壓迫下,幾乎到處有死刑發生。在 250 年、257 和 258 年的詔書,開始全盤而有系統的迫害。**戴秀**(Gais Decius, c.200-251 A.D.)強迫基督徒為神犧牲;**瓦勒里安**重複此一勅令,且制定對付頑抗者刑罰的等級,教士和社會精英處死,其他人則強迫勞役。

基督教在如此慘酷的迫害下,並未停止其發展。俗世的景象和痛苦,只能強化來生補償的吸引力。自**安東尼奧**皇帝開始,基督教在帝國已根深蒂固,就是暴力也難以毀滅它。

五、社會革命

第三世紀軍事的無政府狀態,造成農民的反叛。他們吸收士兵,對抗大地主和城市的資產階級,亦即對抗那些以限制和剝削下層階級,達成其權力和奢侈生活之往昔政治和社會階層受益者。這是一種社會革命,類似所有此一性質的運動,帶有仇恨的失序爆發、報復的殘暴,以及最初本性的發洩。

城市的被佔領,往往伴隨著大屠殺和搶劫。此外,在謝維勒王朝的前幾個皇帝,元老院階級受到的打擊最大。他們之中,有些人的財產被沒收,有些人被處死。政治和行政措施,限制元老院和元老院議員的角色;並以沉重的賦稅和經濟負擔,加在城市中較富裕的居民之上。

第二節　第四世紀危機和困擾的再現

第四世紀，羅馬帝國仍然面臨兩大難題：無法對抗蠻族；內部困難重重。

一、無法對抗蠻族

最富戲劇性，也是最嚴重的危機，來自外患。

以犧牲少許的領土為手段，第三世紀最後幾個皇帝終能重建疆界，而且抑制國內異議份子。在**戴克里先**和**君士坦丁**時代，羅馬軍隊曾越過萊茵河和多瑙河，重建這兩條河的堅固防禦。**戴克里先**再征服美索不達米亞，並迫使薩珊尼國王割讓提格里斯河那兒的土地。在東方，羅馬從未曾到達那麼遠。

在四分之三世紀期間，這些勝利和維持勝利果實的防禦組織，帶來相當的和平。儘管最終的崩潰難以避免，帝國後期的軍事努力，從未被忽視。直到 395 年，**狄奧多西**（Theodosius Ⅰ）去世為止，沒有一任皇帝忽視其士兵之責任。

經驗證明舊軍隊的不足，以及其對新敵人的戰爭條件之無法適應。因此，在增加兵員之同時，也須調整軍隊之結構。

在邊界組織方面，不再回到以前那種連續防禦工事的制度，而是增加各種堡壘，加強城牆的建造。此一時期軍隊人數漸增。**戴克里先**維持的軍隊，比**謝維勒**統治時期的多，而後者就已新成立三個舊式軍團。**君士坦丁**又再增加軍隊的人數。在第四世紀末，帝國軍隊總數約五十萬人，

遠超過第二世紀之數字。

圖 13-2
君士坦丁

羅馬已不再採義務役，然而士兵似已演變成爲世襲的職業。國家提供邊界士兵一塊耕地，並給予合法的婚姻。士兵的兒子自然肩負著服兵役的義務。212 年，「卡雷卡拉勒令」（Edict of Caracalla），將羅馬的公民權延伸至全帝國境內的自由民，當兵不再被視爲一件光榮之事。

軍隊的指揮權也有兩項重大的改變：一方面，元老院議員不再有指揮權。**謝維勒**已任命騎士指揮他所成立的軍團。**加里安**的一道勒令，便排除元老院議員的軍隊指揮權，並成爲一項原則；另一方面，**君士坦丁**正式確定民政職權和軍事職權分開。所有軍事領袖皆爲職業軍官，終其一生，只在軍中服務。

所有司法差異的取消，使蠻族也有可能晉陞。受益者爲數甚衆。不必談在第五世紀，就是在第四世紀後半，有名望，且在宮廷中擔任要職的蠻族將領，已如過江之鯽。

帝國的軍隊直到第四世紀中葉，尚能維持帝國疆域的安全。然而自此時起，敵人再度從四面八方，對帝國發動攻擊，直至其崩潰爲止，從

未有些微停頓。

在**君士坦丁**統治末期，在已經成年的年輕國王**沙波爾二世**（Sapor II）的領導下，波斯人重新發動攻勢，他擁有威力強大的工具，印度象，以及攻城的機器。在任何一處，帝國從未遭遇到如此有組織，且又頑強的敵人。在 359 年的一場長達七十三天的戰爭中，羅馬軍大敗。在撤退中，皇帝**朱利安勒**受重傷而死，其繼承者被迫割讓一大片土地，以便拯救其軍隊。然而，波斯人未如在前一世紀，侵入敍利亞。羅馬帝國眞正的危險，來自其他地區。

自 350 年，**馬格南修**（Flavius Magnentius）將軍❽被擁爲帝之後，萊茵河上再度出現麻煩。**君士坦丁**之幼子**君士坦修二世**（Constantius II），促使一位阿拉曼國王過河做爲牽制，而篡位者率領其最精銳部隊，欲流竄到巴諾尼亞和義大利。整個高盧東北部都被踩躪。

自第三世紀末紀，帝國准許日耳曼民族，尤其是法蘭克人，在萊茵河河口定居，擔任此一部份疆界之守衛工作。388 年，羅馬軍隊在科隆（Cologne）對岸渡河，這是最後一次遠征，不幸失敗。隨之，整個萊茵河地區將是永無止境的侵略，一批批的蠻族，穿越過高盧。

二、內部的困難

羅馬帝國內部的困難有二：其一爲權力的傳遞；另一爲宗敎的衝突。

第三世紀的無政府狀態，槍桿子出政權，但也製造了許多短命的皇

---

❽ **馬格南修**被羅馬西部的皇帝 Constans 任命出任高級軍事指揮官。他於 350 年 1 月篡位，並被西方各省，除了 Illyria 外，承認爲西羅馬皇帝。**君士坦修二世**（Constantius II）聽到其兄被弒後，趕快自波斯境內出發，在 351 年打敗**馬格南修**，他也成爲整個帝國的主宰。**馬格南修**後來在高盧自殺。

帝。為了國內政治安定，在權力傳承方面，有一些新嘗試。在此一時期，為應付國內外的敵人，皇帝常須御駕親征，而京城權力的空虛，往往引出其他的覬覦者。解決方法之一就是同時有兩位或更多的皇帝共同執政。帝國前期的**奧理略**和**威勒斯**(Lucius Verus)，即為前例。當然，皇帝的選擇要顧慮到彼此間的和諧和國家的統一。

除了上述的「雙元首制」(dyarchy)，**戴克里先**統治時期還出現了「四元首制」(tetrarchy)。此一制度有兩位「奧古斯都」(Augustus)並存，彼此為公事上的兄弟，有相同的職務和頭銜，其中較強者稱為老大，但是他要避免兩者的不協調。兩位「奧古斯都」各選一位「凱撒」(Caesar)為其副手。當一位「奧古斯都」去世或退休時，則由其「凱撒」繼承。**戴克里先**還決定，四個君王在其執政的第二十年開始，就須退位。305年5月1日，他以身作則，自行退位，讓位給後進。然而，由於該制度困難重重，在他於313年去世之前，已見到其失敗，因此只好永遠放棄。

對「四元首制」的第一個打擊，發生於306年，在「奧古斯都」**君士坦修一世**(Constantius I)去世，他所率領的不列顛軍隊，宣佈其子**君士坦丁**為「奧古斯都」，而不理會其「凱撒」。自310年起，在羅馬世界有七個「奧古斯都」，還未將榮譽「奧古斯都」**戴克里先**計算在內。帝國再度出現無政府狀態。

經過長期的南征北討，**君士坦丁**才統一了帝國。在他去世前兩年，他將帝國疆土分成五份：三份最大的，給他的三個兒子；其餘兩份，給他的兩個侄兒。此後帝國甚少有機會出現唯一的君王。

第四世紀的君士坦丁王朝和華倫廷尼安王朝(The Valentinian Dynasty)，以及第五世紀的狄奧多西王朝(The Theodosian Dynasty)，其家族歷史經常出現宮廷悲劇，屠殺、兄弟敵對，最後演變成內戰。

內戰的頻繁，給予外敵可乘之機。帝國居民身心，以及財產，皆受

到慘重打擊。這些無奈和傷感，唯有宗教能使之平靜。持續的苦惱，自
第二世紀起，重燃和加深宗教的感情。然而，激勵宗教感情之熱誠，也
引起一些舊型或新型的衝突。

　　第三世紀對基督徒的迫害至 260 年告一段落。隨之而來的宗教和
平，使基督教能有長足的進展。新教堂開始建立，改宗信仰者為數甚眾。
自第三世紀末開始，基督教在小亞細亞和一部分的色雷斯，已成為主要
的宗教信仰。

　　或許由於基督徒未能完全遵守皇帝命令，損及其恢復國家統一和重
振道德之構想，或許由於其身為無神論者的「凱撒」**蓋勒留**（Galerius）之
堅持，**戴克里先**在其統治後期，開始迫害基督教。

　　在 303 年和 304 年初，連續四道勅令，隨著抗力的增強而逐漸加重
其迫害措施。第一道勅令，禁止基督徒的聚會，以及命令摧毀教堂，沒
收和毀壞聖徒之書。最後，則有被判焚刑，如同半世紀以前一般。

　　對基督教的迫害，在帝國境內，因地而異。在西方，迫害較激烈，
但為期短暫；在東方則為期較長，到 313 年才停止，但 320 年左右又重
新開始，迫害行動延續到**君士坦丁**於 324 年戰勝**利西紐斯**（Licinius）
之時。

　　此一勝利，使帝國在唯一的皇帝，一位基督教皇帝的權威下統一。
君士坦丁大權獨攬後，對宗教採取容忍政策。

第三節　專制和官僚的君主政體

　　此一時期，蠻族盤據著邊界，有時還出現在帝國版圖的中心。在境
內，篡位、內戰、無政府狀態；有時還有財政困難、經濟危機、財產和

城市安全的破壞。以上這些，不但是事實，且一直是一種威脅，唯一解救之道，就是將一切權力集中在皇帝手中。

一、財政

軍隊和公務員人數增多。他們的薪餉，絕大部份以實物，例如糧食和衣物來抵充。此種作法，可免於受物價上漲之威脅，但也容易造成浪費和損失，最後將加重納稅人之負擔。

皇帝對公共建築的熱衷和對羅馬市民的慷慨施捨，也增加國庫的負擔。**君士坦丁**大帝在博斯普魯斯海峽上，另建新都，而其繼承者則加以美化。**奧理略**開始供應市民麵包，以取代往昔免費的小麥；他的繼承者為節省經費，降低麵粉的品質；但是**華倫廷尼安**又恢復白麵包。**奧理略**還新創油、豬肉和鹽的供給。節慶的消遣活動並未在首都失色，其日數反而增多。

圖 13-3
君士坦丁門

　　支出增加，稅賦也得加重。212 年，**卡雷卡拉**將羅馬公民資格賦於帝國境內所有自由民，不但使他們享有相同的司法權，也要他們承受相同的稅賦。**君士坦丁**在第四世紀初，另創新稅——人頭稅，有意取代舊有的土地稅。人頭稅徵收實物。

　　除了上述稅收來源外，尚有國家財產和皇帝私人財產的收入。

二、地方和區域行政

　　儘管預算困難，部份居民流失，城市似乎仍被皇帝視爲最方便的行政人才的來源。市政組織，表面上依然存在。民會已處處消失，但仍然還有民會選出的市議會和市政官員。

　　城市的衰微，其角色漸由大莊園所取代。富豪所擁有的大莊園開始發生轉變，其實際權力，雖然未受承認，已足以讓市議員和市政官員相形見拙。

　　國家爲阻止勞力流失，讓「農奴」合法附屬於大莊園，但未賦予地主任何行政權。地主給予鄰近自由民監護權，也未合法化。然而，事實上，地主將自己的土地劃分，租給農民。他們還執行保護權，自己審判，沒收其負債者之財產和人員。自第四世紀末期至第五世紀，私人監獄和私人軍隊已在帝國出現。大莊園所有人已篡奪國家的權利。

　　在官僚體系方面，中央集權，以及政府機構和公務員激增的不可避免，成爲帝國後期的特色之一。民政和軍事指揮系統分開，但沒有中介機構，以協調地方的行動。儘管是純粹民政，低階公務員仍然包括在軍事組織之內。他們區分成步兵大隊，有時甚至編入部隊。

　　「省區」（province）的名詞仍然存在，但已不再有元老院省區和皇帝省區之分別，各省區之總督皆由皇帝任命，並由他指導一切行政。總督不再指揮軍事。由於對政治不重視，也爲減輕總督的負擔，舊省區被瓜

分。在**戴克里先**登基之時約有五十個省區；他又增加一倍的省區，並在意大利創立七個「區」（districts）；**狄奧多西**去世時，在一百多個省區之外，還增添十五個意大利區。每一省區之實際地位和重要性不一。

總督的人數太多，無法與中央政府直接聯繫。因此，**戴克里先**創立「狄奧賽斯」（diocese）做爲中間行政單位，每一「狄奧賽斯」轄數個省區。羅馬和君士坦丁堡兩個城市，直接隸屬於中央政府❾。

三、中央政府和皇帝

業務擴大和採用嚴厲中央集權之國家，必須有一個強大的政府組織。

君士坦丁讓帝國前期「伙伴」（comes）之頭銜再度復活，但最初只給予負有特別任務的政府官員。這些官員，我們稱之爲「伯爵」（counts）。理論上，他們並不爲國家服務，而是與皇帝建立一種感情、感激和羨慕之個別聯繫。**君士坦丁**及其繼承者之伯爵，不必爲第五世紀帝國之崩潰負任何責任；後來的各日耳曼王國，反而借用此一名詞。

在皇帝御前召開的老式「親王會議」（council of princes）易名爲「御前會議」（consistory）。皇帝缺席時，由財務大臣（quaestor of the palace）擔任主席，討論各種事務，各部門的主管皆與會。御前會議設有祕書和參事，能稱爲「大臣」者仍然爲數甚少。

比以前更爲專制的皇帝，具有軍事和宗敎威權。皇帝爲軍隊及其選民之領袖。他不必受到元老院之承認，人民自長久以來也只在節慶娛樂活動中才見到皇帝。然而，皇帝與軍隊的關係卻不尋常。一位被老皇帝

---

❾ Timothy D. Barnes, *The New Empire of Diocletian and Constantine* (Cambridge, Mass.：Harvard Univ. Press, 1982),pp.209-225.

指定的新皇帝之登基，要出現在部隊之前，並接受他們的歡呼。

　　登基儀式完成後，其軍事性質未隨之消失。帝國的公務員，皆被視為皇帝的代表或助手，同樣皆被認為是士兵，穿著軍人之服飾。

　　軍隊只是一種力量，未能賦予權力一種道德的基礎。在帝國前期，君主政體的宗教特性，以及皇帝的神性，受到強烈的譴責，它保有希臘化世界君主政體的意識形態。此一趨勢之強化，自第二世紀末起更為顯著，直到**戴克里先**登基前夕，東方影響已達到高峯。

　　在整個第三世紀，太陽、世界主宰之理念，與皇帝，其在俗世之代表之理念，被認為密切關聯。自謝維勒王朝起，官方文件將皇帝稱為神。**奧理略**在其錢幣上，以「神和天生主宰」(deus et dominus natus)的官方稱呼，伴隨其名字。

第四節　經濟和社會的創新

　　帝國後期的經濟和社會生活，有三項主要特徵：首先為國家的干預；其次為，在經濟、社會和司法方面，貧與富、弱與強之對立加深；最後是，在整個社會中，出現一個特殊的社會組織，亦即教會。

一、經濟的調整

　　為了擁有至少像在帝國前期的那種安適，第四世紀的經濟活動並未退縮到原始型態。它遇到困難，且失去往昔的自由，但尚能自我調適，以及達到某種程度的均衡，甚至某種程度的繁榮。

　　在貨幣方面，第三世紀的公共財政混亂，已造成貨幣品質低落。正

常經濟的條件之一，就是穩定貨幣的重建。儘管盡力朝此一方向去做，皇帝們只能有部份的成就❿。

貨幣的貶值，無可避免將導致物價上漲。由於埃及留下紙草紙之記載，後人較能瞭解其物價上漲之情形。以 294 年顯然已較高的小麥價格為基礎，在 314 年，比 294 年的價格，已增加三十倍；在 334 年，增加二百六十倍；344 年之後不久，又增加六千六百八十倍。原則上，至該世紀末，以十六噸的銅錢，尚購買不到二十五公斤的小麥。此一情況後來到底如何解決，目前尚無法得知。

在經濟需求方面，國家盡量獲得一般生活不可或缺的生產之維持和運送。國家還須確保人口中特權份子之糧食供應，以徵收實物代稅，保證軍隊和公務員之糧食無虞匱乏。

原料的生產，或手工業的生產，也不容匱乏。幾乎所有礦場和採石場皆隸屬於國家。國家還擁有許多各色各樣的手工業產品。它建立一套專賣制度。對於未專賣的產品，自謝維勒王朝起，國家已逐漸使之組成「合作社」（college）。

從唯一的經濟觀點來看，並未完全破產。人口中的勞力，仍然不多；蠻族的定居，只能彌補部份的不足。貧瘠之地，有廢耕之趨勢，但其餘土地則經營良好。飢荒時常發生，但不比帝國前期嚴重。技術的改進，擴展到帝國各處。

經濟繁榮再度出現在許多省區，東部各省獲益較西部各省多。敍利亞和小亞細亞某些地區的經濟，達到自羅馬征服以來最繁榮的地步。與遠東之貿易再度興盛。羅馬世界似乎繼續輸出貴重金屬；輸入則以奢侈品如香料、香水、珍珠、寶石等，以及需求漸多的絲。

---

❿　請參考 Diana Bowder, *The Age of Constantine and Julian*（New York：Barnes & Noble, 1978）,pp.40-41.

二、世俗社會

如果國家無法同時在社會，至少在某些階級，建立其權威，也就無法在經濟方面樹立權威。

帝國前期已不能在此一方面，按兵不動。212 年的**卡雷卡拉**勅令，賦予所有在帝國境內出生的自由人公民權。此一措施，其眞正原因爲財稅的，亦即將某些稅賦擴展至帝國境內的所有人。然而，帝國境內的公民和外國人之區別也就不再有實質的意義❶。

帝國前期的眞正社會政策，在於依照其需要，讓社會階級逐步緩慢提昇，最好歷經數代，以免造成失序。然而，在環境的壓力下，帝國後期必須打破此一政策。一方面，帝國保留挑選其臣僕之權利，因而隨意破壞傳統的成規。軍中將領之選拔，前已論及；關閉新自由民之子進入元老院之禁令，也於 364 年解除。另一方面，爲使所有社會工作皆有人擔任，遂有職業繼承制度之建立。

受到此一政策打擊最大的是中產階級。此一城市的資產階級，在帝國前期，提供各項服務，處於城市無產階級和騎士階級之間的過渡階級。傳統上，此一階級的精英出任城市的「榮譽」職位：其成員爲市議員。但是，國家施於他們身上的嚴厲財政需求，導致他們的破產。

在貴族階級的組織方面，國家的干預雖然非常有效。長久以來，上層社會企圖變成國家的貴族階級。由於第三世紀革命危機所造成的慘重打擊，另外也由於軍隊和行政的需要，使得此一演變呈現決定性的進展。

---

❶ Peter Garney & Richard Saller, *The Roman Empire, Economy, Society and Culture* (Berkeley & L.A.: University of California Press, 1987), p. 115.

昔日以出身和財富爲基礎的區分，現已消失。騎士或元老院議員的選舉權財產限制，已經廢除。一位昔日的奴隸，亦可成爲元老院議員或執政官。

貴族階級同時擁有義務和特權。特權原爲補償義務，但常超出甚多。對元老院階級課徵特別稅，有時還要負擔節慶娛樂活動的費用。元老院階級中的現任政府官員，或許可免除其義務。

如同士兵、市議員、商人和手工業者之子，公務員之子也須繼承其義務和特權❷。

然而，許多貴族很富有，因爲除了優厚的待遇外，尚有皇帝或高級官員的賞賜。有時，由於婚姻的關係，會有一筆豐富的收入。因此，這些貴族皆可過著悠閒的生活。無論如何，所有的富者皆是貴族，如非因其個人之職業，至少是因爲其直系尊親屬中有人進入元老院階級之家族。

某些財富之數額非常龐大，遠超過朱利安・克勞廸時代的最鉅額財富。第五世紀初的一位作者相信，羅馬許多家族的財產，肯定有一千三百十公斤黃金的收入，此外尚有差不多此一數額三分之一的實物收入。

羅馬帝國後期的社會，仍然有奴隸。至於其數目是否大爲減少，因缺乏統計數字，已非史家能力所及。奴隸市場依然存在，其來源與以前相同。

與奴隸有關之立法，似較寬厚。但是**君士坦丁**還是禁止追訴，懲罰有罪之奴隸致死之主人的刑罰。直到第四世紀才廢除，**奧古斯都**所訂的禁止奴隸脫籍之法令。

除了法令，習俗也很重要。家庭奴隸的命運未能有很大改變：它經常還是能夠忍受；無論如何，性道德的演變，無疑的已阻止主人最惡質

❷　Eugène Albertini, *L´Empire Romain* (Paris: PUF, 1970), p.365.

的任性。同樣地,城市奴隸的命運也少有改變:格鬥士人數已減,但未消失,而奴隸經常在店舖中從事小的手工業。此外,國家常迫使蠻族俘虜和犯人,在其大型工地,尤其是礦場工作。不談司法地位,鄉村奴隸的實際生活,與以前享受自由的農民,情況類似。

羅馬的城市無產階級,享受免費的食物配給和娛樂活動,經常遊手好閒,無所事事。

為維持糧食之生產和供應所需之人力,除了准許蠻族在帝國境內定居,還制定法律,讓佃農與土地,甚至與其地主,結合在一起,而且世代相襲。因此,在第五世紀初期,佃農不得離開其耕種的土地,他們的兒子也不行,除了去當兵或得到地主的同意。以往,佃農只在經濟上附屬於地主,現在又加司法上的附屬❸。

自由農,如果無力應付國家之稅賦,往往放棄其土地,尋求大地主之保護。最後,他們仍然能夠在原來的土地上耕種,但是付出相當代價,有時淪為佃農,有時其境遇更差。相對的,他們得到大地主在司法上,以及面對政府當局之保護。領主制度已漸成形。

三、教士社會

自**君士坦丁**改信基督教之後,新的信仰,受到珍貴的公共權力之支持,而得以擴展其信仰之人數❹。不但在帝國境內信徒人數大增,就是

---

❸ J.B. Bury, *History of the Later Roman Empire, Fron the Death of Theodosius I to the Death of Justinian*, vol. I (New York: Dover, 1958), pp. 56-57.

❹ Jean-Daniélou & Henri Marrou, *Nouvelle Histoire de l'Eglise Tome 1, Des Origines à Saint Grégoire le Grand* (Paris: Seuil, 1963),pp. 276-278.

境外，其發展也很可觀。在第五世紀初期，在帝國境內，異教徒實際上只剩零星的一些據點。

隨著靈魂的征服，世俗財產的征服經常也輕易獲得。教會建築物的建造和維持、公墓的建造、祭祀的費用、教士的物質生活、以及弱者之救助等等，其費用漫無限制的增加。但是捐獻也來自各方，尤其是國家。321 年，**君士坦丁**承認教會有接受遺贈之司法能力。信徒之慷慨，通常並未等到死亡之時才表示。

教會因此變成非常富有。然而，教會並未自私或吝嗇；它濟弱助貧，收容老人和寡婦，撫養孤兒。國家可以說已將慈善工作轉交給教會。基督教帶給古代世界一個新觀念，亦即慈悲心腸。

在教會組織中，主教爲其主幹。主教的設立通常在每一城市，但是在蠻族中，卻是依種族別而設立的。主教任命和領導人數漸增的教士，對主教區內的宗教事務有管理權，且有部份司法權。主教的道德權威大增，再加上漸增的經濟力量，使之在帝國西部的皇帝消失之後，自然成爲城市的領袖。

在有自主權的主教領導下，各大小共同體過著自己的生活，然而教堂並未孤立，其對外關係，係透過主教來進行。這些教堂皆瞭解，它們隸屬於一個單一體，那就是教會。在帝國後期，大公會議的制度逐漸形成。在主教之上，尚有主教團。大公會議的召開，自皇帝改信教後，就由皇帝來負責。

第五節　思想與藝術

帝國後期的文明，單從文化的觀點來看，並無可取之處，但是其宗

教思想卻在個人或群體的生活上，扮演重要角色。

一、宗教思想

在宗教思想方面，可分異教和基督教兩項來討論。

自帝國前期以來，異教受到東方之影響已非常顯著。東方諸神的祭祀十分普遍。由於皇帝的容忍，或親自參與，埃及的**伊希斯**(Isis)，尤其是波斯的**米斯拉**(Mithras)之祭祀，已達極盛時期。

哲學運動也是自長久以來就與此一宗教運動互相配合。新柏拉圖主義(neo-platonism)因而產生。該派別由**阿默尼厄・沙卡斯**(Ammonius Saccas)在第三世紀初肇其端，而由**柏羅丁**(Plotinus)總其成。

米利安皇帝死後，異教思想仍然盛行。透過禁止和迫害，帝國政府負責去除異教思想的麻煩衍生物。在帝國西部，最後一批有學問的異教徒，仍然在發展哲學；在東部，他們則仗恃希臘，尤其是**柏拉圖**，其次是**亞里斯多德**的科學和哲學的光榮往昔。新柏拉圖主義者仍然公開地分別在亞歷山卓和雅典，兩個還能吸引學生的學校，繼續講學。415年，亞歷山卓的學校在一次基督徒的攻擊中被毀；雅典的那所學校，則被**查士丁尼**(Justinian)於529年下令關閉。

事實上，基督教也一樣從希臘的哲學中獲得好處。

為擴大其傳播的範圍，以及滿足飽學之士的需求，基督教必須確定和組織其神學理論，亦即使之打入知識的架構。在第三世紀初，亞歷山卓學派曾有過第一次嘗試。在**聖克雷孟**（Saint Clement）之後，應屬**歐立堅**(Origen, 185-254)最重要也最具威望。**歐立堅**曾追隨過**阿默尼厄・沙卡斯**，因此對希臘思想瞭解甚深。他信仰堅定，而且盡力給予基督教信仰，一種適合哲學家思想習慣的表現方式。然而，他卻遭遇教會內部種種阻力。

基督教神學中最有爭議的問題，就是聖父和聖子之間的關係。因而在東方出現了沙伯立安教(sabellianism)和亞利安教(arianism)等所謂異端。亞利安教認為基督是受造者，並無真正的神性，因此極力宣傳聖子與聖父不同體的說法。

儘管時有困擾，基督教還是經常得到新的信徒。

二、知識生活

一般說來，文化的理想仍然與往昔類似。傳統文化威望的延續，亦可解釋教育的延續性。

事實上，國家似乎未曾在教育方面多費心；425 年以前，君士坦丁堡尚未設立高等教育機構。然而，此後幾乎所有城市多少皆有其市立學校，而且也能多少培養一些學生。師資的選擇，由當地市議會經公開甄試產生。

自帝國前期以來，教育制度未曾改變。課程由詩人、修辭學家和史學家之研究開始。**荷馬**和**維吉爾**的作品，還是小孩要學習的教材。這種教育方式，就是基督徒也未曾想到要加以改變。

在語文方面，自帝國後期起，學校較無法維持統一，因雙語教學日趨重要，也是年輕人接受教育的基礎和理想。帝國西部比以往更認真學習拉丁文。行政角色的重要性日增，因此繼續成為軍事指揮、立法和法官判決的唯一官方語文的拉丁文，其重要性也是如此。

君士坦丁堡為一希臘城市，但是那裏的中央政府官員以拉丁文書寫，而讓地方官員負翻譯之責。希臘文在第四世紀末才應用在司法審判，在**查士丁尼**時代方用於立法。但是文學仍使用拉丁文。

相反地，雙語在帝國西部趨於衰微。拉丁文在貴族階級的文學中已成為文化的語文。一旦教會在西方採用拉丁文為宗教儀式上的語文，希

臘語文之瞭解，對於敎士階級來說，不再是不可或缺。

在著作方面，科學方面的退步較令人擔心。科學實際的應用，有些進展；但是觀察和研究的科學精神，卻顯著的退步。數學敎育只存於亞歷山卓。天文學萎縮，而星相學卻開始興盛起來。煉金術在自然科學中被剔除。人們又開始否認地球是圓的。

在法律方面，在帝國前期，羅馬法已根植於帝國東部，而且提昇至一項不再會被超越的知識水平。438年，一部經兩位皇帝同意而組成的官方委員會所制定的法典 —— 狄奧多西法典（Theodosian Code）頒佈實施。該法典是爲紀念帝國東部皇帝**狄奧多西**而命名，在君士坦丁堡編纂九年才完成。

文獻學方面對於希臘的喜好，以往在羅馬曾找到一個非常有利的發展空間，也有相當重要的著作出現。然而到第三世紀，所有這些已在帝國西部消失。

阿米安‧馬西林那（Ammianus Marcellinus）爲此一時期較著名的史學家和修辭學家。他依照古老的用法，在其歷史中佈滿許多演講詞。修辭學事實上經常享有很高榮譽，而且能涉及所有主題。

在詩學方面，依古典方式寫成的希臘文的詩，可說少之又少。然而，直到第四世紀末和第五世紀初，拉丁文寫成的詩，仍然活躍。回憶和模仿使之維持不墜，甚至尚有某些創新。和世俗比較，還可以發覺宗教詩已經出現。

三、藝術

帝國後期的藝術生活，顯然比知識生活更爲複雜。如同後者，藝術生活也要遵循傳統。然而，因對物質困難更爲敏感，因而表現比以往貧瘠。此外，一般嗜好的演變更爲快速，精神生活的新需要，顯得更重要，

並須優先加以滿足。

無人思及，與一直受人讚嘆的數世紀以來的遺產，斷絕關係。不僅是異敎徒認爲，古典理想爲人類引以爲傲的唯一文明之準則；就是基督徒也無法忽視其偉大。

在生活的物質架構方面，儘管一般條件似乎較傾向於創新，尤其是別墅，但古代影響的延續性，還是受到承認。經濟和社會角色已很重要的大地主之住宅，改建成更寬敞、更華麗、也更舒適，以滿足其主人之需求。到了第四世紀，別墅之奢侈已達巔峯。

城市公共建築之維持和美化，仍然依照以前的理想。惟有廟宇在皇帝改信基督敎後，受到影響。**君士坦丁**在君士坦丁堡建造一些廟宇。城市建築物的藝術，到處皆顯得莊嚴偉大。

在**君士坦丁**之後，除了兩座凱旋門和一些重建的工作外，羅馬市容的美化，不再延續下去。皇帝居住他處，且較少關心一個已經擠滿過多公共建築物之首都的進一步裝飾。羅馬變成一個博物館城市，愈來愈少加以維修。人們甚至從羅馬取走藝術品、圓柱和方尖形碑，以美化君士坦丁堡⑮。羅馬已開始緩慢沒落。

相反地，自**戴克里先**起，皇帝爲行政或軍事方便，開始美化經過挑選的省區的城市。然而，最大規模的城市化之努力，則用於君士坦丁堡。

隨著基督敎的擴展，新的美學在敎堂的建造上，找到最好的應用機會。皇帝和信徒的慷慨，使敎會有更多的資源，建造更多更雄偉的敎堂。因此可以說，自第四世紀初起，建築活動，特別表現在敎堂的建造⑯。敎堂的形式，不受傳統的任何拘束，因此各地區之間有很大的差別。

---

⑮ Edward Gibbon, *The Decline and Fall of the Roman Empire*, vol.I（Modern Library）,pp.511-514.

⑯ G. McN. Rushforth, "Architecture and Art", Ed. by Cyril Bailey, *The Legacy of Rome*（Oxford : At the Clarendon Press, 1923）,p.406.

　　採用同樣的技術，遵循同樣的趨勢，基督敎藝術已經與世俗藝術並
駕齊驅。不久之後，至少是在帝國西部，世俗藝術將告消失，而基督敎
藝術則將獨存。

第十三章　參考書目：

1. Eugène Albertini, *L'empire Romain* (Paris : PUF, 1970).

2. Timothy D. Barnes, *The New Empire of Diocletian and Constantine* (Cambridge Mass. : Harvard University Press, 1982).

3. Diana Bowder, *The Age of Constantine and Julian* (New York : Barnes & Noble, 1978).

4. J.B. Bury, *History of the Later Roman Empire from the Death of Theodosius I to the Death of Justinian* (New York : Dover, 1958).

5. Jean Daniélou & Henri Marrou, *Nouvelle Histoire de l'eglise vol.I, Des Origines à Saint Grégoire le Grand* (Paris Seuil, 1963).

6. Edward Gibbon, *The Decline and Fall of the Roman Empire* (Modern Library).

7. Robert Latouche, *Les Origines de l'économie occidentale* (Paris : Albin Michel, 1970).

8. Ferdinand Lot, *La Fin du Monde Antique et le Début du Moyen Age* (Paris : A. Michel, 1968).

附錄：基督教的創立與發展

壹　耶穌的生平

耶穌的一生充滿神奇，其出生年代衆說紛紜，大多數認爲應在西元前 8 年至 4 年之間。至於生日的說法也不一。早在第二世紀時，東方的基督教在一月六日慶祝**耶穌**的誕辰。354 年，包括羅馬在內的一些西方教會，在十二月二十五日紀念**基督**的誕辰。這一天原本是密斯拉教（Mithraism）的重要節日，也就是該教太陽神的誕辰。東正教有一段時期，維持一月六日是**耶穌**的誕辰，並且指責西方的基督教徒崇拜太陽及崇拜偶像。然而，到了第四世紀末，東方的教會也採用十二月二十五日作爲**耶穌**的誕辰紀念日。

根據《馬太》和《路加》的記載，**耶穌**誕生於耶路撒冷以南的伯利恒，父親**約瑟**爲一木匠，母親**瑪利亞**，家中兄弟姐妹衆多。

在大約三十歲時，**耶穌**到約旦河接受「施浸者」（The Baptist）**約翰**的浸禮。**約翰**在其洗罪禮中，譴責僞善和放蕩的生活，警告罪人爲最後的審判作準備，聲稱天國已接近。**耶穌**的受洗，證明他已接受**約翰**的教義。

就在**耶穌**接受**約翰**施浸後不久，加利利的**希律王**（Herod Antipas）下令監禁**約翰**。**耶穌**立刻接替**約翰**的工作，宣講天國臨近之道。

後來**約翰**被斬首，其門徒便尋找一位新領袖，於是**耶穌**承擔了這份責任和危險。起初，他謹愼地隱退到靜僻的鄉村，隨之逐漸放膽去傳播

福音，希望大家悔改認罪，信奉上帝，以能得救。

　　一般說來，**耶穌**的宗敎意識非常強烈，因此嚴厲譴責那些和他觀點不同的人。他能寬恕任何過錯，但絕不原諒不信之罪。他具有希伯來先知的苦行熱誠，而無希臘哲學家的寬宏鎭靜。有時因爲義憤塡膺，而顯得失去原有的高度仁慈。**耶穌**的缺點，就是不惜代價堅守自己的信仰，但也因爲如此，才使他能夠感動整個世界的信徒。

　　耶穌不主張禁慾主義，雖然痛恨肉體的情慾，但並不反對純潔的愉快生活。他寄望窮人和謙卑的人，在未來的天國裏，列於至高的地位。

　　耶穌始終明智過人，不過他的意志力，並非依靠其學識，而是出於自己敏銳的領悟、深切的感情以及純一的目標。他並未自稱無所不知，對許多事件也會覺得意外。他顯現的神蹟，可能大部份出自思想的感應力，一種信心堅強的精神力量，對易受感動者所發生的影響。

　　耶穌傳道的時候，爲了適應群衆的需要，採用簡明的話語，及有趣的故事，讓人能夠逐漸領悟其敎義。

　　早在**耶穌**繼施浸者**約翰**傳播福音起，猶太人和羅馬的官吏，還有許多其他敎派的人士，就一直注意**耶穌**的舉動。由於他並未獲得許多追隨者，這些人已漸漸不再注意他。後來因爲他在耶路撒冷受到空前熱烈歡迎，使得這些人又開始懷疑他的企圖。

　　促使**耶穌**面臨死刑噩運的，是他不斷的深信，並且宣稱，他就是**彌賽亞**（Messiah）。起初，他的門徒只以爲他是施浸者**約翰**的繼承人；漸漸地他們才相信，**耶穌**就是等待已久的救世主，要把以色列人從羅馬帝國的束縛中拯救出來，而在地上建立神的國度。

　　勢力強大的猶太人憎恨**耶穌**的敎義，住在當地的羅馬官吏也敵視他。對當權的人來說，**耶穌**可能在宣傳社會革命；在傳統的猶太人眼中，很明顯的他是一位危險的反叛者。猶太人和羅馬官吏認爲這一群聚集在耶路撒冷的衝動愛國分子，很可能冷不防地點燃一次致命的叛亂，來推翻

羅馬的統治，自己組織政府，並且給予宗教自由，屆時還要派兵去鎮壓，因此決定下令逮捕**耶穌**，並於西元39年在耶路撒冷將他釘於十字架上。

　　耶穌在釘十字架六小時後死亡，由兩位仁慈且富有影響力的猶太人，獲得羅馬官吏之同意，把他的身體從十字架上取下，塗了沒藥沈香，然後放在墳墓裏。兩天後，墳墓成空，**耶穌**復活。

貳　保羅的傳教

　　保羅（St Paul），基督教神學的創始人，大約在西元 10 年，誕生於西利西亞（Cilicia）的塔數（Tarsus）。他的父親為法利賽人（Pharisee），且為羅馬公民，因此**保羅**也承襲了公民身分。除了**保羅**這個希臘名字，他尚有希伯來的名字**掃羅**（Saul）。

　　雖然曾受過希臘文化的洗禮，但是**保羅**在心志和性格上卻是道道地地的猶太人，從未對**摩西**的話表示懷疑，而且對於神對猶太人的特別選召，做為救世人的媒介，更是引以為榮。

　　保羅有見識和熱情，但並非和藹有禮；富於情感及想像力，但並非客觀而公正。因為在思想上比較細膩，所以他在行動上很有魄力。他認為自己受聖靈啟示，並賦予行神蹟的異能，因而能腳踏實地，很有耐心地建立和維持基督教會。

　　他是一位從未見過**耶穌**而改變信仰的人。在耶路撒冷，他曾幫助迫害一小撮最初的基督徒後，於走向大馬士革（Damascas）途中，經歷了一次奧妙的心靈的轉變，使得原本極力抵擋基督的人，卻變成最能為基督傳道的人。於是，進入大馬士革之後，他就在猶太會堂裏向大眾宣講**耶穌**是**上帝**的兒子。

　　大馬士革的羅馬官吏受了猶太人的唆使，下令逮捕**保羅**。在朋友的協助下，他趁著黑夜，逃出城外。大約有三年的時間，有「外邦人的使

徒」（Apostle to the gentiles）之稱的**保羅**，都在阿拉伯的小村莊傳播基督教義。

約在 43-44 年，他到安提阿（Antioch）傳教，使得許多人相信了基督，而安提阿很快就成爲所有城市中，基督徒最多的一城。在那裏，他們被異教徒稱之爲「基督徒」（Christians）。外邦人也是在此地，首次接受新的信仰。

安提阿的信徒，比耶路撒冷的信徒富有，而且對傳福音很熱心。他們累積了一筆款子，做爲傳福音之用。約在 45-47 年，**保羅**離開安提阿，搭船到塞浦路斯（Cyprus），在該島的佈道非常成功。

保羅回到安提阿時，面臨一個基督教歷史上最大的難題。原來耶路撒冷的門徒，聽說**保羅**接受外邦信徒，而未要求他們行割禮（circumcision），紛表異議。對於猶太人來說，割禮不僅是潔淨的儀式，主要是象徵古代猶太民族與神所立的契約。

然而，爲了使基督教能成爲世界性的宗教，**保羅**不願意傳統的猶太人律法成爲改信基督教途中的一項障礙。他提出一個補救辦法，宣佈希臘人或敘利亞人皈依基督教時不須行割禮。同樣地，他也宣佈皈依者不必禁食豬肉，或遵守律法的每一瑣雜規律。基督徒的得救，不是依靠猶太律法的字句，乃是有賴猶太人對公義正直**上帝**的信仰。

大約在**保羅**五十多歲時，他開始第二次的傳教旅行。再度訪問小亞細亞的各教會，到達北方的亞歷山大城，航行到馬其頓，這是他第一次到達歐洲。西元 51 年，他在雅典講道，企圖調和基督教和希臘哲學，可惜受他影響而改變的人數極少。

不久，**保羅**就離開雅典，來到科林斯(Corinth，聖經譯爲哥林多)。他在這裏停留一年半，傳播福音給科林斯的外邦人，其中有許多相信並接受其教義。對這些人來說，基督教與以往他們所接受的，關於神秘信仰所提到復活救主的信息，大同小異，而**保羅**也受到他們不少影響，而

按希臘人熟悉的說法，將基督教介紹給希臘人。

大約在 53 年，**保羅**由科林斯回到耶路撒冷。隨之又開始第三次的佈道旅行，訪問了安提阿及小亞細亞的教會，並以其熱忱和信心，鞏固各教會。

保羅的書信，大部分討論教會的紀律問題，他負有治癒靈魂的責任，把堅定而不專橫的助手，置於分散在科林斯、在羅馬、在羅馬帝國各地那些奮鬥中的基督教教會身上。他嘗試抑制那情感上解放的新教義所激起的縱慾，敦促新解放的人，不要以性的雜交來解釋**基督**的愛，不要以其新智慧作爲狂野喧囂的大好時機。簡言之，就是不要過份放縱，而要接受教會紀律，過一種平靜、忠實而穩定的基督教生活。

保羅後來被羅馬皇帝**尼祿**(Nero)處死而殉教。由於他的殉道產生出基督教的神學體系，藉着**保羅**和另一使徒**彼得**，造成了令人驚佩的教會組織。

叁　基督教的勝利

一、基督徒遭受迫害

在**耶穌**死後的兩代之內，基督教的信仰逐漸傳遍整個羅馬帝國。根據早期的拉丁文資料，基督教是一種爲人所卑視的宗教，人們懷疑各種恐怖的罪行，如亂倫、殺嬰、謀殺，皆出於基督徒所爲，因此頻頻遭到迫害。

雖然如此，殉教者的血液卻構成教會的種籽。大約在西元 100 年，這些種籽已經遍植於羅馬帝國境內，而超出猶太人的社會之外，並開始生長。**保羅**是培育這些幼苗最有技術的園丁。他們早已堅強茁壯，即使

是迫害的暴風雨也無法加以摧毀。

羅馬統治者要「迫害」基督徒，並非因爲他們的絕對信仰和習慣，而是因爲他們拒絕接受羅馬皇帝的神性，並敬拜他如神。儘管羅馬帝國並不怎麼在乎其統治下諸城邦、部族、與國家的道德和信仰方面的細節問題，但對於宗教自由仍有實際的限制。

這種宗教自由的限制，畢竟不是基於宗教自由的理想，也非基於任何政教分離的觀念。爲了維持帝國各地人民共同的忠順，就須給予一些如國族之類作爲團結的象徵，因此皇帝被奉祀爲神。人民除了自己地方上的宗教與地方上的儀式外，增加了對皇帝奉祀的簡單儀式。

基督徒如猶太人一樣，是嚴格的一神論者，他們無法奉祀皇帝，因此被迫害之事，經常發生。在三個世紀中，有六次主要的迫害高潮。最早的一次，發生在 64 年**尼祿**統治時。羅馬史學家**泰西塔斯**(Tacitus)認爲，**尼祿**是爲羅馬城的不幸大火，而去尋找一些替罪羔羊的有意安排。據說，這場大火還是皇帝自己下令點燃的。

二、基督教的勝利

帝國對基督徒的迫害在最高潮時表現非常慘烈，基督徒殉道者爲數甚衆。然而，由於宗教活動化明爲暗，由於殉道者死後名聲更加榮耀，由於持久性皈依改宗，幾個世紀以來，教會愈來愈壯大，而教徒也愈來愈多。

在第四世紀早期一次最主要的迫害行動之後，311 年，皇帝**蓋勒留**(Galerius)在他臨終前簽署一道勅令，終於完成官方的寬容。**君士坦丁大帝**(Constantine the Great,306-337)與其對手**利希紐斯**(Licinius)在 313 年聯合簽訂「米蘭勅令」(Edict of Milan)，更確定寬容的政策。**君士坦丁**大帝去世之時，教會正朝向羅馬的國教之路邁進。

索　　　　　　　　　　　　　　　引

A

Abraham　亞伯拉罕		*53*
Abu Sinbel　阿布辛貝爾		*21*
Achaeans　亞契安人		*71*
Achaemenids　阿契曼尼王朝		*272*
Acropolis　阿克羅波里斯（衛城）		*99*
Actium　阿克提姆		*235,242*
Adad　艾達德		*46*
Adriatic Sea　亞得里亞海		*84,173*
Aebutian Law　艾伯提安法		*224*
Aediles　市政官		*195,197,198*
Aegeus　伊吉優斯		*132*
Aegina　愛吉那		*93*
Aeschylus　哀斯奇勒斯		*142,143*
Aesculapius　伊斯丘雷皮耶斯		*128*
Agamemnon　艾格曼濃		*77,142*
Agesilaus　阿吉希羅斯		*106,107*
Agrippa　艾格里帕		*244*
Agrippina　艾格里賓那		*246,262*
Ahmosis　阿莫西斯		*20*
Ahriman　阿里曼		*64*
Alcibiades　阿爾西比亞茲		*106*
Alemanni　阿拉曼人		*272*
Aleppo　阿勒坡		*51*

Alexander the Great　亞歷山大　　19, 27, 63, 118, 141, 148, 155, 156, 157, 158, 159, 160, 161, 162, 163, 164, 165, 166, 169, 183

Alexandria　亞歷山卓　　157, 162, 165, 168, 169, 243, 259, 275, 291, 293

Altamira　阿爾塔米拉　　11, 12

Ammianus Marcellinus　阿米安・馬西林那　　293

Ammonius Saccas　阿默尼厄・沙卡斯　　291

Amo　阿默　　55

Amon　阿蒙　　21, 23, 29

Amon-Re　阿蒙・雷　　21

Anatolia　安那托里亞　　51, 55

Andronicus　安德羅尼克　　219, 221

Angles　盎格魯人　　272

Angolis　安哥里斯　　71

Anio(the)　阿尼歐河　　197

Antigonids(the)　安提哥尼　　162, 163, 169

Antigonus　安提哥那斯　　162, 163

Antioch　安提阿　　167, 275, 300

Antiochus III　安提歐丘三世　　188

Antonius(M.)　安東尼　　203, 235, 243

Antonius(Titus)　安東尼奧　　249, 259, 276

Anu　艾努　　46, 48

Apamea(Peace of)　阿帕米亞和約　　188

Ape man　猿人　　　　　　　　　　　　　　　　　　　　1,2

Apennine　亞平寧山脈　　　　　　　　　　　　　　　173,175

Apetairoi　半自由人　　　　　　　　　　　　　　　　　72

Apollo　阿波羅　　　　　　　　　　　　90,131,132,169,258

Appia (the Via)　阿庇亞大道　　　　　　　　　　　　　183

Apulia　阿布里亞　　　　　　　　　　　　　　　　　　175

Aquileia　阿幾里亞　　　　　　　　　　　　　　　　　252

Aquitaine　阿奎丹　　　　　　　　　　　　　　　　　　177

Archagachus　阿恰加色　　　　　　　　　　　　　　　223

Archidamus II　阿奇達姆斯二世　　　　　　　　　　　105

Archimedes　阿基米德　　　　　　　　　　　　　　　　169

Argive plain　阿吉夫平原　　　　　　　　　　　　　　76

Arinna　亞倫那　　　　　　　　　　　　　　　　　　　57

Aristophanes　阿里斯多芬尼斯　　　　　　　　　　127,144

Aristotle　亞里斯多德　　　　　　110,128,141,155,156,157,
　　　　　　　　　　　　　　　　158,159,160,194,291

Armenia　亞美尼亞　　　　　　　　　　　　　　59,62,273

Armenian Mounts　亞美尼亞山區　　　　　　　　　　　43

Arminius　亞米尼厄　　　　　　　　　　　　　　　　　242

Arpinum　亞庇能　　　　　　　　　　　　　　　　　　221

Arsacids (the)　阿沙西德王朝　　　　　　　　　　　　272

Aryan　亞利安　　　　　　　　　　　　　　　　　　　57

Assur　亞述爾　　　　　　　　　　　　　　　　　　　60

Assurbanipal　亞述巴尼泊　　　　　　　　　　　　　59,60

Assyrians　亞述人　　　　　　　　　　　　　　　　55,58

Astarte　愛斯塔特　　　　　　　　　　　　　　　　　52

Athena　雅典娜　　　　　　　　　　　　　　　*118,131,133*

Athean Parthenos　巴塞諾斯・雅典娜　　　　*131*

Attalus Ⅰ　阿塔勒斯一世　　　　　　　　　*188*

Attica　亞提加　　　　　　　　*71,94,105,106,118,144,162,*
　　　　　　　　　　　　　　　　　　　　　　164

Auditoria　學堂　　　　　　　　　　　　　　*265*

Aurelius　奧理略　　　　　*249,270,280,282,285*

B

Baal Shamin　巴爾・夏敏　　　　　　　　　　*52*

Bas-Empire　下帝國　　　　　　　　　　　　*269*

Beirut　貝魯特　　　　　　　　　　　　　　*51*

Berbers　貝布人　　　　　　　　　　　　　　*271*

Berenice　倍瑞尼斯　　　　　　　　　　　　*166*

Blade　石瓣　　　　　　　　　　　　　　　*9*

Blemmyes　布雷米人　　　　　　　　　　　　*271*

Boeotia　波厄西亞　　　　　　　　　　　　　*107*

Bosporus　博斯普魯斯　　　　　　　　　　　*63*

Boren, Henry C,　鮑倫　　　　　　　　　　*127*

Bridge of Ships　船橋　　　　　　　　　　　*63*

Brutus　布魯托　　　　　　　　　　　　　　*180*

Burgundian　布艮第人　　　　　　　　　　　*272*

Burrus　伯勒　　　　　　　　　　　　　　　*246*

Byblos　畢布羅　　　　　　　　　　　　　　*51,80*

C

Caesar, Julius　凱撒	201, 202, 203, 211, 212, 215, 217, 222, 257
Calabria　卡拉布里亞	187
Caligula　卡里古拉	244, 245, 262
Cambyses　甘比西士	63
Campania　坎帕尼亞	175, 178, 203, 224
Canaanites　迦南地區民族	52
Canepus　甕	35
Cannae　坎內	190
Capenates　加本納特人	193
Cappadocia　加巴多西亞	273
Caracalla　卡雷卡拉	273, 274, 283, 285
Carchemish　卡其米希	56, 61
Caria　加里亞	116
Carthage　迦太基	52, 165, 175, 183, 184, 187, 190, 204
Caskey (John L.)　凱斯開	31
Cassander　卡珊德	163
Cato　卡托	187, 227
Catullus　卡特勒	222
Caucasoid　高加索人種	5
Censor　監察官	195, 198, 207, 209
Ceres　（土地婆）謝蕊	227
Chadwick (John)　查德威克	77

Chaeronea　夏洛尼　　　　　　　　　　　　　　　*154*

Chalcis　恰爾希斯　　　　　　　　　　　　　　　*154*

Chaldea　迦爾底　　　　　　　　　　　　　　　*60,61*

Chopper-chopping-tool tradition　砍器的傳統　　　　*10*

Cicero　西塞祿　　　　　　　　　　*201,209,210,211,*
　　　　　　　　　　　　　　　　　　　221,222,229

Cilicia　西里西亞　　　　　　　　　　　　　　　*54,56*

Cimon　西蒙　　　　　　　　　　　　　　　　　*97,98*

City-State　城邦　　　　　　　　　　　　　　　　*84*

Claudius(Appius)　克勞廸　　　　*183,238,240,244,245,250,*
　　　　　　　　　　　　　　　252,255,256,262

Claudius II　克勞廸二世　　　　　　　　　　　　*274*

Cleander　柯林德　　　　　　　　　　　　　　　*249*

Cleisthenes　克雷斯提尼　　　　　　　　　　　　*96,97*

Cleomenes　克里歐曼勒斯　　　　*93,96,101,102,162*

Cleopatra　克里歐佩特拉　　　　　　　　*161,235,243*

Cnossus　諾色斯　　　　　　　　　　　　*70,71,76,79*

Colony　警備區域　　　　　　　　　　　　　*183,238*

Comes　伙伴　　　　　　　　　　　　　　　　　*284*

Comitia Centuriata　百人團民會　　　　　　　　*194,196*

Comitia tributa　部落民會　　　　　　　　　　　*196*

Consilium　顧問　　　　　　　　　　　　　　　*242*

Constantine　君士坦丁　　　*277～279,280,281,282,283,*
　　　　　　　　　　　284,288,289,290,294,302

Constantius II　君士坦修二世　　　　　　　　　*279*

Consul　執政官　181,191,194,195,198,200,
201,202,208,209,221,
236～240

Corcyra　柯西拉　104

Corinth　科林斯　93,105,107,175,300,301

Corinthian　科林斯人　104

Corinthian　League　科林斯聯盟　154

Council　行政會議　112,113,164

Council of 400　四百人會議　95,96

Council of 500　五百人會議　96

Couve of Consul　執政官法庭　242

Cradle of Mankind　人類搖籃　6

Crassus　克拉蘇　201,202,210,212,215

Crete　克里特　20,27,67,68,69,70,71,72,74,
76,80,81,120,130

Cro-Magnen Man　克羅馬庸人　5,11,12,13

Cumae　丘美　177,180

Cyclades　席克拉底斯群島　70,71

Cylon　錫龍　94

Cynoscephalae　西諾斯法雷　188

Cyprus　塞浦路斯　54

Cyrene　希雷尼　63

Cyrus　居魯士　40,61,62,63,146

D

Dacia　達西亞　248,272

Dalmatia　達爾馬地亞　　　　　　　　　　　　　　　*242*

Damascus　大馬士革　　　　　　　　　　　　　　　*51*

Darius　大流士　　　　　　　　　　　　　*63,103,273*

Darius III　大流士三世　　　　　　　　*63,156,157,159*

David　大衛　　　　　　　　　　　　　　　　　*54*

Decius　戴秀　　　　　　　　　　　　　　　　　*276*

Delian League　提洛聯盟　　　　　　*97,98,99,105,118*

Delphi　戴爾菲　　　　　　　　　　　　　　*90,134*

Demaratus　德馬拉特斯　　　　　　　　　　　　*93*

Demes　區　　　　　　　　　　　　　　　　　　*96*

Democritus of Abdera　德謨克里特　　　　　　*137*

Demetrius　德米翠厄斯　　　　　　　　　　　*163*

Demosthenes　狄摩西尼斯　　　　　　　　　　*116*

Diana　黛安娜　　　　　　　　　　　　　　　*228*

Dictator　獨裁者　　　　　　　　　　　　*194,197*

Diocese　"狄奧賽斯"　　　　　　　　　　　　*284*

Diocletian　戴克里先　*269,272,273,277,280,281,*
　　　　　　　　　　　　　　　　284,285,294

Diodorus　狄奧多魯斯　　　　　　　　　　　*263*

Dionysus　戴奧尼索斯　*131,133,143,169,206,228*

Districts　區　　　　　　　　　　　　　*26,284*

Dives　代富　　　　　　　　　　　　　　　*210*

Dodona　多多那　　　　　　　　　　　　　*134*

Domitian　多米西安　　　　　　　　　*247,248,256*

Don(the)　頓河　　　　　　　　　　　　　*271*

Dorian　多利亞人　　　　　　　　　　　*89,132*

Doris　多利斯　　　　　　　　　　　　　　　　　*89*

Drachma　德拉馬　　　　　　　　　　　　　　　*203*

Draco　德拉寇　　　　　　　　　　　　　　　　*94*

Duilius, C.　杜伊留斯　　　　　　　　　　　　*184*

Dukana(Lake)　杜卡納　　　　　　　　　　　　*2*

Düsseldorf　杜塞爾道夫　　　　　　　　　　　　*4*

Dyarchy　雙元首制　　　　　　　　　　　　　*280*

E

Early Pleistocene Period　早更新統　　　　　　*2*

Eburacum　葉薄拉干　　　　　　　　　　　　　*271*

Edith Hamilton　愛迪斯・漢彌爾頓　　　　　　*127*

Elam　伊蘭　　　　　　　　　　　　　　　　*59,60*

Eleatic School　愛利亞學派　　　　　　　　　　*135*

Enki　恩奇　　　　　　　　　　　　　　　　　*46*

Enlil　恩利爾　　　　　　　　　　　　　　　*46,48*

Epaminondas　艾帕米農達斯　　　　　*107,153,154*

Ephors　長官　　　　　　　　　*90,91,93,97,111*

Epirus　伊庇魯斯　　　　　　　　　　　　　　*134*

Erech　伊雷奇　　　　　　　　　　　　　　　*49*

Esarhaddon　伊薩哈頓　　　　　　　　　　　　*59*

Etruria　伊特魯里亞　　　　　　*175,177,199,224*

Etruscans　伊特魯斯坎人　　　*177,178,179,180,193,219,*

　　　　　　　　　　　　　　　　　　　　　224

Euboea　厄博亞　　　　　　　　　　　　　　*101*

Euclid　歐幾里德　　　　　　　　　　　　*137,169*

Euphrates　幼發拉底河 *43,242,272,273*

Euripides　尤里披底斯 *99,127,128,142,143*

Eurymedon　尤里美登 *98*

Evans（Sir Arthur）　伊凡斯 *77*

Eyzies-de-Tayac Les）　耶齊‧德‧鐵亞克 *5*

Ezekiel　艾茲可 *55*

F

Fabians（the）　費比安家族 *196,208*

Faliscans　法利斯坎人 *193*

Fayum　法雍 *20*

Fertile Crescent　肥沃月灣 *47,51,62*

（The）First Great Age of Science　科學 *168*
　　　　　的第一個偉大時代

Formula　套語 *224*

Forum　公衆集會地 *179*

Franks　法蘭克人 *272*

Freedmen　新自由民 *245,255*

G

Galerius　蓋勒留（皇帝） *281,302*

Gallian　加里安 *273,274,278*

Gerusia　元老院 *90,91,236～242,244,248,*
249,253～255

Gisa　基沙 *20*

Gladiator　格鬥者 *213*

Gorgias of Leontini　高吉亞　138, 139

Goths　哥德人　271, 272

Gournia　古爾尼亞　70

Governor of Upper Egypt　上埃及總督　25

Gracchus（Gaius）　蓋厄·格拉古　199, 210, 216

Gracchus（Tiberius）　提伯里厄·格拉古　198

Grand Council　大會議　25

Gudea　古底亞　47

Gyges（of Lydia）　季吉　86

H

Hadrian's Wall　哈綴安之牆　248

Hadrianus　哈綴安　248, 249

Hagia Eirene　哈吉亞·葉連　81

Hamilcar　哈美卡　184

Hammurabi　漢摩拉比　47, 56

Hammurabi Code　漢摩拉比法典　46, 47

Hanging Garden　懸空花園　61

Hannibal　漢尼拔　184, 185, 186, 187, 189, 190,
215

Hasdrubal　哈士德魯巴　185

Hattusas　哈杜沙　57

Haut-Empire　上帝國　269

Hecataeus of Miletus　黑卡塔厄斯　135

Helen　海倫　90

Hellenic League　希臘聯盟　103

（The）Hellenistic World　希臘化世界　　　　　　　　　*161*

Hellespont　黑勒斯彭海峽　　　　　　　　　　　　　*103*

Helot　農奴　　　　　　　　　　　*91,93,119,120,293*

Hepetai　顧問　　　　　　　　　　　　　　　　　*79*

Hera　希拉　　　　　　　　　　　　　　　　　*131*

Heratus　赫瑞特斯　　　　　　　　　　　　　　　*166*

Hercules　赫克力斯　　　　　　*52,131,132,169,243*

Herodotus　希羅多德　　　　*32,34,40,71,99,101,102,*
　　　　　　　　　　　　　　　　　144,145,161

Hesiod　赫西歐　　　　　　　　　*82,135,142,260*

Hiero　希葉羅　　　　　　　　　　　　　　　*184*

High Court　高等法庭　　　　　　　　　　*240,242*

Hippias　喜庇雅斯　　　　　　　　　　　　　　*96*

Hippocrates　希波克拉底　　　　　　　　　　*146*

History of the Greek and Persian War　　　　　　*99*
　波希戰史

Homer　荷馬　　　　　*67,77,82,83,90,127,135,*
　　　　　　　　　　　　141,142,155,169,292

Homo erectus　直立原人　　　　　　　　　　　*2,3*

Homo erectus yanmouensis　直立原人　　　　　*3*
　　　　　　　　　　　　　元謀亞種

Homo habilis　巧人　　　　　　　　　　　　*2,3,7*

Homo sapiens　智人　　　　　　　　　　　　　*3*

Hoplite　重步兵　　　　　　　　　　　　　*85,90*

Hoplon　盾　　　　　　　　　　　　　　　　*85*

Horace　賀雷斯　　　　　　　　　　*222,260,261*

Horus　荷魯斯 *21*

Horus-Re　荷魯斯・雷 *21*

I

Iliad　伊里亞德 *77,83,155*

Illyrians　伊利里亞人 *153,154*

Imperial Civil Service　帝國文官制度· *242*

Imperial fiscus　御庫 *252*

Inanna　伊娜娜 *46*

Interglacial phase　冰河間期 *8*

Interregnum　"懸缺" *195*

Interrex　監國 *195*

Ionian Sea　愛奧尼亞海 *84,104*

Ionians　愛奧尼亞人 *89,101,132*

Isagoras　伊沙格拉斯 *96*

Isaiah　以撒 *55*

Isaurians　伊索利安人 *271*

Ishtar　伊希塔 *46,60*

Isis　伊希斯 *291*

Isocrates　伊索格拉底 *159,160*

Isthmus of Corinth　科林斯地峽 *67*

J

Janus　門神簡努 *227,258*

Jeremiah　耶雷美 *55*

Jericho　傑里丘

Joseph　約瑟夫　31

Judaea　朱達亞　243

Judicia publica　公共法庭　242

Julia　朱利亞　244

Julian Laws of 18　朱利安勒法　256

Julianus　朱利安勒　249,279

Julio-Claudian Dynasty　朱利安·克羅廸　239,244,247
厄王朝

Juno　朱諾　228,258

Jupiter　朱彼特　224,227,228,258

Justinian　查士丁尼　141,291,292

Justinian Code　查士丁尼法典　248

K

Karnak　卡那克　20,28

Khufu　古夫王　20,36

Koobi Fora　庫比·佛拉　2

L

Laconia　拉孔尼亞　107

Lagash　拉加胥　47

Lagus　拉格斯　162

Lar　拉爾　227

Lascaux　拉斯寇　11

Latium　拉丁　175,183,193

Laurion　羅里翁　118,121

Lawagetas　陸軍司令		*79*
Leakey（Louis & Mary）　李奇		*2*
Leakey（Richard）　李奇		*2,3,7*
Legati Augusti iuridici　奧古斯都司法副總督		*241*
Legati Augusti legionum　奧古斯都軍事副總督		*241*
Leonidas　雷奧尼達斯		*103*
Lepidus（M）　雷比達		*203,236,258*
Leucippus of Miletus　留希波		*137*
Leuctra　留克特拉		*107*
Levallois technique　勒伐技術		*10*
Lex Aelia Sentia of A.D. 4　珊提亞法		*255*
Licinius, C, 利希紐斯		*198,281,302*
Liguri　利古里人		*176*
Lilybaeum　利里巴姆		*184*
Linear B　乙系線狀文字		*77,79*
Lion Gate　獅門		*77,80,81*
Lisht　利希特		*20*
Livia　利維亞		*245*
Livy　李維		*260,261,262*
Lombards　倫巴人		*271*
Lord of Heaven　天神		*52*
Lot　羅特		*53*
Lucilius（C,）　呂希留		*221*
Lucius　盧西厄		*244,246*

Lucretius 魯克雷秀 *222*

Lycurgus 立柯革斯 *90*

Lydia 利底亞 *86,116*

Lysander 李珊德 *106*

Lysimachus 利希馬丘斯 *163*

M

Magistrates 行政長官 *112,114*

Magneutius 馬格南修 *279*

Mallia 馬里亞 *70*

Mamacus 麻馬革 *51*

Maniple "曼尼波"(羅馬軍團之小隊) *182*

Manmoth 猛狹 *11*

Mantinea 曼丁尼亞 *93*

Mantua 曼都亞 *260*

Marathon 馬拉松 *99,102*

Marcellus 馬謝勒 *244*

Marcomanni 馬克曼人 *271*

Mardonius 馬多尼厄斯 *103*

Marduk 馬杜克 *60*

Marius 馬留斯 *191,200,202,209,222*

Mars 馬斯 *228,230*

Ma't "馬特" *24*

Medes 米提人 *104*

Media 米提 *59,61*

Megara 麥加拉 *105*

Megasthenes　麥加珊那　　　　　　　　　　　　　　　*166*

Melkart　梅爾卡　　　　　　　　　　　　　　　　　　*52*

Memnon　曼儂　　　　　　　　　　　　　　　　　　*157*

Memphis　孟斐斯　　　　　　　　　*19,21,22,25,26*

Menelaus　曼勒羅斯　　　　　　　　　　　　　　　　*90*

Menes　門勒斯　　　　　　　　　　　　　　　　*19,20*

Menodoros　梅諾多羅　　　　　　　　　　　　　　　*213*

Mercury　墨克利　　　　　　　　　　　　　　　　　*228*

Merneptah　梅勒普塔　　　　　　　　　　　　　　　*21*

Mesopotamia　美索不達米亞　　　*15,43,47,51,56,57,58,60,72,*
　　　　　　　　　　　　　　　　162,183,271,273

Messala　梅沙拉　　　　　　　　　　　　　　　　　*226*

Messenia　麥西尼亞　　　　　　　　　　*91,93,98,107*

Messenian Wars　麥西尼亞戰爭　　　　　　　　　　*90*

Metropolis　母城　　　　　　　　　　　　　　　　　*84*

Middle Kingdom Period　中王國時期　　　*20,26,35,36*

Miletus　米勒特斯　　　　　　　　　*101,135,164,166*

Miltiades　米爾提亞茲　　　　　　　　　　　　　　*102*

Mina　米那　　　　　　　　　　　　　　　　　　　*49*

Minerva　米勒華　　　　　　　　　　　　　　*228,258*

Minoan　米諾亞　　　　　　　　　　　　　*67,76,81*

Mitanni（Kingdom of）　米田尼王國　　　　　　　*56*

Mithradates　米斯拉達茲　　　　　　　　　*200,202*

Mithras　米斯拉　　　　　　　　　　　　　　　　　*291*

Moesia　莫衣西亞　　　　　　　　　　　　　　　　*272*

Mommsen（Th.）　孟仁　　　　　　　　　　　　　*245*

Mongoloid 蒙古人種   *3,5*

Moses 摩西   *53,299*

Mother Earth 大地之母   *74*

Mousterian Culture 莫斯特文化   *9*

Mursilis 慕西里(王)   *55*

Mycale 邁凱爾   *97,103*

Mycenae 邁錫尼   *67,76,77,79,80,81,82,83,90*

Mykena 麥卡那   *77*

Mylae 邁雷   *184*

N

Nabonidus 那撥尼杜斯   *61*

Nabopolassar 那撥波拉撒   *60,61*

Nanna 南那   *46*

National aerarium 國庫   *252*

Natron 天然碳酸鈉   *35*

Neanderthal man 尼安德塔人   *4*

Neanthropic man 新人   *2,5*

Nebuchadnezzar 尼布甲尼撒   *61*

Negroid 黑人種   *5*

Neo-platonism 新柏拉圖主義   *291*

Nepos 聶波   *222*

Nero 尼祿   *244,246,262,263,300,302,*

Nerva 納爾瓦   *248,254*

New Kingdom Period 新王國時期   *20,25,28*

Nile (the) 尼羅河   *17,20,25,26,32*

Nimes　尼姆　　　　　　　　　　　　　　　　　　　*249*

Nineveh　尼尼微　　　　　　　　　　　　　　　*59,60,61*

Nippur　尼布爾　　　　　　　　　　　　　　　　　*46*

Nola　諾拉　　　　　　　　　　　　　　　　　　　*243*

Nome　州　　　　　　　　　　　　　　　　　　　　*26*

Nubia　努比亞　　　　　　　　　　　　　*20,26,27,31*

Numina　"力量"　　　　　　　　　　　　　　*226,228*

O

Octavia　屋大維亞　　　　　　　　　　　　　　　*246*

Octavianus（C. Julius Caesar）　屋大維　　　*203,235~240,*
　　　　　　　　　　　　　　　　　　　242~244,257

Odyssey　奧得塞　　　　　　　　　　　　　*83,219,221*

Oedipus　埃廸帕斯　　　　　　　　　　　　　*131,142*

Ogulnian Law　歐古尼安法　　　　　　　　　　　*198*

Old Kingdom Period　古王國時期　　　　　　*20,33,36*

Olduvai　歐杜維　　　　　　　　　　　　　　　　*2,7*

Old World　舊世界　　　　　　　　　　　　　　　　*6*

Olympus mt,　奧林帕斯山　　　　　　　　*67,130,134*

Orchomenus　歐丘曼勒斯　　　　　　　　　　　　*93*

Origen　歐立堅　　　　　　　　　　　　　　　　　*291*

Ormuzd　奧馬茲德　　　　　　　　　　　　　　　　*64*

Osiris　歐西利斯　　　　　　　　　　　　　　*21,33,36*

Ostia　歐斯提亞　　　　　　　　　　　　　　　　*252*

Ostracism　陶片流放制　　　　　　　　　　　*97,112*

Otho　歐索　　　　　　　　　　　　　　　　　　*246*

Ovid 奧維德   260, 262

P

Palaikastro 巴雷開斯楚   70

Palatine Hill 巴拉丁丘陵   179

Paleanthropic man 舊人   2, 4

Panonia 巴諾尼亞   242, 269, 279

Pantheon 萬神殿   248

Papyrus 紙草   22

Parnassus 帕那薩斯   134

Paros 派羅斯   166

Parthenon 巴特農   99

Parthia 巴夏   183, 272, 273

Patala 拍塔拉   159

Patrocle 拍特羅克   165

Pausanias 波珊尼亞斯   97

Pavia 巴維亞   272

Pax Romana 羅馬和平   242, 271

Pebble industry 礫石工業   10

Pedesa 佩得沙   164

Peisistratus 庇西士特拉妥   95, 96, 135

Peloponnesian League 伯羅奔尼撒聯盟   93, 102, 103, 105

Peloponnesus 伯羅奔尼撒   67, 77, 93, 104, 107, 144

Penates 潘那特   227

Per'ãa 王宮   25

Perennis 貝雷尼   242

Pergamum　波加曼　*188*

Pericles　伯里克里斯　*98,99,101,105,135,137,138,*
162

Perioeci　臣民　*91*

Persepolis　波斯伯里斯　*64*

Pertinax　波提那　*249*

Phaestus　斐斯特斯　*70*

Pharaoh　法老　*21,23,24,28,30,31*

Pharsalus　法沙勒　*203*

Phidias　菲底亞斯　*99,148*

Philip II　腓力二世　*153,154,155,157,161,162*

Philip V　腓力五世　*186,188*

Philistines　菲力斯汀人　*53*

Phoenicia　腓尼基　*27,51,53*

Pindar　頻達　*142*

Plataea　普拉塔雅　*97,103*

Plato　柏拉圖　*67,115,128,138,139,140,*
141,156,291

Pliny　普利尼　*250*

Plotinus　柏羅丁　*291*

Po (the)　波河　*173*

Polibius　波利比亞斯　*258*

Polis　城邦　*84,109*

Pollio　薄留　*222*

Pompeii　龐貝　*178,207,247*

Pompey　龐培　*201,202,203,213,217*

Pontifex Maximus 最高祭司團團長 *229*

Pontus 潘特斯 *200*

Popularis 民黨 *200*

Potidaea 波提達亞 *105*

Praeneste 普雷聶士特 *178*

Praetor 副執政 *195,196,198,211,224*

Praxiteles 蒲拉克西蒂利 *148*

Proconsulare Imperium 大將軍 *236,237,241*

Protagoras 普洛塔高勒斯 *133,138*

Protoantropus man 原人 *1,3*

Pseira 普塞拉 *70*

Ptolemaic Dynasty 托勒密王朝 *27,161,164,167,169*

Ptolemy 托勒密 *162,163*

Public assembly 國民會議 *90,91,95,96,97,112,113,*
114,120,164

Puteoli 薄得歐利 *252*

Pylos 派洛斯 *80*

Pyramid Complex 金字塔複合體 *36*

Pyrenees (the) 庇里牛斯山 *185*

Pythagoras 畢達哥拉斯 *137,138*

Pythagoras' theorem 畢氏定理 *138*

Pytheas 匹希亞斯 *165*

Q

Quadi 瓜地人 *271*

Quaestor 財政官 *195,240*

Quaestor of the Palace　財務大臣 284

Quintilianus　昆提連 260,263

R

Ramesses I　拉姆塞斯一世 21

Ramesses II　拉姆塞斯二世 21,31

Ramesseum　拉姆塞姆 21

Re　雷 21,23,33,36

Regulus, M, Atilius　雷格勒斯 184

Re-Horus　雷·荷魯斯 21

Restored Republic　恢復的共和 239

Rhodes　羅德 164,188,259

Rod of God's Wrath　上帝憤怒之鞭 55

Rohoboam　羅何傍 54

Romulus　羅慕勒斯 179,237

Roussot（A,）　盧索 6

Royal Road　皇家大道 64

Rubicon（the）　盧比康河 202

S

Sagumtum　薩袞坦 185

Sahara　撒哈拉 17

Saint Clement　聖克雷孟 291

Salamis　薩拉密 99,103

Samnite wars　薩姆尼戰爭 182,195

Samuel　謝慕爾 55

Sapor I　沙波爾一世　273

Sapor II　沙波爾二世　279

Sappho of Lesbos　謝荷　142

Sardis　薩地斯　101

Sargon　薩貢　163

Sassanid　薩珊尼王朝　272,273

Satrap　省長(波斯)　62

Saul　索爾　53

Saxons　撒克遜人　272

Schliemann, Heinrich　許萊曼　76,77

Scipio Aemilianus　西庇阿・艾米里亞勒　219,221

Scipio Africanus　西庇阿　187,188

Scipio Nasica　西庇阿・那西卡　187

Sealbearer of the King of Lower Egypt　25
　下埃及掌璽大臣

Sejanus　謝雅若　245

Seleucid dynasty　塞琉希德王朝　161,162,164,165,166,167

Seleucus　塞琉克斯　162,169

Senatus Consulta　元老院法令　240,254

Seneca　塞內加　221,246,260,262,263,264

Sennachrib　先那謝利布　59

Serf　農奴　72,73,79

Sesterce　謝士特斯　245,253

Seven Wonders　古世界七奇　61

Severus　謝維勒　248,249,269～275,276,277

Severus Alexander　謝維勒・亞歷山大　275

Sextius, L,　塞克秀斯　　　　　　　　　　　　　*198*

Shalmanser Ⅲ　謝爾曼索三世　　　　　　　　*58*

Shamash　夏馬希　　　　　　　　　　　　　　*46*

Shekel　西克　　　　　　　　　　　　　　　　*49*

Shovel-shape depression　鏟形凹陷　　　　　　*3*

Sibyline Book　神諭集　　　　　　　　　　　*229*

Siceli　西塞利人　　　　　　　　　　　　　　*176*

Sidon　西頓　　　　　　　　　　　　　　　　*51*

Sin　辛　　　　　　　　　　　　　　　　　　*46*

Sinai　西奈　　　　　　　　　　　　　　　　*54*

Snefru　史畾夫魯　　　　　　　　　　　　　　*36*

Social War　社會戰爭　　　　　　　　　　　*194*

Socrates　蘇格拉底　　　　　*99,128,139,140,144,146*

Solomon　所羅門　　　　　　　　　　　　　　*54*

Solon　梭倫　　　　　　　　　　　　　　　*95,96*

Sophocles　索荷寇斯　　　　　　　　　　　　*99*

Sophocles　沙孚克里斯　　　　　　　　　　*142,143*

Spartacus　史巴塔克　　　　　　　　　　　*201,215*

Sterkfontein　史德逢坦　　　　　　　　　　　*7*

Suez　蘇伊士　　　　　　　　　　　　　　　*24*

Sulla　蘇拉　　　　　　　　　　　*200,201,217,240*

Sunium（Cape）　山尼姆角　　　　　　　　　*102*

Suppilulinmas　蘇比魯留馬斯　　　　　　　　*56*

Susa　蘇薩　　　　　　　　　　　　　　　　*46*

Swartkrans　史瓦克藍斯　　　　　　　　　　　*7*

Syracuse　紋拉古斯　　　　　　　　　　　*106,186*

T

Tacitus　泰西塔斯　　　　　　　　　　　　　*263,302*

Talent　泰連(貨幣單位)　　　　　　　　　　　*48*

Tanit　坦尼　　　　　　　　　　　　　　　　*52*

Taranto　大蘭多　　　　　　　　　　　　　　*226*

Tarentum　塔蘭頓　　　　　　　　　　　　　*219*

Tegea　鐵吉亞　　　　　　　　　　　　　　　*93*

Tegea War　鐵吉亞戰爭　　　　　　　　　　　*93*

Telepinus　鐵勒比那斯　　　　　　　　　　　*57*

Temple of Amen　阿蒙神殿　　　　　　　　　*20,28*

Temple of Athena　雅典娜神殿　　　　　　　*99*

Temple of Parthenon　巴特農神殿　　　　　*99,150*

Terence　泰倫斯　　　　　　　　　　　　　　*221*

Teshub　鐵蘇布　　　　　　　　　　　　　　*57*

Tetrachy　四元首制　　　　　　　　　　　　*280*

Thales　泰爾斯　　　　　　　　　　　　*135,136,137*

Thebes　底比斯　　　　　　　*20,21,25,107,153,154*

Themistocles　希密斯托寇　　　　　　　　　*97*

Theocritus　狄奧克里托　　　　　　　　　　*260*

Theodosian Code　狄奧多西法典　　　　　　*293*

Theodosian Dynasty　狄奧多西王朝　　　　*280*

Theodosius　狄奧多西　　　　　　　　*277,284,293*

Thermopylae　舍磨辟雷　　　　　　　　　*103,154*

Thesmothetae　執政官　　　　　　　　　　*94,97*

Thessaly　希沙利　　　　　　　　　*103,107,120,154*

Thirty Tyrants　三十暴君　　　　　　　　　　　　　*106*

Thrace　色雷斯　　　　　　　　*63,95,103,188,272*

Thracybulus　色雷希不勒斯　　　　　　　　　*106*

Thucydides　修西的底斯　　　　*71,99,127,145,146*

Thutmose　杜德摩西　　　　　　　　　　　　*163*

(The)Tiber　泰伯河　　　　　　　　　　*175,180*

Tiglath-Pileser I　提格列斯‧皮勒索一世　　　　*58*

Tigris　提格里斯河　　　　　　　　　　　*43,58*

Tiryns　提林斯　　　　　　　　　　　　　　*80*

Titus　提特　　　　　　　　　　　　　　*247*

Trajan　圖拉眞　　　　　　　　　　　*248,269*

Tribune　保民官　　　　　*195,197,199,236,237*

Tribunia Potestas　首席保民官　　　　　　*237*

Trojan War　特洛伊戰爭　　　　　　　　*77,85*

Tuthmosis III　杜斯莫西斯三世　　　　　　　*20*

Twelve Tables　十二平版法　　　　　*197,223,224*

Tyrant　僭主　　　　*85,86,94,95,96,97,112*

Tyre　泰爾　　　　　　　　　　　　　　*51*

U

Ugarit　烏加利　　　　　　　　　　　　　*51*

Unas　烏納斯　　　　　　　　　　　　　　*36*

Ur　烏爾　　　　　　　　　　　　　　　　*53*

Ur（the Standard of）　烏爾徽誌　　　　　　*47*

Uruk　烏魯克　　　　　　　　　　　　　*47,60*

Ussher　厄雪　　　　　　　　　　　　　　*1*

Utu 烏杜 *46*

V

Vale of Temple 天普山谷 *103*

Valentinian Dynasty 華倫廷尼安王朝 *280*

Valerian 瓦勒里安 *273*

Vandal 汪達爾人 *272*

Varro 瓦羅 *228*

Varus 瓦勒 *242*

Veii 維伊 *193,196*

Venetia 維尼西亞 *271*

Ventris, Michael 溫楚斯 *76,77*

Verde (Cape) 維德角 *165*

Verus 威勒斯 *280*

Vespasianus 維士帕西安 *246,247*

Vesta 威士達 *227,228,258*

Victoria & Albert Lakes 維多利亞・亞伯特湖 *17*

Vipasca 維巴斯加 *259*

Vipsania 維普沙尼亞 *244*

Virgil 維吉爾 *221,222,260,261,292*

Vitellius 維特留 *246*

Vizier 宰輔 *25*

Vulso, L. Manlius 維爾索 *184*

W

Wanax 國王 *79*

White Temple　白廟　　　　　　　　　　　　*47*

White Wall　白牆　　　　　　　　　　　　*22,26*

Will Durant　威爾・杜蘭　　　　　　　　　*109*

Wuru-semu　烏魯・西母　　　　　　　　　　*57*

X

Xanthippe　張西普　　　　　　　　　　　　*139*

Xenophanes　芝諾芬尼　　　　　　　　　　　*135*

Xenophon　贊諾芬　　　　　　　　　*99,139,146*

Xerxes　薛西斯　　　　　　　　　　*63,103,104*

Y

Yahweh　耶和華　　　　　　　　　　　　　*54*

Yurkana（Lake）　尤佳納湖　　　　　　　　*3*

Z

Zakro　扎克羅　　　　　　　　　　　　　　*70*

Zama　扎瑪　　　　　　　　　　　　　　　*187*

Zend　波斯古語　　　　　　　　　　　　　*64*

Zend-Avesta　波斯古經　　　　　　　　　　*64*

Zoroaster　瑣羅亞斯德　　　　　　　　　　*64*

Zoser　卓瑟王　　　　　　　　　　　　　　*36*

Zues　宙斯　　　　　　　*130,131,132,133,227*

三民大專用書書目——歷史・地理

中國歷史	李	國	祁	著	師	範	大	學
中國歷史系統圖	顏	仰	雲	編繪				
中國通史（上）（下）	林	瑞	翰	著	臺	灣	大	學
中國通史（上）（下）	李	方	晨	著				
中國近代史四講	左	舜	生	著				
中國現代史	李	守	孔	著	臺	灣	大	學
中國近代史概要	蕭	一	山	著				
中國近代史（近代及現代史）	李	守	孔	著	臺	灣	大	學
中國近代史	李	守	孔	著	臺	灣	大	學
中國近代史	李	方	晨	著				
中國近代史	李	雲	漢	著	政	治	大	學
中國近代史（簡史）	李	雲	漢	著	政	治	大	學
中國近代史	古	鴻	廷	著	東	海	大	學
隋唐史	王	壽	南	著	政	治	大	學
明清史	陳	捷	先	著	臺	灣	大	學
黃河文明之光（中國史卷一）	姚	大	中	著	東	吳	大	學
古代北西中國（中國史卷二）	姚	大	中	著	東	吳	大	學
南方的奮起（中國史卷三）	姚	大	中	著	東	吳	大	學
中國世界的全盛（中國史卷四）	姚	大	中	著	東	吳	大	學
近代中國的成立（中國史卷五）	姚	大	中	著	東	吳	大	學
秦漢史話	陳	致	平	著				
三國史話	陳	致	平	著				
通鑑紀事本末 1/6	袁		樞	著				
宋史紀事本末 1/2	陳	邦	瞻	著				
元史紀事本末 1/2	陳	邦	瞻	著				
明史紀事本末 1/2	谷	應	泰	著				
清史紀事本末 1/2	黃	鴻	壽	著				
戰國風雲人物	惜		秋	撰				
漢初風雲人物	惜		秋	撰				
東漢風雲人物	惜		秋	撰				

— 1 —

蜀漢風雲人物	惜　秋	撰	
隋唐風雲人物	惜　秋	撰	
宋初風雲人物	惜　秋	撰	
民初風雲人物（上）（下）	惜　秋	撰	
西洋上古史	吳圳義	著	政治大學
世界近代史	李方晨	著	
世界現代史（上）（下）	王曾才	著	臺灣大學
西洋現代史	李邁先	著	臺灣大學
東歐諸國史	李邁先	著	臺灣大學
英國史綱	許介鱗	著	臺灣大學
德意志帝國史話	郭恒鈺	著	柏林自由大學
印度史	吳俊才	著	政治大學
日本史	林明德	著	臺灣師大
日本信史的開始——問題初探	陶天翼	著	
日本現代史	許介鱗	著	臺灣大學
臺灣史綱	黃大受	著	
近代中日關係史	林明德	著	臺灣師大
美洲地理	林鈞祥	著	臺灣師大
非洲地理	劉鴻喜	著	臺灣師大
自然地理學	劉鴻喜	著	臺灣師大
地形學綱要	劉鴻喜	著	臺灣師大
聚落地理學	胡振洲	著	中興大學
海事地理學	胡振洲	著	中興大學
經濟地理	陳伯中	著	前臺灣大學
經濟地理	胡振洲	著	中興大學
都市地理學	陳伯中	著	前臺灣大學
史記地名考	錢　穆	著	
中國地理（合）（上）（下）	任德庚	著	

三民大專用書書目——政治・外交

政治學	薩孟武 著	前臺灣大學
政治學	鄒文海 著	前政治大學
政治學	曹伯森 著	陸軍官校
政治學	呂亞力 著	臺灣大學
政治學概論	張金鑑 著	前政治大學
政治學概要	張金鑑 著	前政治大學
政治學概要	呂亞力 著	臺灣大學
政治學方法論	呂亞力 著	臺灣大學
政治理論與研究方法	易君博 著	政治大學
公共政策 （18K）	朱志宏 著	臺灣大學
公共政策	曹俊漢 著	臺灣大學
公共關係	王德馨・俞成業 著	交通大學等
兼顧經濟發展的環境保護政策	李慶中 著	環保署
中國社會政治史㈠～㈣	薩孟武 著	前臺灣大學
中國政治思想史	薩孟武 著	前臺灣大學
中國政治思想史 （上）（中）（下）	張金鑑 著	前政治大學
西洋政治思想史	張金鑑 著	前政治大學
西洋政治思想史	薩孟武 著	前臺灣大學
佛洛姆(Erich Fromm)的政治思想	陳秀容 著	政治大學
中國政治制度史	張金鑑 著	前政治大學
比較主義	張亞澐 著	政治大學
比較監察制度	陶百川 著	國策顧問
歐洲各國政府	張金鑑 著	前政治大學
美國政府	張金鑑 著	前政治大學
地方自治概要	管歐 著	東吳大學
中國吏治制度史概要	張金鑑 著	前政治大學
國際關係——理論與實踐	朱張碧珠 著	臺灣大學
中國外交史	劉彥 著	
中美早期外交史	李定一 著	前政治大學

現代西洋外交史　　　　　　　楊　逢　泰　著　政　治　大　學
中國大陸研究　　段家鋒・張煥卿・周玉山主編　政治大學等

— 4 —

三民大專用書書目──新聞

基礎新聞學	彭 家 發	著	政 治 大 學
新聞論	彭 家 發	著	政 治 大 學
傳播研究方法總論	楊 孝 濴	著	東 吳 大 學
傳播研究調查法	蘇 蘅	著	輔 仁 大 學
傳播原理	方 蘭 生	著	文 化 大 學
行銷傳播學	羅 文 坤	著	政 治 大 學
國際傳播	李 瞻	著	政 治 大 學
國際傳播與科技	彭 芸	著	政 治 大 學
廣播與電視	何 貽 謀	著	輔 仁 大 學
廣播原理與製作	于 洪 海	著	中 廣
電影原理與製作	梅 長 齡	著	前文化大學
新聞學與大眾傳播學	鄭 貞 銘	著	文 化 大 學
新聞採訪與編輯	鄭 貞 銘	著	文 化 大 學
新聞編輯學	徐 旭	著	新 生 報
採訪寫作	歐 陽 醇	著	臺 灣 師 大
評論寫作	程 之 行	著	紐 約 日 報
新聞英文寫作	朱 耀 龍	著	前文化大學
小型報刊實務	彭 家 發	著	政 治 大 學
媒介實務	趙 俊 邁	著	東 吳 大 學
中國新聞傳播史	賴 光 臨	著	政 治 大 學
中國新聞史	曾 虛 白	主編	國 策 顧 問
世界新聞史	李 瞻	著	政 治 大 學
新聞學	李 瞻	著	政 治 大 學
新聞採訪學	李 瞻	著	政 治 大 學
新聞道德	李 瞻	著	政 治 大 學
電視制度	李 瞻	著	政 治 大 學
電視新聞	張 勤	著	中視文化公司
電視與觀眾	曠 湘 霞	著	政 治 大 學
大眾傳播理論	李 金 銓	著	明尼西達大學
大眾傳播新論	李 茂 政	著	政 治 大 學

大眾傳播理論與實證　　　　翁　秀琪　著　政　治　大　學
大眾傳播與社會變遷　　　　陳世敏　著　政　治　大　學
組織傳播　　　　　　　　　鄭瑞城　著　政　治　大　學
政治傳播學　　　　　　　　祝基瀅　著國民黨文工會
文化與傳播　　　　　　　　汪　琪　著　政　治　大　學